Couvertures supérieure et inférieure
en couleur

LIBRAIRIE DEGORCE-CADOT
Rue Bonaparte, 70 bis

ŒUVRES DE PAUL DE KOCK
Beaux vol. gr. in-18. Gravures hors texte
à 2 francs.

OUVRAGES PUBLIÉS A CE JOUR

L'Amoureux transi	1	M. Choublanc	1
Une Gaillarde	2	L'Ane à M. Martin	1
La Fille aux trois jupons	1	Une Femme à trois visages	2
La Femme aux trois corsets	1	La Grappe de Groseilles	1
Ce Monsieur	1	La Demoiselle du cinquième	2
La Jolie Fille du faubourg	1	Carotin	2
Les Femmes, le Jeu et le Vin	1	La Prairie aux coquelicots	2
Cerisette	2	Les Petits Ruisseaux	1
Le Sentier aux prunes	1	Le Professeur Fiche-Claque	1
M. Cherami	1	Les Etuvistes	2

ROMANS ILLUSTRÉS
Publication permanente à 10 centimes la livraison
ONT PARU : volumes grand in-18 :

HUMBERT.	Les Gens de Velleguindy, 18 livraisons.	1 vol.	2 »
—	Tailleboudin	16 —	1 vol.	2 »
PIGAULT-LEBRUN.	Monsieur Sans-Souci	— —	1 vol.	2 »
—	L'heureux Jérôme	— —	1 vol.	2 »
—	Monsieur Botte	— —	1 vol.	2 »
HENRY DE KOCK.	Les Treize Nuits de Jane. 18 livr.		1 vol.	8 »

EN COURS DE PUBLICATION :

PIGAULT-LEBRUN
Les Barons de Felsheim
La Folie espagnole

SŒUR X***
Les Mémoires d'une Religieuse

ÉLIE BERTHET
L'Homme des Bois

FORMAT GRAND IN-4°
EN COURS DE PUBLICATION :

Louis Noir. — Le Coupeur de Têtes. — 24 Livraisons à 10 centimes

N. B. — La vente en livraison à 10 cent. même des ouvrages terminés

LES ROMANS ULTRA-COMIQUES ILLUSTRÉS

LA
FOLIE FRANÇAISE

(UNE MACÉDOINE)

PAR

PIGAULT-LEBRUN

Tous droits réservés

TOUS LES ROMANS

DE

PIGAULT-LEBRUN

SERONT PUBLIÉS DANS CE FORMAT

UN VOLUME TOUS LES MOIS

2 francs le volume

ONT PARU :

Monsieur Sans Souci (en 16 livraisons).	1 vol.
L'Heureux Jérôme (en 20 livraisons).	1 vol.
Monsieur Botte (en 18 livraisons).	1 vol.
La Folie Espagnole (en 20 livraisons).	1 vol.
Les Barons de Felsheim.	1 vol.

SOUS PRESSE :

Les Mémoires de Fanchette.	1 vol.
Le Mouchard.	1 vol.

LA FOLIE FRANÇAISE

SOMMAIRE DES CHAPITRES

CHAPITRE PREMIER.

Comme quoi dans le grand monde, absolument comme dans le petit, on aime à courantiner et à batifoler. Ce que c'est que de se perdre dans le bois de Chantilly..... Souper entremêlé de hussards et nuit où tout le monde dort ou ne dort pas, on ne sait trop en quelle compagnie. — Pauvre Fanchette! tu l'as bien voulu!!...

CHAPITRE II.

Une drôle de position pour un homme qui n'aspire qu'à être vertueux. Il en est récompensé par la perte de ses fonds de culotte et d'un peu d'autre chose..... Les effets de la sauce piquante et les inconvénients d'une jeune fille très-aimante, mais gênante. Comme quoi une faiblesse très-excusable avec un monsieur titré devient cas pendable avec un tailleur ou un coiffeur. — Encore une nuit bien remplie; la journée du lendemain l'est encore mieux, bien qu'autrement.

CHAPITRE III.

Méfiez-vous des ânes et de ceux qui les conduisent. Pénible situation pour des honnêtes gens. Une histoire de chat à propos de Catherine, l'appétissante tonnelière. Voilà l'oncle Antoine! Bagarre et bousculade de tous les diables; on finit par s'embrasser. Fiançailles solennelles de gaillards trop pressés; mais, bast! puisque tout le monde a dit oui... — Troisième nuit dans la grotte du jardin, et comment à la suite, un respectable notaire et sa chaste épouse se sont fl..... une tripotée sans s'en douter.

CHAPITRE IV.

Séparation. Sermon. Calomnie. Duel. Convalescence. Santé tout à fait rétablie; la tendre Sophie et Fanchette en savent quelque chose.

CHAPITRE V.

Un monsieur bien embarrassé entre deux..... lettres. Mariage au 101ᵉ arrondissement et charte conjugale permettant tout, hors faire l'amour. Une maman aussi complaisante..... qu'elle est grande dame. Ruses dignes d'un iroquois à seule fin de pouvoir sortir de son propre hôtel, et comment Fanchette vient encore fort à propos. M. le maire d'Ermeuil, sa fille et les gendarmes. Le parc d'Ermeuil. Chut! — Ne troublons pas les amoureux.

CHAPITRE VI.

Gens et gêneurs fort ennuyeux; afin de leur échapper on se couche à l'heure des poules et des coqs. Partie carrée et mariages de tous les côtés. Cas des plus rares: une belle-mère convenable et raisonnable, quelqu'invraisemblable que cela paraisse, le lecteur en aura la preuve.

CHAPITRE VII ET CONCLUSION.

Très peu gai; il tourne au mélodrame comme la plupart des folies. Il n'y a point de douleur éternelle, et l'amour est toujours la meilleure et la plus agréable consolation, surtout quand c'est une adorable Fanchette qui vous présente la coupe de l'oubli.

LA
FOLIE FRANÇAISE
(UNE MACÉDOINE)

CHAPITRE PREMIER

Comme quoi dans le grand monde, absolument comme dans le petit, on aime à courantiner et à batifoler. Ce que c'est que de se perdre dans les bois de Chantilly... Souper entremêlé de hussards et nuit où tout le monde dort ou ne dort pas, on ne sait trop en quelle compagnie. Pauvre Fanchette! tu l'as bien voulu!!!...

C'était le 30 avril. Un très-beau temps, des consoles chargées de fleurs et le vin d'Aï rappelèrent à la comtesse d'Ermeuil que les paysans de sa terre du département de la Somme n'oublieraient pas de lui planter un *mai*, et les dames aiment assez cette cérémonie-là.
Nous étions huit à table, et nous nous convenions tous. Quatre jolies femmes, certaines de s'amuser partout, parce que partout elles fixaient le plaisir, se laissèrent facilement persuader. Un homme fort aimable, et qui plaisait beaucoup à ces dames, répondit qu'il

acceptait, avant qu'on l'eût invité. Un gros père, menacé d'apoplexie, mais plein de gaieté, déclara qu'il lui était égal de finir sur les rives de la Somme ou de la Seine. Un négociant très-riche ne se fit pas répéter l'invitation. Il était du nombre de ces négociants qui ne sont déplacés nulle part, qu'on trouve partout, qui font passer les plaisirs avant les affaires, et qui n'en font jamais de mauvaises... tant que la fortune les caresse. Pour moi, à qui une jolie femme ferait faire le tour du monde, je devais en suivre quatre avec plaisir.

On quitte la table. La comtesse demande sa diligence, l'apoplectique son carrosse. On sort, on s'élance, on monte, on se place. On voit qu'on va être séparés, et quatre hommes et quatre femmes se trouvent si bien ensemble après avoir pris le café et la liqueur des Iles! On descend, chacun veut arranger les voitures à son gré, et cela n'est pas possible, parce que chacun veut être dans la diligence. Madame la comtesse décide que l'apoplectique prendra le négociant avec lui, et l'apoplectique répond qu'il veut jouir de ses derniers moments. Je tremblai d'être envoyé dans le carrosse, et je suis inventif quand j'ai quelque intérêt à l'être. Je rentrai à l'hôtel; j'en rapportai deux tabourets que je plaçai aux portières. Je m'assis sur un, l'homme aimable prit l'autre. Deux femmes de chambre, qui devaient suivre en cabriolet, profitèrent du carrosse de l'apoplectique. Deux valets de chambre qui devaient courir à bidet représentèrent qu'il y aurait économie à monter avec ces demoiselles, qui ne demandaient pas mieux. Tout le monde se trouva bien, et tout le monde fut content.

Une partie impromptue semble autoriser bien des choses, et on nous proposa à droite et à gauche deux genoux arrondis pour supports. Ces bras de fauteuil-là en valent bien d'autres. Malheureux de n'y appuyer que les coudes! Trop heureux de les toucher, n'importe comment!

On jase, on dit des folies en dépit du bruit des roues. Bientôt la gorge se fatigue; les voix féminines perdent de leur harmonie, et les femmes savent quel est l'effet d'un organe flatteur. Elles se taisent; mais elles répondent des yeux, de manière que les hommes aient toujours quelque chose à leur dire. Cependant les hommes ne sont pas de fer, et ils se fatiguent à leur tour. Un silence absolu règne dans la diligence, et je vais employer ce moment de relâche pour vous faire connaître plus particulièrement mes compagnons de voyage.

Vous savez déjà que nos quatre dames sont charmantes : voici ce que vous ne savez pas. La comtesse d'Ermeuil, veuve à vingt-deux ans, d'un mari qu'elle aimait et dont elle était tendrement chérie, avait passé un an dans la douleur. Une douleur d'un an à cet âge est quelque chose d'exemplaire; mais les impressions qui lui succède sont vives en proportion des efforts qu'on a fait pour les repousser. Madame d'Ermeuil se livra à tous les genres de dissipation pour conserver la liberté de son cœur. Elle décida qu'elle aurait des goûts sans conséquence et plus de passion. Avec soixante mille livres de rente on satisfait bien des goûts. Madame de Mirville, veuve aussi et propriétaire d'une belle fortune, était sentimentale comme on l'est à dix-neuf ans quand on ne sait pas tirer parti d'une figure séduisante. Elle ne dissimulait pas le besoin impérieux d'aimer quelque chose, et elle balançait encore entre le mariage et la dévotion.

Mesdames d'Allival et de Valport étaient deux femmes de vingt-quatre à vingt-six ans, ayant pour leurs maris les soins les plus obligeants, l'estime la plus prononcée, mais infiniment distraites l'une et l'autre, et ne s'apercevant de leurs distractions que lorsqu'il ne restait plus qu'à continuer ; du reste, vives, enjouées, brillantes de saillies, agaçantes surtout, et jouissant d'une liberté indéfinie.

M. de Préval, qui occupait le second tabouret, était un jeune officier, d'un extérieur agréable, d'un esprit orné, qui ne fumait pas, ne s'enivrait pas, ne jurait pas, ne parlait jamais de lui, mais s'occupait sans cesse de la femme à qui il voulait plaire, ne l'entretenait que d'elle et des moyens de succès : celui-ci n'est pas le moins sûr.

M. du Reynel était un garçon de cinquante ans, célibataire par système et gourmand par goût, après avoir été libertin par ton. Une grande aisance et Grimod de la Reynière l'avaient engraissé au point qu'il ne trouvait plus où mettre sa cravate, et qu'il ne soutenait son ventre qu'à l'aide d'un suspensoir. Riant le premier de son embonpoint et de son intempérance, il mettait les autres dans l'impossibilité d'en rire, et il comptait être avantageusement connu de la postérité pour avoir découvert dans le gigot un morceau d'une délicatesse et d'une saveur extrêmes qu'il ne voulait faire connaître qu'à sa mort.

M. Mautort était fils d'un petit marchand roulant, et on ne s'en doutait pas. Il s'était fait une sorte d'éducation, et avait pris ce ton d'assurance que donne l'or à tout le monde : rien ne s'efface aussi promptement que la crasse baptismale. Mautort put dire comme un autre : Ma terre, mes gens, mes chevaux, et ces mots-là sont agréables à prononcer quand on est né pour cultiver la terre d'un autre et pour aller à pied toute sa vie.

Peut-être désirez-vous me connaître aussi. Je ne suis pas assez dupe pour dire de moi le mal que j'en pense, ni assez fat pour répéter le bien qu'on en a dit quelquefois. J'ai trente ans. Je ne suis ni borgne, ni bossu, ni boiteux. Voyez la suite de cet ouvrage, si vous voulez en savoir plus.

On avait cédé à un premier mouvement de gaieté ; on était parti sans réflexion ; on avait trente lieues à faire, et à huit heures du soir on distinguait seulement les ruines de Chantilly. « Nous sommes de grands étourdis, dit madame d'Ermeuil. Nous serons obligés de coucher dans une auberge… — Où il y aura un cuisinier détestable, poursuivit du Reynel. — Je suis désespéré de n'avoir pas amené le mien, reprit Mautort : c'est un homme du premier mérite. — Ah ! mon Dieu, s'écria madame d'Ermeuil, j'ai pris mes deux femmes de chambre, et pas le moindre petit paquet ! — Mesdames, dit Préal, supposez que nous fassions une campagne, qu'un parti ennemi ait enlevé nos équipages, et dites-moi ce que vous feriez. — Moi, répondit madame d'Allival, je me conformerais aux circonstances, eussé-je été enlevée aussi : j'ai toujours l'esprit du moment. C'est fort bien, reprit madame de Valport ; mais nous ne faisons pas de campagne, et que dira-t-on à l'auberge de quatre femmes qui arrivent de la capitale sans bonnet de nuit ? — Nous dirons qu'on n'en porte plus, répliqua Préval, et comme quatre femmes de distinction donnent le ton partout, surtout quand elles sont jolies, aucune femme de Chantilly n'osera plus se servir de bonnet de nuit. Ah, monsieur, dit madame de Mirville, vous me faites un mal cruel aux genoux. » J'avais appuyé un peu fort, attiré par son timbre argentin et sa jolie petite mine.

Il est du plus mauvais ton d'avoir des membres solides. Madame de Mirville s'était avisée de se plaindre, les autres devaient crier plus haut ; je m'y attendais, et elles n'y manquèrent pas. Le fardeau devenait insupportable ; un engourdissement total avait empêché ces dames de s'en apercevoir plus tôt ; sans doute elles avaient les cuisses dans un état déplorable. « C'est pourtant ce dont on ne peut s'assurer ici, dit madame de Valport. — Et cela est très-fâcheux, » continua madame d'Allival.

Il était dans les convenances que les hommes descendissent, et c'est ce que nous fîmes. Quelques secondes après, ces dames sautèrent sur la pelouse en s'écriant qu'elles souffraient horriblement et en riant comme des folles. Nous étions dans la forêt ; la soirée était superbe ; on décida qu'on irait à pied jusqu'à Chantilly. On ordonna aux postillons de remiser les voitures à l'*Aigle impérial*, et de faire préparer le meilleur souper. On se mit à courir, à chanter, à sauter. Du Reynel, appuyé sur sa canne en béquille, ployait le jarret, essayait de s'enlever sur la pointe des pieds, et ne dansait que des épaules, qu'il haussait et baissait en mesure. Le fouet d'un postillon nous annonça une voiture. Nous tournâmes la tête ; la chaise n'était pas à deux cents pas de nous. « Eh ! mais que dira-t-on de voir quatre femmes de qualité prendre du plaisir comme des paysannes ? » Madame de Valport, qui a fait la réflexion, est déjà loin dans le bois. Les autres s'élancent sur ses traces ; nous suivons tous. Du Reynel descend le fossé avec précaution, et le remonte sur ses genoux et ses mains. Les danses se reforment, et aux danses succèdent les espiègleries ; on est poursuivi, on poursuit à son tour. On s'aperçoit que le soleil ne colore plus que la cime des arbres, et on parle de regagner la grand route.

« Hé, mon Dieu ! où est donc M. du Reynel ? s'écrie la jolie madame de Mirville. — Il n'aura pu nous suivre, répond madame d'Allival. Mesdames, mesdames, où court donc madame de Mirville ? — Craint-elle, continua madame de Valport, que M. du Reynel se perde à une portée de fusil de Chantilly ? — Cette promenade, répond madame d'Ermeuil, lui donnera un appétit dévorant. Il va affamer le village. »

Honteux de voir courir seule une très-jolie femme, ou pressé peut-être par un autre motif, je partis comme un trait. « Encore un déserteur, disait-on derrière-moi. Jouons à des petits jeux en les attendant. »

En un instant je rejoignis madame de Mirville. Elle sourit en me voyant. Bon, dis-je à part moi, je ne lui déplais point. « N'est-il pas affreux, dit-elle en s'appuyant sur mon bras, que ces dames et ces messieurs soient aussi insouciants à l'égard d'un homme qui peut à peine marcher ? » Bon, me dis-je encore, voilà de la sensibilité.

Nous allions lentement, parce que nous cherchions à reconnaître les endroits par où nous avions passé. L'obscurité augmentait ; les faux pas devenaient fréquents. La difficulté de la route incertaine que nous tenions et peut-être la frayeur forçaient madame de Mirville à s'appuyer plus fortement sur mon bras. Souvent sa petite main le serrait, sans intention sans doute. N'importe, j'aurais marché ainsi toute la nuit sans m'en apercevoir.

Du Reynel ne se retrouvait pas. Je l'appelais de toutes mes forces, je prêtais l'oreille, je n'entendais rien. « Ah ! mon Dieu, dit ma jolie compagne, il aura été frappé d'apoplexie ! Il sera tombé au pied de quelque chêne ! »

Cette idée m'effraya. Nous étions dans une clairière assez vaste, et que je me croyais sûr de retrouver. Je proposai à madame de Mirville de se reposer pendant que je battrais les environs. « Eh ! que deviendrais-je sans vous ? » me dit-elle si mollement ! Bon, me dis-je, me voilà nécessaire. Je repris son bras, et je ne pensai pas à quitter sa main. S'apercevait-elle que je la tenais, cette main, que je la pressais quelquefois avec expression ? Elle ne la retirait pas, et nous avancions au hasard et sans rien dire. Que lui aurais-je dit d'ailleurs ? Je l'avais toujours trouvée très-aimable ; mais je crois que je commençais à l'aimer, et ce premier moment est toujours à l'embarras. Et puis une déclaration qui n'est pas amenée a l'air si bête !

Madame de Mirville s'arrêta. « Monsieur, me dit-elle d'une voix altérée, vous ne prenez pas garde à ce que nous faisons. — Je ne prévois pas, madame, ce qui peut vous alarmer. — Seule, à dix heures du soir, au milieu d'un bois, avec un homme... — Qui vous offre son honneur pour sauvegarde et ses soins pour appui. » Je sentais en ce moment que le charme le plus doux de l'amour est dans l'estime véritable qu'il faut garder à celle qu'on veut aimer sérieusement.

« Je plains beaucoup M. du Reynel, reprit madame de Mirville ; mais je ne lui sacrifierai pas les bienséances. Retournons, je vous en prie, nous rétrogradons, nous retrouvons notre clairière, nous la traversons, nous arrivons à un gros chêne, que j'avais remarqué, comme s'il ne devait y avoir que celui-là dans la forêt de Chantilly. Je cherche un bouleau, qui devait être à trente pas et que je ne retrouve pas. Je vais à droite, à gauche ; j'avance, je recule. Madame de Mirville s'aperçoit de mon incertitude ; elle me serre le bras plus fortement qu'elle n'avait fait encore, et elle murmure à demi-voix : « Passer la nuit dans une forêt avec un homme comme celui-ci ! je ne me reproche rien, et ma conscience est tranquille. Mais ma réputation, mais le monde ! »

J'appelai, je criai, je m'enrouai, et je n'entendis rien que le murmure des feuilles qu'agitait un air frais. « Madame lui dis-je, puisqu'il faut se coucher sans souper, permettez que je vous fasse un abri de verdure, Je me tiendrai au dehors, je veillerai sur vous, et je réponds de votre sûreté. »

Elle s'assit au pied d'un arbre, et je la vis porter son mouchoir à ses yeux. « Je jure, madame, de vous respecter comme ma sœur. — Que vous êtes bon, que vous êtes sage ! — Au point de me faire moquer de moi, si j'étais entendu. Eh ! monsieur, mon amitié ne vous dédommagerait-elle pas de quelques mauvaises plaisanteries ? Vous la méritez, je vous l'accorde. — Je l'accepte avec transport, avec reconnaissance, et je vous offre en échange tous les sentiments qu'un galant homme peut éprouver. »

Elle se tut. Je sentis que j'avais été trop loin. Peut-être pensait-elle de son côté que l'amitié d'une femme de dix-neuf ans pour un homme de trente ressemble à quelque chose de plus positif. Je commençais à travailler pour la distraire et éloigner des idées qui pouvaient tourner à mon désavantage.

Entre nous deux, pas une serpette, pas un couteau, pas même des ciseaux. Il fallait tout faire avec les mains, et avec des mains non exercées. Les branches ployaient, ne cassaient pas. Je travaillais avec opiniâtreté, et au bout d'une heure je n'avais qu'une bourrée qui ne pesait pas dix livres, Je la portai, fatigué, découragé, aux pieds de madame de Mirville, qui me plaignit beaucoup, sans se douter que c'était le moyen le plus sûr de ranimer mon courage. Je cherchai plus loin, et je trouvai quelques touffes d'un bois cassant dont la feuille ressemble à celle du lilas. Je regardai cette découverte comme une bonne fortune. En un instant j'eus un fagot énorme, que je chargeai sur ma tête, parce ce que je ne pouvais le porter sous mon bras.

Il est difficile de voir où l'on met le pied, la nuit, quand on est chargé de branchages qui dépassent le bout du nez d'une demi-toise. J'allai donner dans des orties qui me piquèrent cruellement. La douleur m'arrache un cri et me fait lâcher le fagot. Je me baisse, je me frotte les jambes... mon étonnement ne peut se rendre... Mon fagot remue et d'une manière sensible. Je venais de le faire ; je l'avais cueilli brin à brin ; aucun animal d'un certain volume n'y était sans doute enfermé... L'aurais-je jeté sur un sanglier, sur un loup ?... il y en a dans cette forêt. Si madame de Mirville était rencontrée...

Le danger où elle peut être exposée me frappe et me donne des ailes. Je cours, je vole... je ne touve plus ma charmante amie. Un loup n'avale pas une femme comme un poulet. Je pensai qu'effrayée par le cri qu'elle avait entendu, elle s'était levée et courait sans savoir où Elle ne pouvait être loin ; je l'appelai, et j'entendis courir très-vite. Je me précipitai, et au moment où je croyais la toucher, lui parler, la rassurer, un homme, que me cachait la femme qui courait devant moi, se montre tout à coup, s'arrête, m'attend et rit aux éclats en me reconnaissant.

C'était Préval. Madame de Valport, un peu plus embarrassée, voulut me faire croire qu'elle était enchantée de m'avoir retrouvé. Que m'importaient son embarras et les belles choses qu'elle me disait ? Je ne pensais qu'à madame de Mirville ; je les priai de la chercher avec moi. Madame de Valport répondit qu'elle était excédée, qu'elle ne pouvait aller plus loin. Préval me fit observer qu'il ne pouvait abandonner madame de Valport, aussi peureuse que madame de Mirville. « Au moins, lui dis-je, venez avec moi, que je relève un fagot de branchages que j'ai laissé tomber sur je ne sais quoi de très-remuant. Vous avez votre sabre, et il serait singulier de faire chasse au milieu de ce désordre. » Préval éclate de rire de plus belle, et me dit d'être tranquille ; que le fagot que Lubin avait fait pour Annette n'était pas tombé sur une bête fauve. Madame de Valport ne rit pas, ne dit rien, prit son bras et l'emmena d'un autre côté, probablement pour chercher où se reposer à son aise. « A quelque chose malheur est bon, » disais-je en retournant à mon fagot.

J'étais inquiet, très-inquiet, et on m'aurait offert un trône pour m'éloigner sans avoir retrouvé madame de Mirville, que je ne l'aurais pas accepté. En marchant, je regardais autour de moi; je cherchais à percer les ténèbres qui m'environnaient; je ne cessais d'appeler; j'avais la gorge déchirée, et madame de Mirville ne répondait pas. Exaspéré, furieux, je m'arrêtai tout à coup, je frappai du pied, et je jurai à faire trembler la forêt: un homme bien élevé jure quelquefois comme un autre. J'entendis à terre, tout près de moi, un bruit sourd qui n'était pas celui des feuilles. Je regarde; je distingue quelque chose de blanc qui sort de dessous un buisson. J'y porte la main; je reconnais au toucher de la percale et de la dentelle. « Allons, dis-je encore un couple qui se repose ici. Au nom du bon Dieu! ne me tuez pas! » dit une petite voix douce et tremblotante, c'était celle de mon amie.

Je me nommai, je l'encourageai. je la consolai. « Je ne suis qu'une pauvre petite femme, me dit-elle. La crainte a été en moi plus forte que l'amitié. Je vous ai cru en danger, et au lieu d'aller au secours de mon ami, j'ai pris la fuite, et je me suis cachée ici. »

J'avance la main pour trouver la sienne et l'aider à se relever : je me sens piqué, égratigné de toutes parts. Eh! madame! comment êtes-vous entrée là? Vous êtes sous un buisson garni d'épines de deux pouces de longueur. — Je ne sais comment j'ai fait. Mais à présent que la tête se remet, je crois sentir de vives douleurs... Oh! oui, j'en éprouve par tout le corps. A-t-on jamais vu aussi faire de pareilles folies le lendemain d'un dimanche de *Quasimodo*? Mon cher ami, tirez-moi de là. »

Mon cher ami! ce mot-là m'eût fait passer en enfer. Je travaille avec ardeur à écarter les branches; je m'enfonce des épines dans les mains, dans les bras, dans les jambes, Mes gants, mes bas et ma culotte de soie sont en lambeaux, et je ne me rebute pas.

Cependant mon enthousiasme chevaleresque céda enfin à la force du mal, et je sentis la nécessité d'attaquer raisonnablement ce malheureux buisson. Je cherchai en tâtonnant le bas des branches traîtresses, qui retenaient la beauté captive, et qui à la naissance de la tige sont dépourvues d'épines. « Prenez donc garde, mon cher ami ; ceci n'est point une branche. » C'était une jambe moulée, que je touchais bien innocemment.

Avoir du penchant à la dévotion, c'est déjà aimer quelque chose, et il ne reste plus qu'à passer de l'illusion à la réalité. Mais cette seule idée fait trembler une dévote de dix-neuf ans, bien candide, bien pure, et à qui une glace perfide répète sans cesse : Défiez-vous de cette figure-là. Que de péchés elle fera commettre !

Je me hâtai de retirer ma main en balbutiant des excuses, tandis qu'au fond du cœur je m'applaudissais de mon larcin involontaire. Je pris mon mouchoir, ma cravate, je les attachai ensemble ; je les passai autour du buisson, dont je comptais ainsi relever et presser les branches. Hélas ! il s'en fallait d'une demi-aune que je pusse joindre les deux bouts. « Ah ! m'écriai-je, si j'avais une jarretière ! — Je n'ai pas les mains libres ; je ne peux détacher la mienne. — Et moi, je n'en porte point. — Mon Dieu ! comment donc faire ? — Il y a bien un moyen ; mais je n'ose vous le proposer. — Oh ! je ne m'y prêterais pas. Cependant vous souffrez ; vous ne pouvez rester là. — Si je pouvais m'appuyer de quelque exemple respectable ! mais je ne me souviens pas d'avoir vu dans les Ecritures..., Eh ! madame, rappelez-vous qu'à toutes les noces on prend la jarretière de la mariée, et qu'y a-t-il de plus respectable qu'une noce, qui consacre l'union de deux êtres aimables, et qui leur impose le devoir si doux de s'aimer ? — Au moins, mon cher ami, soyez prudent ; souvenez-vous de vos promesses. » Elle n'avait pas fini, que la jarretière était enlevée.

Je noue, je tire, je comprime, je fais tout céder à ma force et à mon ardeur. Mon amie est dégagée, elle est debout ; mais dans quel état ! la robe, la chemise sont déchirées de haut en bas ; le fichu est resté dans les épines. Elle est dans le désordre d'une Spartiate, et elle a sur la beauté antique l'avantage de la pudeur.

C'est dans mes bras, c'est sur mon sein qu'elle penche sa jolie tête et qu'elle cache son trouble et sa rougeur.

J'étais dans un état impossible à décrire... Je fus prêt à tout oser. Une voix intérieure me dit : Jouit-on de celle qui ne se donne pas ?

Malheureusement pour la pauvre petite, la lune vint accroître son embarras. Elle me pria de m'éloigner. En ayant soin cependant de ne pas la perdre de vue, j'obéis et je la vis s'asseoir. Je l'entendis déchirer son mouchoir, dont sans doute elle allait faire des cordons protecteurs de mille charmes secrets. Je m'approchai d'elle à reculons, et je jetai derrière moi mon mouchoir et ma cravate. Je gardai sa jarretière ; je l'ai encore, je la conserverai toujours.

Elle me remercia du service, et surtout de la manière dont je le lui rendais. Son ton, très-affectueux, avait cette expression de vérité que la coquetterie a perdue, dont elle sent tout le prix, qu'elle voudrait en vain retrouver, et qu'elle imite si gauchement.

J'attendais qu'elle me rappelât, lorsque la forêt parut tout en feu et que le bruit de plusieurs cors se fit entendre. Mon amie, effrayée, accourut chercher un asile près de moi. Je remarquai en elle confiance et estime ; je pensai qu'un sentiment en amène nécessairement un autre, et qu'on peut espérer le plus délicieux de tous quand on a inspiré les deux premiers.

Il fallait pourtant savoir quels étaient ceux qui s'avisaient de chasser au flambeau.

Je distinguai bientôt le galop de plusieurs chevaux qui poussaient de notre côté. Je reconnus un des valets de chambre de madame d'Ermeuil, qu'accompagnaient quelques gardes forestiers. Son camarade, également escorté, battait une autre partie de la forêt. Je cherchai aussitôt les moyens de mettre madame de Mirville commodément à cheval. Je n'avais pas le temps de penser à nos compagnons de voyage et d'infortune ; je n'avais pas trop à me louer de certains d'entre eux, et puis le *primo mihi*, quoi qu'on en dise, est le régulateur de tous les hommes.

Je vis avec plaisir qu'on avait eu l'attention de fixer

un coussin sur la croupe du cheval que montait Baptiste. Une femme en croupe passe nécessairement le bras autour de son cavalier, et je me trouvais si bien de sentir celui de madame de Mirville ! Baptiste restait ferme sur ses étriers. Peut-être est-il paresseux comme un maître, ce qui n'est pas juste, mais assez naturel ; peut-être désirait-il, se flattait-il d'être l'heureux écuyer de la séduisante Mirville : Baptiste a des sens comme un prince, et les a pour quelque chose. Quoi qu'il en soit, je le priai de descendre. Il ne me fit pas répéter ; mais il enleva madame de Mirville avec une vigueur, un air d'intérêt ! il paraissait ne pouvoir se détacher d'elle après l'avoir mise derrière moi. Peut-être encore ne fit-il, n'éprouva-t-il rien de tout cela : peut-être enfin étais-je déjà passionnément amoureux, et un amoureux voit tout si singulièrement !

Madame de Mirville interrompit tout à coup la rêverie dans laquelle j'étais plongé. « Mon ami, me dit-elle, envoyez donc quelqu'un après ce gros garçon qui est cause de tout ce qui nous arrive. — Madame parle peut-être de M. du Reynel, répondit Baptiste, devant qui j'avais déjà prévu qu'il ne fallait dire que ce qu'on voudrait imprimer. — Oui, oui, M. du Reynel, reprit ma jolie compagne. — Eh ! madame, il est à Chantilly depuis huit heures du soir. — Comment, depuis huit heures ! m'écriai-je ; et en voilà quatre que nous le cherchons, et que nous allons d'infortune en infortune. Comment est-il donc arrivé à Chantilly ? — Dans une bonne chaise de poste, qu'il a trouvée sur la grand'route. — Vous verrez, ma chère amie, qu'il aura profité de la voiture qui a fait fuir madame de Valport, que vous avez toutes suivie... — Malheureusement pour nous tous. — Oh ! il peut y avoir quelque exception. » Et je souriais en pensant au mouvement communiqué à ma bourrée.

En effet, M. Baptiste nous conta que M. de Soulanges avait passé chez madame d'Ermeuil ; qu'il y avait su que quatre femmes charmantes couraient en poste pour se faire planter des *mais*; qu'il s'était déjà jeté dans sa chaise, et que, pour nous joindre plus tôt, il avait été à crever tous les chevaux ; qu'il avait reconnu du Reynel, haletant sur le revers du fossé, qu'il l'avait pris sous les bras, et l'avait, à l'aide de son postillon, juché dans sa voiture. Nous apprîmes enfin que du Reynel, inquiet de ne pas nous voir, avait mis sur pied tous les gardes qu'on avait trouvés à Chantilly, et que nos carrosses nous attendaient au carrefour... Je ne sais plus lequel.

Lorsque nous arrivâmes au lieu du rendez-vous, nous y trouvâmes nos camarades réunis, et dans quel plaisant équipage ! Ces importants personnages, naguère mis avec le dernier soin, ressemblaient à des comédiens de campagne ou à des échappés des Petites-Maisons. Nous débutâmes par nous rire mutuellement au nez. Madame de Mirville remarqua avec sa candeur ordinaire que madame de Valport avait traversé quelques taillis à reculons, expédient très-sage ; car, disait-elle, si les feuilles qu'on froisse tachent la robe, on n'expose au moins ni ses yeux ni ses mains. Les éclats recommencèrent. Madame de Valport seule garda son grand sérieux, et répondit sèchement à mon amie que, selon les apparences, elle s'était assise plusieurs fois, ce qui peut avoir des *suites*, quand la nuit est humide et froide. « Vous avez raison, répondit madame de Mirville, je me suis assise trois fois. — C'est fort honnête, répliqua Préval. Et cela aura les suites qu'il plaira au ciel. — Je n'en prévois pas de plus fâcheuses qu'un rhume, et je suis résignée. J'aurais pu cependant mourir de peur, si je n'avais eu avec moi l'homme le plus attentif et le plus réservé que je connaisse. » On l'interrompit par de nouveaux éclats, soit qu'on ne crût pas à ma retenue, soit qu'on y crût trop. Riez tant qu'il vous plaira, reprit ma belle amie. Je suis édifiée de la conduite de monsieur, je le proclame mon ami, et pour prix de sa sagesse, je lui permets de m'embrasser. — La proclamation était inutile, dit Préval ; mais un baiser n'est jamais de trop. » Je le pris, ce baiser, avec une volupté, une ivresse... qui, je le crois, furent à peu près partagées.

Nous montâmes enfin en voiture, et personne ne pensa à choisir sa place.

Nous voilà à Chantilly, et c'est à qui ne descendra pas de sa voiture. On regrettait d'avoir oublié le paquet de nuit lorsqu'on était habillée de manière à fixer les regards, maintenant on est en guenilles et toutes les croisées de l'auberge sont éclairées d'une manière effrayante. Angélique et Louison sont aux portières ; elles engagent ces dames à descendre, elles leur promettent de leur bâtir en un tour de main des manteaux de lit et des jupes avec des nappes et des serviettes. L'envie de souper parlait aussi haut qu'Angélique et Louison. On était ébranlée, on allait se lever, quand Louison ajouta que les avenues étaient libres ; qu'il y avait à la vérité un régiment de hussards à Chantilly ; que messieurs les officiers mangeaient à cette auberge, mais qu'ils étaient à table, et qu'ainsi ils ne verraient rien. « Des officiers de hussards, madame la comtesse ! — Des officiers de hussards, ma chère amie ! — Des officiers de hussards, madame d'Allival ! » Et on se renfonçait dans les voitures, et on eût voulu s'ensevelir dans les entrailles de la terre. On s'est quelquefois désespéré pour des choses moins importantes.

Deux voitures à quatre chevaux sont un événement à Chantilly, et partout où il y a des curieux, des oisifs, des badauds. Les officiers de hussards étaient aux fenêtres et attendaient ceux qui arrivaient. Ennuyés de ne voir descendre personne, ils formèrent des conjectures. « Ce sont probablement, dit l'un, les maîtresses des deux jolies chambrières. — Allons leur offrir la main, dit l'autre. » A ces mots un cri général partit des deux voitures, et pour ajouter à l'effroi de nos dames, un gros coquin de cuisinier, planté sur le seuil de la porte, ne cessait de répéter : « Allons donc, mesdames, allons donc ! Quel enfantillage ! N'avez-vous jamais vu d'officiers de hussards ? »

Je m'élançai pour châtier l'insolent discoureur. Madame de Mirville, qui n'avait pas crié, qui n'avait même pas fait d'observation, me retint fortement et commença à me parler raison. Je voulus lui échapper;

elle m'ordonna de rester. Je réfléchis qu'une femme décente ne donne pas d'ordres à un homme qui lui est indifférent, et j'eus le bon esprit de me faire un mérite de ma docilité. Après tout, pensai-je, quel honneur me reviendrait-il de battre un cuisinier ? « Donnez-moi votre habit, me dit-elle. Je crois que ces officiers ont vu bien d'autres choses à la guerre. Mais il faut être modeste autant qu'on le peut. » Je quittai mon frac et je lui aidai à le passer : il lui allait comme si on eût pris sa mesure sur une guérite.

Au-dessus de toutes les petitesses, elle accepta poliment la main d'un de ces messieurs, et descendit la première. Je la suivis en gilet, en culotte et en bas déchirés. On allait rire ; j'allais me fâcher. « Messieurs, dit mon amie, l'aigreur naît facilement entre hommes qui ne se connaissent pas, et il règne toujours une certaine décence entre personnes de sexe différent, qui ont reçu de l'éducation. Permettez donc que je sois l'orateur de la triste caravane qui n'ose paraître devant vous. » Elle raconta ce qu'elle savait de nos aventures de nuit avec les grâces naïves qui ne la quittaient jamais. Sa jeunesse, sa figure, son organe enchanteur produisirent leur effet ordinaire. Ces messieurs lui prodiguèrent les égards et les offres de service.

Croiriez-vous que je trouvai encore sur la porte l'impertinent cuisinier, les deux mains appuyées sur ses genoux, et riant de manière à ne pouvoir articuler un mot ! Oh ! je ne me possédais plus, et j'allais lui appliquer le plus vigoureux soufflet, quand je reconnus... devinez qui ?

« Du Reynel ! m'écrai-je, en bonnet de coton, en tablier, le couteau à gaîne au côté ! Que diable signifie ce travestissement ? » Il riait de nous voir travestis nous-mêmes ; nous rîmes tous en le regardant. Nos officiers rirent aussi sans trop savoir de quoi ; mais le rire se communique comme le bâillement. Quelle est la raison physique de cela ?

« Mesdames et messieurs, nous dit du Reynel quand il put recouvrer la parole, je suis arrivé ici longtemps avant vous, et en vous attendant je me suis occupé de

l'affaire essentielle. — De laquelle donc? — Eh! parbleu, du souper! J'ai fait l'inspection de toutes les casseroles et de leur contenu. J'ai essayé de toutes les sauces, et on ne serait pas aussi souvent trompé si on pouvait essayer de même sa femme et ses amis. — Allons, allons interrompit madame de Mirville, il ne s'agit pas de femmes, mais de souper. Quel a été le résultat de vos essais? — J'ai trouvé tout détestable.
— Mais vous ne cessez pas, s'écria un petit homme à l'air refrogné. Finissez, monsieur; finissez, de grâce! On ne perd pas ainsi de réputation un homme à talent.
— Venez, monsieur l'homme à talent, venez goûter ma gibelotte, ma perdrix au choux, mon fricandeau, mon macaroni, et humiliez-vous, superbe! — Amour-propre d'auteur, monsieur. Si mes sauces vous ont déplu, elles n'en ont point paru moins bonnes à ces messieurs, qui doivent être tout aussi difficiles que vous. » Il n'était pas maladroit de faire intervenir vingt officiers dont l'approbation eût fermé la bouche à du Reynel. La chose ne tourna pas tout à fait ainsi. « Ma foi, répondit un capitaine, nous n'avons pas été émerveillés de ce que vous nous avez servi; mais quelques grains de poivre de plus ou de moins importent peu quand on a quitté la table. — Monsieur, reprit du Reynel, je suis bien aise que vous ayez soupé. On ne dira pas que l'appétit vous abuse sur mes écarts d'assaisonnement. Faites-moi le plaisir de passer dans la chambre où le couvert est mis. Je vais faire servir, et vous prononcerez. »

Ces messieurs, se tenant tous par-dessous le bras, entrèrent sans façon chez nous, et formèrent le cordon autour de la table. Comment ces dames les auraient-elles priés de se retirer, elles qui avaient déjà des hommes aussi clairvoyants que des hussards? et en pareille circonstance, le nombre ne fait rien à l'affaire.

Nous étions placés. Angélique et Louison, assises devant une armoire au linge dont on leur avait ouvert les deux battants, taillaient nappes et draps, faufilaient, se piquaient, se dépitaient, et allaient toujours. Baptiste et son camarade, rangés en seconde ligne, devaient recevoir les plats et les passer à MM. les hussards, qui avaient brigué l'honneur de servir nos dames. La gaieté succédait à l'humeur, la conversation s'animait, et quand elle est générale, on se nomme fréquemment. Les noms connus de nos quatre beautés ajoutèrent aux égards de ces messieurs sans rien diminuer de leur empressement.

On attendait ce souper si vanté ; on comptait sur le double plaisir de juger du Reynel et de satisfaire une faim dévorante. De bruyantes exclamations nous firent craindre quelque accident : un malheur ne va pas sans un autre. Les casseroles pouvaient être renversées dans la cendre, et cette idée nous fit tous frissonner. C'était tout simplement notre gros garçon qui s'était rhabillé, et qui voulait absolument qu'on lui trouvât de la pâte d'amandes dans une maison où il n'y en avait pas. Il se contenta d'un morceau de savon.

Il parut enfin, radieux, triomphant ; et pour cacher son orgueil sous une apparente modestie : « Je vous engage, dit-il, mesdames, à ne pas me prodiguer d'éloges. Je conviens que je dois beaucoup à l'immortel auteur du *Cuisinier impérial*, et je ne marche jamais sans cet excellent livre. Je regrette de n'avoir trouvé ici que des choses simples et grossières ; mais je me flatte de les avoir assaisonnées de façon à piquer votre sensualité. »

On sourit avec complaisance au premier service, apporté avec une pompe digne de la harangue qui l'avait annoncé. Du Reynel, qui ne veut pas perdre une sensation, se charge de dépecer. Il prétend que c'est plus que jouir par anticipation, et que la vapeur odorante qui s'exhale sous le couteau est aussi nourrissante qu'agréable.

Nos écuyers à moustaches font circuler les perdrix aux choux, et veulent bien nous présenter le plat à nous autres hommes, qui n'avions aucun droit à un semblable procédé. Mais un penchant naturel porte les jeunes gens à se mettre bien avec les hommes qu'ils ne connaissent pas, et qui accompagnent de jolies femmes.

Il peut se trouver dans le nombre un frère, un oncle, un mari. Une politesse, placée à propos, ouvre les portes de la maison. La fortune, l'amour, le diable font le reste.

Une cuisse m'était tombée en partage. Je l'attaquai à belles dents, et je la posai aussitôt sur mon assiette. Je cherchai quelle était la saveur désagréable qui m'inspirait le dégoût. Je ne dis rien par ménagement pour le pauvre du Reynel. Je regardai autour de moi, et je vis les deux perdrix dédaignées, abandonnées, renvoyées à la cuisine. Un mouvement aussi général ne pouvait échapper au bon du Reynel. Il rougit, il pâlit, il tira le fameux livre de sa poche ; il trouva l'article *Perdrix aux choux*. « Je ne me suis point écarté du maître, pas seulement d'un tour de casserole, et j'avoue que mon plat ne vaut rien. Il est d'une douceur fade qui répugne. Il y a là-dessous quelque chose que je ne conçois pas. Passez-moi cette gibelotte. »

Elle était aigre à agacer les dents pour deux jours. Le fricandeau semblait être à l'absinthe, et non à l'oseille. La sauce des deux poulets en fricassée était tournée ; on ne pouvait manger de rien.

Qu'un homme se mêle de cuisine et n'y entende rien, cela n'est pas plus extraordinaire que de trouver un fripon parlant probité, une coquette pudeur, un avoué désintéressement. Qu'il gâte un plat ou deux, passe ; mais qu'il mette dans ses sauces des ingrédients qui répugnent au palais le moins délicat, voilà ce qui n'est pas supposable, ce qui n'est pas même possible. Ce raisonnement profond, développé, répété, commenté par chacun de nous jusqu'à satiété, on en tira une conclusion fort simple : c'est qu'on avait fait à du Reynel une niche qui retombait sur nous tous, puisque le mauvais plaisant nous mettait à la diète.

Le capitaine, qui avait interpellé le cuisinier de la maison, l'aperçut allongeant le nez par l'ouverture de notre porte entre-bâillée, riant sous cape, et jouissant de l'humiliation de du Reynel. « Je connais le coupable ! s'écria l'officier. Je vous demande pardon, mes dames, mais il faut châtier ce coquin-là. » Il s'élance-

prend le gargotier par une oreille, et l'apporte auprès de la table. « Allons, drôle, avoue ton méfait, et demandes-en pardon. » Le cuisinier riait et niait ; le capitaine tirait plus fort. Le bout de l'oreille n'était plus qu'à deux pouces de l'épaule. A mesure qu'elle s'allongeait d'une ligne, le capitaine répétait son interpellation. Le cuisinier touchait au moment d'être traité comme Malchus, et chacun tient à ses oreilles. Il criait, en faisant un grimace épouvantable, qu'il allait tout révéler. Le capitaine lâcha prise, et l'accusé convint que, piqué, enragé contre du Reynel, il avait jeté, pendant qu'il faisait sa toilette, une livre de cassonade sur les perdrix, une demi-pinte de vinaigre dans la gibelotte, et une poignée de coloquinte sur le fricandeau.

Nous n'étions pas plus avancés pour avoir convaincu notre homme. Nous ressemblions à ceux qui ont reconnu leur voleur, mais dont les effets restent au greffe : un aveu ne vaut pas une éclanche pour des gens qui ont faim.

La maîtresse de la maison accourut au tapage infernal qu'on avait fait. Lorsqu'elle sut de quoi il était question, elle prononça, avec beaucoup de gravité, qu'un voyageur a le droit d'apprêter son souper sans que monsieur le chef puisse y trouver à redire ; que nuire aux intérêts de la maison où l'on est, c'est vouloir se faire renvoyer, et qu'en conséquence monsieur le chef irait coucher où bon lui semblerait.

Madame de Mirville appela de la sévérité du jugement. Elle représenta que l'espèce de question qu'avait subie le cuisinier était une punition suffisante. Du Reynel, dont la réputation était sauvée par la confession de son émule en ragoût, déclara qu'il faut que chacun fasse son métier ; qu'il avait eu tort de se défier de l'habileté de monsieur le chef ; qu'il reconnaissait l'avoir provoqué d'une manière sensible ; enfin, il demanda sa grâce, et il l'obtint.

Il était temps que les plaidoyers finissent. Nous ne trouvions rien de restaurant dans des phrases, et les orateurs eux-mêmes n'étaient soutenus que par la satisfaction assez commune de croire jouer un grand rôle dans une petite affaire. « Mais, madame, que nous donnerez-vous ? criâmes-nous tous à la fois. — Eh ! messieurs, mon garde-manger est vide, et que voulez-vous que je trouve à minuit ?

Pendant que nous discourions, un joli sous-lieutenant avait fait passer un mot, et tous nos officiers étaient disparus sans que nous sussions pourquoi. Angélique et Louison jugèrent le moment favorable pour essayer les habits qu'elles venaient de fabriquer à la hâte. On nous intima l'ordre de sortir, quoique plusieurs de ces dames n'eussent rien de caché pour quelques-uns d'entre nous ; il est reçu dans un certain monde que les mœurs sont inutiles, mais qu'il est bon de paraître en avoir.

Nous fûmes agréablement surpris en rentrant. Ces demoiselles avaient donné de la grâce à ces robes d'un genre nouveau. Avec des serviettes, elles avaient chiffonné des espèces de turbans. L'étoffe était grossière ; mais une jolie figure relève tout, et la grisette, dans son bonnet rond, gagne en agréments ce qu'un diadème donne en majesté. Madame de Mirville avait quelque chose d'aérien dans ce costume. Elle me rappelait les ombres heureuses errantes dans les Champs-Elysiens. Elle en avait la blancheur, la pureté, les charmes.

Nous avions à peine repris nos fracs, qu'un hussard parut, la tête surchargée d'un énorme panier. Un second, un troisième suivirent bientôt. Nos regards avides cherchaient à percer à travers le linge qui couvrait l'osier ; notre impatience fut promptement satisfaite. Nos officiers rentrèrent, et chargèrent notre table de provisions. Ils avaient couru toutes les auberges du lieu, et vidé jusqu'à la cantine du régiment. Il était impossible de ne pas reconnaître de pareils soins. L'invitation de s'asseoir avec nous n'était pas terminée, que ces messieurs étaient placés auprès des dames, vous vous en doutez bien. Le mouvement avait été si prompt, que je n'avais pas eu le temps de reprendre mon siège. Je restais comme un sot derrière madame de Mirville, fêtée, adulée, pressée par deux des plus jolis hommes du régiment. J'avais de l'humeur, mais une humeur... et une faim! Je fus, en murmurant tout bas, me placer vis-à-vis d'elle, puisque je ne pouvais plus être à côté.

Nous mangeâmes enfin. Tout était froid, et tout nous parut excellent.

On parla de notre position actuelle. Nous avions soupé ; mais quel parti allions-nous prendre? Mesdames d'Allival et de Valport voulaient remonter en voiture. On ne trouve pas tous les jours, disaient-elles, l'occasion de se faire planter des *maïs*. Madame d'Ermeuil répondait qu'elle aimait beaucoup les *maïs*, mais qu'elle leur préférait sa fraîcheur et le sommeil. Madame de Mirville jugea qu'on avait fait assez de folies. et qu'il était temps de se conduire en femmes raisonnables. Il n'y avait point encore de majorité : nous fûmes consultés. Je fus de l'avis de madame de Mirville, c'est tout simple. Soulanges adopta l'opinion de madame d'Ermeuil, et je crois qu'il avait aussi ses raisons. Préval et Mautort pensèrent comme leurs complaisantes beautés. C'est du Reynel qui seul allait régler les destins du reste de cette nuit. Il prononça qu'après avoir bien soupé, ce qu'on a de mieux à faire est de bien dormir.

Vingt officiers devaient coucher dans cette auberge. Quels lits nous resterait-il, bon Dieu! Je sors, je parle aux filles ; je parcours les chambres dont on peut disposer... affreuses! Je mets un écu de cinq francs dans la main de Fanchette, petite brune jolie, très jolie, qui paraissait me regarder avec quelque attention. Fanchette, sensible à mes manières, me conduit tout en haut de la maison, et m'ouvre un modeste cabinet. « C'est le mien, me dit-elle. La peinture et le papier sont frais. Le lit ne vaut rien, mais je vais le rendre excellent.

Elle sort, prend un matelas dans une chambre, un lit de duvet dans une autre, un oreiller ici, une courtepointe là. « Les hussards seront un peu plus mal, me dit-elle, et je m'en moque. Ces gens-là cajolent les filles, et ne leur donnent que des baisers. Vous coucherez ici ; moi, je dormirai dans quelque coin sur une chaise : une nuit est bientôt passée pour qui oblige un beau monsieur comme vous. » J'offris un second écu. Fanchette le prit, m'embrassa, et, ma foi !... je la laissai faire.

Je mis la clef dans ma poche, et je redescendis. « Vous êtes logée, lui dis-je à l'oreille, et vous avez un bon lit. — Mon ami, conduisez-moi ; le sommeil m'accable. — Echappez-vous. »

On apportait un bol de punch. Nos trois dames se récrièrent sur la violence, l'inconvenance de cette liqueur, et prirent chacune un verre. Madame de Mirville disparut pendant qu'on leur versait. Je la suivis. J'eus la gloriole de la faire entrer dans les chambres destinées à ses compagnes ; le cabinet en parut plus gai, le lit meilleur, et je n'eus pas la force de taire qu'elle en était redevable à mes soins.

Elle me pressa la main ; je baisai tendrement la sienne. Elle me souhaita une bonne nuit, s'enferma, et je redescendis en m'applaudissant de lui avoir trouvé une retraite ignorée : on ne peut être trop prévoyant lorsqu'on a pour commensaux vingt officiers de hussards.

Je ne m'inquiétai plus de rien, pas même de savoir où je dormirais, ni si je dormirais. Je pris du punch, et je m'aperçus que Soulanges faisait un peu tard pour madame d'Ermeuil ce que je venais de faire pour mon amie.

Des officiers qui débutent comme les nôtres ne s'arrêtent jamais. Chaque service ajoute à la familiarité, et la reconnaissance et le punch avaient rendu deux de ces dames très familières. Un bon office encore pouvait amener l'intimité, et il n'était pas d'ailleurs dans les principes de nos jeunes gens de laisser coucher de jolies femmes sur des noyaux de pêches.

Ce fut à qui offrirait le premier sa chambre. On désirait, on voulait, on réclamait hautement la préférence. On faisait valoir les avantages de son logement ; on parlait tous ensemble, et quand on ne s'entend pas, il est assez ordinaire de prendre la main d'une femme pour fixer son attention. Le *brouhaha* autorise à lui parler à l'oreille, et il est difficile à vingt ans de parler lit sans ajouter quelque chose.

Je voyais tout cela avec beaucoup d'indifférence. Mais enfin j'ai des yeux, et je ne suis pas mal fort en conjectures... Je remarquai qu'on avait accepté les chambres des cavaliers les mieux tournés, sans savoir si on y serait bien ou mal : on aime mieux devoir quelque chose à un joli homme qu'à un autre; n'est-il pas vrai, mesdames?

Les préférés s'armèrent de flambeaux, et conduisirent chacun la beauté qui s'était rendue à ses instances. On parle à une femme qu'on établit chez soi; elle répond; la conversation s'engage; et on ne sait pas où cela mène. Ce que je sais, moi, c'est que Soulanges, Préval et Mautort remarquèrent que ces messieurs ne descendaient pas. Il n'était qu'un genre de crainte qu'ils pussent décemment manifester : ils tremblèrent que ces dames fussent incommodées, et ils allèrent s'assurer de leur bonne ou mauvaise santé.

Je n'entendais pas le moindre bruit. L'hôtesse et ses gens reposaient sans doute. Fanchette était le seul guide que je pusse me procurer.

En allant et venant, je crus entendre parler à l'étage au-dessus. Mon imagination s'allume à l'instant.

Je soufflai ma chandelle, je montai sur la pointe du pied, et je prêtai l'oreille. « Ma petite Fanchette, tu feras cela pour moi, n'est-il pas vrai? — Monsieur, j'ai toujours été sage... — Oh! quel conte! — Je ne réponds pas de l'être toujours; mais je ne me rendrai bien certainement qu'à un homme qui me plaira, et vous ne me plaisez pas du tout. — Voilà des mots. — C'est la vérité. — Ceci est nouveau, par exemple! Trouver dans Fanchette une résistance que ne m'opposent pas les femmes du plus haut rang! » Qui n'eût pensé que c'était au moins un chef d'escadron qui s'exprimait ainsi? Pas du tout : c'était ce faquin de Baptiste.

Je n'aime pas la fatuité, surtout dans des gens de cette espèce; je veux qu'on ménage une fille qui se défend; je n'entends point, parce qu'elle est sans considération et sans appui, qu'on lui ravisse des demi-faveurs, et c'est ce que faisait M. Baptiste en ce moment. Je m'approchai doucement, et je lui allongeai au bas du dos un grand coup de pied, qui termina ses entreprises et ses phrases à prétention. Il s'enfuit aussi silencieusement que je l'avais châtié, et alla rouler du haut en bas d'un petit escalier, que probablement il ne connaissait pas plus que moi.

Je m'approchai de Fanchette, et je lui pris la main. « Conduisez-moi quelque part où je puisse me reposer. — Comment! c'est vous, monsieur! Eh! que faites-vous ici? — Qu'y faisiez-vous, vous-même? — Je finissais la chambre de ce monsieur aux femmes du plus haut rang : on ne peut s'occuper des gens que quand les maîtres sont servis. Il a bien voulu descendre jusqu'à une fille d'auberge; je n'ai pas permis qu'il dérogeât; il a joint le geste aux discours; je me suis défendue; mon bougeoir est tombé, et la lumière s'est éteinte. Mais dites-moi, monsieur, pourquoi vous n'êtes pas couché dans mon cabinet? — Je l'ai donné à une dame charmante. — Je l'aurais gardé si j'avais prévu cela. Je suis plus lasse que cette dame, et j'aime mes aises comme elle. — Ah! Fanchette, si vous la connaissiez!... — Je la connais : c'est celle qui vous appelle son ami. — Eh! comment savez-vous cela? — Lorsqu'on s'intéresse à quelqu'un, on regarde on écoute, en passant et en repassant; et on entend souvent des choses qui ne font pas plaisir. » Ici la petite se tut. J'ignore si elle rougit; mais un soupir, qu'elle s'efforça d'étouffer, ne m'échappa point.

« Ma petite Fanchette, nous voilà tous deux sans asile. Où passerons-nous le reste de la nuit? — Où vous voudrez. — Avez-vous encore une chambre? — Elles sont toutes occupées. — Si j'allais déloger ce coquin de Baptiste? — Oh! il viendrait me tourmenter. — Je ne veux pas cela. — Ni moi non plus. — Eh bien! allons à la salle à manger, nous y ferons du feu... — Il s'éteindra pendant que vous dormirez; vous vous réveillerez transi, et vous serez malade le reste de la journée. — Comment donc faire? — Venez avec moi. » Pendant ce dialogue, sa main était restée dans la mienne. Je ne pensais pas à la quitter ; elle ne la retirait point. Que peut-on faire de la main d'une jolie fille ? La presser, la caresser, et c'est ce que je faisais en me laissant conduire.

« Où sommes-nous donc, Fanchette ? — Dans le grenier au foin. Arrangeons-y chacun notre place ; ne craignez rien pour vos habits, je les secouerai quand vous vous lèverez. »

Je n'avais jamais couché dans un grenier à foin ; mais, ma foi, je me résignai et je m'arrangeai de mon mieux. Je vis bientôt que ce lit en vaut un autre, et a de plus l'avantage de ne point exiger d'apprêts. Une chaleur douce ranima mon sang, et ne provoquait pas le sommeil. Je sentais quelque chose... Le voisinage de Fanchette...

Quand on ne dort pas, et qu'on est sans lumière, ce qu'on a de mieux à faire, c'est de parler. « Que faisiez-vous, Fanchette, avant d'entrer dans cette maison ? — J'étais chez une tante, marchande mercière à Senlis. — Pourquoi n'y êtes-vous pas restée ? — Elle a mal fait ses affaires, et quoique j'entendisse bien son commerce, je n'ai pas trouvé à me placer. » Ce genre de conversation m'ennuya bientôt, et j'aimai mieux me taire que parler... d'autre chose.

Je me tournai, je me retournai... impossible de dormir. « Est-il bien vrai, Fanchette, que vous avez toujours été sage ? — Oui, monsieur. — Cependant le métier que vous faites... — Ne rend pas la chose très-croyable, n'est-il pas vrai ? — Je ne dis pas cela ; mais il me semble qu'il se présente tant d'occasions !... — Rien n'oblige à en profiter. — Et puis les hommes sont si entreprenants ! — Dites si grossiers, et c'est la précisément ce qui les empêche d'être dangereux. — Vous n'avez donc jamais aimé ? — J'avais vingt ans, et je ne me doutais pas que je pusse éprouver... » Elle s'arrêta comme quelqu'un qui craint de dire trop.

« Et quand avez-vous eu vingt ans, Fanchette ? Hier à midi, monsieur. — Et depuis hier à midi ?... » Elle ne me répondit pas.

Ce silence expressif m'agita, me tourmenta : j'étais brûlant. Je voulus me découvrir un peu, et en étendant les bras autour de moi, je rencontrai encore cette main... Cette main pressa la mienne, et bientôt j'y sentis des lèvres... Nous nous trouvâmes l'un à côté de l'autre, et ce n'était plus ma main qu'on baisait.

« Oui, Fanchette, vous étiez sage. — Je ne mens jamais. — J'ai commis une grande faute. — Je ne vous la reproche pas. — Je me la reprocherai toujours. — Et par quelle raison ? — Je ne peux vivre avec vous. — Je le sais bien. — Dans quelques heures je vous quitterai. — Je le sais bien. — Que vous restera-t-il ? — Votre image et le souvenir d'une nuit de bonheur. »

Comment ne pas s'oublier tout à fait ?... Prêcher la retenue et l'empire sur soi-même est bien louable sans doute ; mais compter être plus fort que la nature, combattre toujours, toujours, et par ses combats mêmes se convaincre de sa faiblesse... Oh ! je pardonne au vicaire savoyard.

Les premiers rayons du jour éclairaient un reste de délire, auquel succéda de part et d'autre un peu de confusion. Fanchette baissa quelque temps les yeux, et me fixa ensuite avec une expression, une tendresse ! « Pauvre Fanchette, lui dis-je en me levant ! — Je ne me trouve pas à plaindre. — Il faut nous séparer. — J'y étais préparée. — Faites-moi un plaisir, Fanchette. — Tout ce qui dépendra de moi. — Acceptez cette bourse. — Ce que je vous ai donné, monsieur, ne se paye pas. Laissez-moi jouir de mon sacrifice. — Fille étonnante, je vous laisse à regret, surtout dans cette maison. — Je vous suivrai, si vous le voulez. — Cela ne se peut pas, Fanchette. — Adieu donc, monsieur. »

Je descendis, et à mesure que je m'éloignais de Fanchette, l'illusion se dissipait, et les réflexions commençaient à naître. Une fille d'auberge ! Un grenier au foin ! On est si sot, quand on est mécontent de soi ; si contraint, si gauche, quand on ne peut s'étourdir sur une faute ! et qui n'a pas l'habitude d'en commettre, ne les oublie pas en un instant.

Je descends dans la salle à manger, j'y trouve Fanchette. J'aurais désiré ne pas la revoir. Elle ne méritait pas cependant que je la reçusse mal. Je fus au-devant d'elle en lui souriant. « Prenez cela, me dit-elle, vous en avez besoin. » C'était un potage de fort bonne mine et dont l'odeur me séduisait. « Petite Fanchette, prenons-le ensemble. — Il peut entrer du monde dans cette salle ; vous seriez compromis, et je dois vous ménager autant que je vous aime. J'ai été un moment votre égale là-haut : permettez qu'ici je redevienne Fanchette. » Je la regardais, je l'écoutais, je rêvais... Une petite mercière penser ainsi ! Eh ! l'amour désintéressé, l'amour vrai ne rend-il pas capable de tout ?

Sur la table où elle me servait, où je fêtais son potage, étaient une écritoire, une plume et du papier. Je pensai que je ferais bien d'écrire : c'était un moyen sûr de ne pas la regarder. Mais qu'écrire ? des vers ? J'en fais de fort mauvais quand j'ai la tête libre, à plus forte raison à présent... De la prose, oui, de la prose, c'est plus facile. Une lettre... Eh ! à qui ? Parbleu à mon homme d'affaires.

« Dans un quartier populeux et éloigné du centre de Paris, vous louerez une petite boutique et une ou deux pièces derrière.

« Dans une de ces pièces, vous mettrez ce qui est nécessaire pour faire un peu de cuisine ; dans l'autre, un lit garni, simple, mais bon et surtout très-étroit ; une commode, un secrétaire et une table de noyer, quatre chaises et un fauteuil couvert en paille.

« Dans la commode deux paires de draps, deux taies d'oreiller, six serviettes et deux napperons ; six chemises de femme, ni grosses ni fines, six mouchoirs blancs, six paires de bas de coton, quatre aunes de mousseline à vingt francs, six aunes de petite dentelle à cent sous, et de quoi faire quatre robes de jolie indienne de couleurs différentes.

« Dans le secrétaire, papier, plumes, encre, un livre de compte, et cent écus dans un des tiroirs.

« Vous garnirez les rayons de la boutique de menue

mercerie assortie. Vous pouvez y joindre un peu de parfumerie, comme des gants, de la poudre, des savonnettes, etc. La totalité des marchandises n'excédera pas cinquante louis.

« Ah!... vous n'oublierez pas de payer un an du loyer. Vous m'enverrez les clefs, le reçu du propriétaire et les factures acquittées, au château d'Ermeuil.

« Vous ordonnerez à mon valet de chambre de me faire une petite malle, de partir à la minute et de venir me trouver. »

Eh! mais... il est clair, me dis-je, que ces dispositions ne peuvent être faites que pour une femme. Que pensera mon homme d'affaires? Il pensera... il pensera que je suis un libertin, et il n'en sera pas moins mon très-humble serviteur : c'est l'usage... Non, je n'exposerai pas ma réputation; je ne me mettrai point en butte à la malignité. J'attendrai; je ferai toutes ces choses moi-même à mon retour à Paris... Mais quand y reviendrai-je! Il passe tous les jours ici des Baptistes... et même d'honnêtes gens... comme moi. Une première faute amène quelquefois... une surprise des sens provoqués par la licence trop ordinaire à certains voyageurs... Je n'attendrai pas. Je dois un asile à Fanchette, et sans délai je lui en procurerai un, où elle sera sage, si elle veut l'être. « Fanchette, faites-moi le plaisir d'aller jeter cette lettre dans la boîte.—Tout ce que vous voudrez, monsieur. »

Pendant que Fanchette est allée à la poste, je m'esquive, je monte... Vous devinez chez qui; chez celle dont je ne suis plus digne et que je n'ose nommer. Je prête l'oreille; j'entends aller et venir par la chambre; je frappe doucement.

« Qui est là? — Moi, madame. — Ah! c'est vous, mon ami. » Son ami! « Je vous demande un quart d'heure; aller m'attendre dans la salle à manger. » Je ne voulais pas retourner là : je redoutais Fanchette et ma faiblesse.

Je me promenai dans les corridors. Mais bientôt je réfléchis qu'il fallait que certaines portes s'ouvrissent; qu'en pareille circonstance on n'aime pas les témoins, et que lorsqu'on n'est pas plus sage que moi, on n'a le droit d'intriguer personne.

Au bout du corridor était un petit cabinet à porte vitrée. J'y entrai. Je tirai un rideau de mousseline et je m'assis. Un livre avait été oublié sur un tabouret; je l'ouvris... *J'appartiens à Fanchette*. Toujours Fanchette! m'écriai-je, et je jetai le livre à quatre pas. Homme injuste, me dis-je aussitôt, que t'a-t-elle fait? Oublie-la, ne la méprise point. Je me levai, j'allai ramasser le livre, et je le remis à sa place.

Jamais je n'ai épié personne; mais le premier mouvement de tête est toujours vers le lieu d'où part le son. La mousseline qui formait le rideau était claire; le moyen de ne pas voir? Je vis donc Angélique et Louison, que conduisaient gaiement jusqu'au milieu du corridor leurs camarades de lit, en robe de chambre de hussards : c'est ce qu'on appelle ordinairement une chemise.

Après ces demoiselles, parut un joli sous-lieutenant qui sortait de la troisième chambre. On lui passa, par la porte entre-bâillée, une main potelée que je ne me serais pas soucié de baiser en ce moment, et qui le fut cependant avec l'expression de la reconnaissance. A cette main était une fort belle étincelle, que j'avais vue la veille au doigt de madame de Valport.

Une quatrième porte s'ouvrit bientôt, et je reconnus l'officier qui avait cédé sa chambre à madame d'Allival. On poussa le verrou dès qu'il fut sorti, et si j'eus la conviction qu'on était encore deux dans cette chambre, il est constant qu'au moins je ne la cherchais pas.

Bon, pensai-je, Préval et Mautort n'ont rien vu. Ils ont le sort de bien des maris, et n'en feront pas plus mauvais ménage. Pas du tout : à l'autre bout du corridor, était un second cabinet, que je n'avais pas remarqué, et dont la porte vitrée était également couverte d'un rideau de mousseline. Cette porte s'ouvre, et je vois sortir du cabinet Mautort et Préval. Ils ne feront probablement pas de scène, me dis-je. Je les crois de l'avis de La Fontaine : *Quand on ne le sait pas, ce n'est rien; quand on le sait, ce n'est pas grand'-*

chose. De toutes façons, je ne peux intervenir dans cette affaire : c'est bien assez que ces dames aient à se disculper devant leurs amants. Un tiers mettrait l'amour-propre de ces messieurs en jeu ; l'amour-propre choqué éclate ; et il est dans mes principes de ménager toutes les femmes, même celles qui le méritent le moins.

J'éprouvai un sentiment d'anxiété en voyant Mautort et Préval frapper aux portes de ces dames. Le *qui est là* est toujours la première réponse. « C'est moi, madame. — Comment ! si matin ! — D'autres vous ont vue plus matin encore. — Que voulez-vous dire, messieurs ? — Ce que vous savez, madame, et ce que nous savons comme vous. — Voilà qui est d'une insolence... — Ouvrez, s'il vous plaît, ou je vais m'expliquer par le trou de la serrure. » Les portes s'ouvrirent à l'instant.

« Mesdames, dit Préval avec un sang-froid où il entrait quelque dignité, un galant homme peut se tromper dans son choix ; mais le moment où il reconnaît son erreur est celui où il se retire. — D'honneur, je ne vous comprends pas. — Jurer par votre honneur ne vous engage à rien... Pardon, madame, je m'oublie, mais vous m'en avez donné l'exemple. Venez avec moi. Vous voyez ce cabinet ; Mautort et moi nous y avons passé la nuit, ainsi il est inutile de nier. Comment ! de la jalousie, de l'espionnage ! une scène pour une distraction ! c'est tout au plus ce qu'on passerait à un mari. — Madame, on doit plus peut-être à un amant... — Ah ! du paradoxe à présent. — Une femme sensible, fatiguée d'un nœud mal assorti, mais à peu près indissoluble, peut être faible sans être méprisable. Mais tromper un amant qu'on peut quitter avec décence, c'est joindre la bassesse à la perfidie. Adieu, madame, nous retournons à Paris.

Ils s'éloignèrent ; ces dames rentrèrent chez elles, et je me préparais à descendre, lorsqu'une autre porte, qui s'ouvrit, m'obligea à refermer la mienne. Je vis d'abord s'avancer un grand nez aquilin, qui ressemblait beaucoup à celui de Soulanges. Quand on prend des précautions pour sortir de chez soi, pensai-je, c'est qu'on a quelque chose à ménager. Au moins madame d'Ermeuil est sa maîtresse, et elle ne trompe personne.

Soulanges, sûr que le corridor était libre, sortit sur la pointe du pied; la porte se referma doucement sur lui. Je sortis à mon tour, en me mouchant, en chantant, moyens honnêtes d'avertir ceux qui pouvaient avoir quelque intérêt à n'être pas rencontrés. Aussi ne rencontrai-je personne que du Reynel, qui cherchait partout monsieur le chef et qui criait à tue-tête qu'il lui était inconcevable qu'à huit heures du matin il n'y eût pas dix casseroles sur les fourneaux.

Je suivis du Reynel. J'étais bien aise de le mettre entre Fanchette et moi. Il ordonna et moi aussi. Il ne voulait d'aucun de mes plats, et j'ordonnais toujours. Le chef ne savait auquel entendre, et persuadé qu'on ne déjeunerait pas tant que je me mêlerais du menu, je sortis et j'allai m'enfoncer dans ce parc, qui rappelle de si grandes choses.

A quoi sert de courir? ne porte-t-on pas avec soi sa conscience et son cœur? Je ne pouvais m'éviter; je revins et je trouvai tous nos gens rassemblés. Il suffisait de regarder nos dames pour avoir une idée des événements de la nuit. La figure céleste de madame de Mirville, fraîche comme la rose qui s'entr'ouvre le matin, annonçait qu'elle avait dormi du sommeil de l'innocence.

J'étais confus, humilié; je n'osais l'approcher. Elle me prit la main et me fit asseoir auprès d'elle: j'avais besoin d'être encouragé.

CHAPITRE II

Une drôle de position pour un homme qui n'aspire qu'à être vertueux. Il en est récompensé par la perte de ses fonds de culotte et d'un peu d'autre chose... Les effets de la sauce piquante et les inconvénients d'une jeune fille très-aimante, mais gênante. Comme quoi une faiblesse très-excusable avec un monsieur titré devient cas pendable avec un tailleur ou un coiffeur. Encore une nuit bien remplie ; la journée du lendemain l'est encore mieux, bien qu'autrement.

On parla enfin de partir, et on décida qu'on n'arrêterait plus de Chantilly au château d'Ermeuil. On s'apercevait que les tuniques et les turbans faits avec des nappes et des serviettes ne produisaient plus autant d'effet que la veille. La nouveauté, le désir, le punch avaient rendu la mascarade piquante. La satiété, la fatigue avaient détruit l'illusion. Quelle femme est jolie en sortant d'une loge grillée au bal de l'Opéra ?

On appelait, on cherchait Angélique et Louison : elles n'étaient nulle part. Fanchette rôdait autour de la table ; je tremblais qu'un coup d'œil n'éclairât madame de Mirville ; je voulais sortir de cette maison. Je me mis moi-même à la recherche des deux femmes de chambre, et je les rencontrai sous une tonnelle, parlant, riant, gesticulant. « Allons, allons donc, mesdemoiselles, il faut partir. — Nous ne partons pas, monsieur. — Pas de mauvaise plaisanterie. — Rien n'est plus sérieux. — Et que voulez-vous que fasse madame d'Ermeuil ? — Tout ce qui lui plaira. — La laisser, ainsi que ces dames, sans une femme ! — Nous nous en passons bien, nous. — Quelle comparaison ! — Elle n'a rien de choquant. Ces dames sont jeunes et nous aussi ; elles sont jolies et nous aussi ; elles aiment le plaisir, et nous aussi ; elles lui consacrent leur vie, nous allons lui consacrer la nôtre. — Et où allez-vous pour cela ? — En Espagne. — Comment ! en Espagne ? — Où nous n'aurons rien à faire que de soigner le linge de deux officiers de hussards. — Ah ! j'entends. »

Madame d'Ermeuil, à qui je fus rendre ce dialogue, ne comprenait pas trop qu'il fût nécessaire de mener une femme de Chantilly à Madrid pour soigner six chemises et autant de mouchoirs. Cependant comme un officier peut avoir une fantaisie, et une fille aussi, que personne n'avait le droit de s'y opposer, Soulanges fut chargé de régler le compte de ces demoiselles et de les payer.

Nos hussards étaient allés manœuvrer : le moment était propice.

Les chevaux de poste étaient arrivés. Les postillons s'impatientaient et moi aussi. Je m'avançais pour offrir la main à madame de Mirville. Fanchette avait entendu ce que j'avais dit à madame d'Ermeuil. Après avoir rêvé un moment, elle traversa rapidement la salle à manger, et s'approcha de cette dame, rouge comme une cerise et les yeux animés de quelque émotion extraordinaire. Je fus saisi d'un tremblement général. Je crus que Fanchette repentante allait s'humilier et faire sa confession. Mais pourquoi donner dans les extrêmes? pourquoi s'adresser à madame d'Ermeuil plutôt qu'à celle qu'elle nommait mon amie, et avec qui, en dépit de son repentir, elle avait bien quelque intérêt à me brouiller? J'étais sur un brasier. « Madame, dit la petite en regardant le carreau et le plafond, ces demoiselles vous laissent dans l'embarras; je n'ai pas leur adresse, mais j'ai de la bonne volonté et le désir de vous être utile et de vous plaire ; prenez-moi à votre service. — Que savez-vous ? — Peu de chose; mais madame voudra bien me guider et je n'oublierai rien de ce qu'elle m'aura dit. — Elle est intéressante... Baptiste, faites venir la maîtresse de l'auberge... Madame, cette jeune fille désire entrer chez moi. — Madame, je serais fâchée de la perdre; mais je la verrai avec plaisir à sa place. Elle n'y est pas ici, et c'est un excellent sujet. — Allons, Fanchette, vous êtes à moi. Mesdames, nous mettrons nous-mêmes quelques-unes de mes robes à votre taille, quand nous serons arrivées,

Fanchette nous regardera d'abord, et elle finira par faire comme nous. »

Fanchette sortit de la salle en sautant, en riant, et elle reparut un instant après, portant sous son bras un petit paquet de quinze pouces de long sur quatre d'épaisseur. Elle avait trouvé le temps de passer sa robe des dimanches, le bas de coton blanc; elle avait mis le bonnet rond plissé; elle était jolie, jolie... presque comme... Chut! ne comparons pas Fanchette à celle qu'on ne peut comparer à personne.

Nous montâmes en voiture. Je m'étais placé dans l'une avec madame de Mirville. Il y restait deux places : madame d'Ermeuil et Soulanges vinrent les occuper. Les délaissées avaient pris la chaise de Soulanges; du Reynel avait fait venir un cabriolet de la poste et le remplissait tout entier. Baptiste et son compagnon étaient à cheval, parce que le départ de Préval et de Mautort nous avait ôté un carrosse et changé nos dispositions : Fanchette restait sur le pavé. Elle me regardait d'un air presque suppliant; elle regardait madame d'Ermeuil, qui ne s'occupait pas d'elle. « Madame, lui dit-elle enfin d'un ton timide, qu'ordonnez-vous de moi? — Mais, je ne sais où vous mettre. — Eh, mon Dieu, dit madame de Mirville, monsieur et moi tenons peu de place; la petite est mince, et à nous trois nous ne pesons pas M. du Reynel. Faites-la monter ici. — Puisque vous le permettez, ma chère amie... — Eh, madame la comtesse, tout ne doit-il pas être extraordinaire dans ce voyage-ci? D'ailleurs Fanchette est très-proprement mise, et elle a un air de candeur qui m'intéresse. »

Voilà cette Fanchette que je ne devais plus voir, la voilà courant la poste avec moi, à côté de moi, rayonnante de jeunesse, de charmes et de satisfaction.

Madame de Mirville avait bien affaire de la mettre là! Je sentais son genou, son bras; que ne sentais-je point! Je me tournais de l'autre côté, et ce joli petit corps longeait tout le mien. Pour achever de me mettre hors de moi, je trouvai encore par là le genou, le bras, le sourire enchanteur de la plus parfaite des femmes.

J'invoquais ma raison, et je ne me sentais pas la force de combattre. J'étais dans une ivresse, un délire!... Je parlais sans m'entendre, et il fallait que mes discours et ma figure fussent bien extraordinaires, puisque madame d'Ermeuil me rit au nez; mais d'un rire inextinguible. Soulanges avoua que depuis dix minutes il se mordait les lèvres, et il éclata aussi. Madame de Mirville ne riait point; une femme est toujours flattée du désordre où elle nous jette, et elle s'attribuait exclusivement le mien, tandis que... Ah! mon Dieu!

Mademoiselle Fanchette, rangez donc vos genoux. — Monsieur, ils touchent au marchepied. — Ah! pardon, pardon! » Je vis une larme couler dans ses yeux... N'allais-je pas l'embrasser pour la consoler de ma dureté? Eh! vite, je me tourne encore, et je rencontre la joue de madame de Mirville, précisément sous mes lèvres : je m'y collai. Mademoiselle Fanchette verra, me disais-je, qu'on ne gagne rien à suivre un homme malgré lui. « Mais, mon ami, vous êtes fou ; je ne vous ai jamais vu dans cet état d'exaspération. — Ma chère amie, il faut épouser ce beau garçon-là; c'est le seul moyen de vous en défaire. — En ce cas, madame la comtesse, je ne l'épouserai jamais. Mais finissez donc, monsieur ; vous me mangez. » Je sens l'inconvenance de ma conduite, je me tourne une troisième fois... Fanchette rougissait, pâlissait ; sa poitrine était gonflée ; les larmes qu'elle retenait la suffoquaient. « Madame la comtesse, vous ne voyez pas que Fanchette se trouve mal. — Ce ne sera rien, monsieur. Le peu d'habitude d'être dans une voiture fermée... — Arrêtez, postillon ! arrêtez donc! Quelqu'un ici est incommodé. Venez, mademoiselle, venez prendre l'air sur le bord du chemin. — Bien, mon ami, bien. Vous gagnez chaque jour dans mon esprit. » Elle m'estime, elle me loue à présent. quand je mérite...

« Eh! mademoiselle, puisque vous ne pouvez descendre, laissez-vous aller dans mes bras. — Tenez, mon ami, voilà mon flacon. » Son flacon! Pour Fanchette! Il fallut bien le prendre ; il n'y en avait pas d'autre.

« Ah! mademoiselle, quel mal vous me faites! — Je croyais souffrir seule. — Pourquoi avoir pris un semblable parti? Qu'attendez-vous? qu'espérez-vous? que voulez-vous?—Je n'attends, je n'espère rien; j'ai voulu vous voir encore. Est-ce un crime? — Un crime, non. Mais j'aime passionnément madame de Mirville, et je ne sacrifierais pas cet amour-là à la plus belle, à la plus grande princesse de l'univers... Eh bien!... Elle se trouve plus mal, tout à fait mal; elle perd connaissance... Fanchette, revenez à vous. Je crois que je vous aime aussi... Oui, je vous aime... Je ne sais ce que je dis; j'extravague... Heureusement elle ne m'entend point. » Je la repris dans mes bras; je la reportai dans la voiture. « Mon ami, elle ne peut soutenir sa tête; prenez-la sur vos genoux. » Sur mes genoux! c'était jeter de l'esprit-de-vin sur du feu; je n'y tenais plus. « Mon ami, coupez son lacet. » La jolie commission!

Et elle était sur mes genoux! et pour couper le lacet, il avait fallu soulever le fichu!... Postillon, je descendrai à la première poste. — Pourquoi cela, mon ami? — Je courrai à bidet. — En bas et en culotte de soie? — C'est égal! — Bien déchirés. — C'est égal! — Vous vous exténuerez. — Eh! vous ne voyez pas que Fanchette me tue. »

« Un bidet, un bidet! — J'ai une culotte de peau toute neuve.—Voyons la culotte de peau... Elle m'ira. — Voulez-vous des bottes fortes? — Certainement. — Des gants de chamois?—Oui. — Une veste de nankin? — Soit. — Je vais vous donner tout cela. — Partez, madame, partez. Je vous rejoins en dix minutes. — Il est fou. — Il est fou. — Il est fou.

La voiture est à cinquante pas, et je commence à respirer. Je quitte assez tranquillement mes habits en guenilles, et je prends ceux du postillon. La culotte était trop large, la veste trop courte; mais au moins elles étaient neuves et propres. Je paye, et j'enfourche le bidet.

Mon cheval arrête au milieu d'une cour. Je descends, j'entre dans une salle basse, et je demande un verre de vin. « Et vous aussi, monsieur, vous retournez à Paris ! Il ne nous restera pas un homme présentable. » Je n'avais vu personne en entrant dans cette salle, et je reconnus mesdames d'Allival et de Valport. Elles causaient avec deux messieurs fort empressés, à qui elles souriaient comme... comme on sourit quand on veut qu'une affaire ne traîne pas en longueur. Allons, pensé je, encore une distraction ! Madame de Mirville ne peut vivre avec ces femmes-là. Unit-on le bouton de rose aux pissenlits ?

« Non, mesdames, je ne retourne point à Paris. Je suis distrait aussi ; j'ai fait fausse route, et j'ai cela de commun avec bien d'autres. » J'avalai un trait de vin et je remontai à cheval. « Comme il nous quitte ! Il est fou. — Il est fou.

— Je suis fou ! oui, je suis fou dans ce moment-ci ; mais j'ai des mœurs, mesdames... j'ai des mœurs ! Eh ! non, je n'en ai pas. Cette femme adorable qui croit remplir seule mon cœur, qui est incapable de soupçonner une faiblesse... ingrat, perfide que je suis... Ne pensons plus à tout cela, il y a de quoi perdre la tête tout à fait !... Eh ! le moyen de n'y plus penser !... Postillon, vous direz, à la première poste, à votre camarade, et vous le chargerez de faire passer le mot, que je vais au château d'Ermeuil, et non à Paris. — En ce cas, monsieur, tournons bride ; vous allez entrer à Chantilly. — Oui, je suis fou, décidément fou. »

Nous revînmes sur nos pas, et je crois que la vivacité de la course entretenait le trouble où j'étais. Cependant ma pauvre tête se remit insensiblement, et après avoir couru trois postes, je m'aperçus que si le cerveau commençait à se rafraîchir, certaine autre partie s'échaufait considérablement. « Chienne de culotte ! maudite culotte ! j'y laisserai deux onces de chair. N'importe, courons toujours : il n'est pas de supplice égal à celui que je souffrais dans la berline. »

Je n'avais pas vu dans une salle deux femmes et deux hommes, et de cinq cents pas je reconnus la maudite berline arrêtée à la poste prochaine... Que dis-je, maudite berline, et elle renferme tout ce que j'ai de plus cher au monde !... De laquelle parlé-je ?... Allons, allons, cela n'a pas besoin d'être expliqué ; madame de Mirville seule règne sur mon cœur. »

J'arrive, et je la vois parlant avec chaleur et rouge... comme l'était Fanchette... vous vous rappelez bien... « Son cheval se sera abattu ; il se sera cassé une jambe, et cela par égard pour mademoiselle Fanchette. — Croyez, madame, que je suis aussi inquiète, aussi affligée que vous. — Cela ne se peut pas, mademoiselle. Quelles raisons auriez-vous ?... Le voilà, le voilà !... Mon ami, mon ami, d'où venez-vous ? Pourquoi ce retard de deux grandes heures ? » Je veux sauter à terre ; je me sens collé à la selle, et raide comme une barre de fer. Le postillon est obligé de me soutenir sous les bras. Le joli amoureux, qui marche les reins ployés, les jambes écartées, et qui n'ose détacher sa chemise, qui le tiraille dans tous les sens !

« Mon ami, je vous défends de remonter à cheval. — Je ne remonterai pas dans la berline. — Madame d'Ermeuil donnera un cabriolet à Fanchette ; Baptiste y montera avec elle, et lui donnera des secours, si elle en a besoin. — Baptiste ! Baptiste, dites-vous ?... Non, qu'il coure, puisque sa culotte est doublée de tôle. Prenons vous et moi, le cabriolet. J'ai tant de choses à vous dire ! — J'aurai tant de plaisir à vous entendre ! »

Nous trouvons une méchante calèche ; on y met deux chevaux ; madame de Mirville s'élance ; je m'accroche, je me guinde ; me voilà assis, nous partons : je fais, vous le voyez, tout ce qui est en moi pour me conduire en honnête homme.

La berline courait devant nous, et Fanchette tenait constamment sa tête hors de la portière. Le prétexte, et toute femme en a toujours un à sa disposition, le prétexte était sans doute le besoin d'air. Cette tête me donnait d'insupportables distractions ; elle rentra cependant, car enfin on ne pousse pas la persévérance ou l'opiniâtreté jusqu'à se casser le cou. « Mon ami, j'entends fort bien ce que me dit votre main ; mais n'est-il pas un langage plus positif ? »

Je m'aperçus que je la tenais, cette main, et je la pressais, en regardant Fanchette, avec un sentiment, une force... Oh, les hommes ! les hommes ! J'ai bien peur que nous soyons tous des coquins.

« Oui, j'en profiterai, lui dis-je, comme si je lui avais adressé ce que je venais de me dire. — Et de quoi profiterez-vous, mon ami ? — D'une occasion peut-être unique, car nous sommes continuellement obsédés. Je brûlais de parler dans cette forêt, où les ténèbres, l'isolement, votre frayeur m'étaient si favorables ; mais je me suis dit : Abuser des circonstances est lâcheté. Je veux que madame de Mirville m'estime ; elle m'aimera après si elle me juge digne de l'être. — Vous êtes un homme accompli. Vous l'êtes au point de dissiper cette timidité qui m'est naturelle et inutile près de vous. Oui, mon ami, je vous aime, et je ne veux de sauvegarde que vous. Vous êtes un dieu tutélaire à qui j'ouvre mon cœur, à qui je confie ma faiblesse, et qui me donnera la force d'y résister. »

Oh ! il n'existait plus de Fanchette pour moi ! L'échange de nos aveux venait de me lier irrévocablement. J'étais à elle, tout à elle. L'idée, la seule idée de partager mon cœur me paraissait un forfait. Je ne pouvais tomber à ses pieds. Je repris sa main : je la couvris de baisers. Elle me présenta la joue ; « Embrassez votre amie... » Oh ! oui, je l'embrassai, je l'embrassai encore si voluptueusement, si... eh bien ! ne voilà-t-il pas ce malheureux postillon qui se tourne, qui voit, qui sourit, qui... J'avais une humeur, mais une humeur !...

Rien ne lui échappait. « Remettez-vous, me dit-elle, et soyez sans inquiétude pour moi : quand le cœur est pur, on ne redoute pas les témoins. Dans ce moment, un des plus doux que j'aie passés de ma vie, je paraîtrais devant Dieu sans remords et sans crainte. Remettez-vous, vous dis-je, et écoutez-moi.

« Mon ami, je me mariai à un âge où on ne soupçonne pas ce que c'est qu'un engagement. M. de Mirville était jeune, beau, aimable... comme vous. Il me plut... comme vous me plaisez ; il m'aimait autant que vous peut-être, et je volai au devant du joug que me présentaient mes parents. L'amour de mon époux s'affaiblit bientôt, et l'année n'était pas écoulée, qu'il me donnait publiquement des rivales. Je descendis en moi-même ; je m'interrogeai, et je ne trouvai pas de reproches à me faire. Tendresse, abandon, volupté, égards, prévenances, soins continus, je lui avais tout prodigué, et celles qu'il me préférait n'avaient pas même ces charmes que vous voulez bien me reconnaître. Je conclus de mes observations qu'un homme doué d'une belle figure ne peut être constant, et vous êtes trop bien, mon ami. — Comment, ma Sophie, vous croyez... — Je fais plus, je prévois. Quand je perdis M. de Mirville, je me promis de ne jamais m'attacher. Si je ne peux surmonter le penchant que vous m'inspirez, je veux au moins y mettre des bornes, et voici la résolution que j'ai prise à votre égard. Vous serez toujours le plus cher, le plus précieux de mes amis. Préférence absolue, confiance sans réserve, caresses innocentes, que je serai toujours prête à recevoir, à accorder, cela me suffira, et doit vous suffire, si vous n'avez pas la manière d'aimer de M. de Mirville. — Quoi ! madame, vous réduirez mon cœur... — Il n'est que ce moyen pour que vous m'aimiez toujours. Promettez-moi, mon ami, de vous contenter d'une félicité imparfaite, mais durable. »

Abnégation de moi-même, renonciation à mes facultés physiques, je consens à tout, je promets tout avec une véhémence, une satisfaction qui enchantent mon amie, et lorsque ses lèvres purpurines m'accordaient le prix du plus grand, du plus inconcevable sacrifice, pan... une soupente casse, la voiture tombe sur un côté, Sophie a peur, je tremble pour elle. Les amants sont bien maladroits, ou bien heureux. Je ne sais comment les choses s'arrangèrent ; mais en cherchant à nous entr'aider, ma bouche se trouve sur la sienne, et nos mains... où elles ne devaient pas être... Elle rougit ; ses yeux se voilent; je ne calcule, je ne connais plus rien, et sans la présence du postillon, le traité platonique que nous venions de jurer était formellement violé.

C'est sans doute un témoin bien incommode qu'un postillon : il en survint un autre que je redoutais bien davantage. Mademoiselle Fanchette, qui voit tout, qui est à tout ce qui a avec moi quelque rapport direct, mademoiselle Fanchette est sortie de la berline je ne sais par où, elle court comme Atalante, elle laisse Soulanges bien loin derrière elle. Encore des mains agissantes, qui ne sont pas douces comme celle de mon amie ; mais Fanchette a une manière de vous regarder qui fait qu'on ne s'occupe pas de ses mains, Soulanges et elle nous tirèrent de notre boîte et nous accablèrent de questions sur notre santé : jamais je ne m'étais si bien porté, aux écorchures près dont vous avez connaissance. Sophie était confuse en dépit de son axiome : Quand le cœur est pur, on ne redoute personne. Elle prit mon bras, et me dit à l'oreille : Plus de cette amitié-là, elle est trop dangereuse. Nous ne nous verrons désormais qu'en public. »

Je montai un des chevaux qui tiraient notre triste calèche, et je laissai le postillon s'arranger comme il l'entendrait.

Le premier quart d'heure fut dur à passer. Les excoriations s'étaient refroidies, et le frottement d'une mauvaise selle, et un trot, dur à faire cracher le sang, me causèrent d'abord des douleurs intolérables. Je devais faire des grimaces affreuses, et je n'en continuai pas moins ma route à bidet. Je ne voulais plus être martyr de deux femmes : mes forces ne suffisaient pas à ce que j'éprouvais près d'elles.

Je dépassai la berline, d'où on m'appela en vain. Je dépassai du Reynel, qui ne pouvait me prendre avec lui, parce qu'à sa droite et à sa gauche, il ne restait de place que pour son mouchoir et sa tabatière : je crois vous l'avoir dit.

Je demandai une voiture à la première poste ; j'en demandai une à la poste suivante. Demander à vingt lieues de Paris autre chose que des chevaux de charrette, on ne vous entend pas plus que si vous parliez goth. Il fallut courir à cheval, et à chaque relais, deux postillons enlevaient ma selle et moi dessus, et nous juchaient sur un autre cheval, qui, pour être frais, n'en était pas plus doux.

Enfin je distingue un château, une ferme, des bois, des eaux. « Me voilà sans doute à Ermeuil? — Non, monsieur. Il vous reste encore quatre lieues à faire.— J'en mourrai. — Oh! que non! — Et puis, mourir de cela ou d'autre chose, qu'importe, quand il faut s'en aller? — Monsieur, voilà la diligence d'Amiens, là-bas devant nous, au haut de la colline. — Passe-t-elle au château d'Ermeuil? — Oui, monsieur. — Ah! mon ami, mets-moi dans cette diligence.— Sur votre selle? —Butor! — C'est que vous ne pouvez quitter les étriers que pour vous mettre au lit. Comment vous asseoir dans l'état où vous êtes? — Tu as raison. — Ah! on vous couchera sur l'impériale. — Six francs pour boire quand j'y serai. »

On me passe une sangle sous chaque aisselle ; on me tient d'aplomb du haut de la diligence, je monte doucement, commodément. Une troisième sangle supplée au défaut de longueur du cric ; elle m'enlève sous les cuisses, et me voilà sur de la paille fraîche, mollement couché sur un côté, et regardant comme un bien inestimable cette impériale que j'aurais dédaignée le matin. Rien de tel que la misère pour nous apprendre ce que valent un pain, un chou, un radis.

Je jouis sur mon impériale de la plénitude du repos. J'en jouis au point de ne pas m'occuper de la manière dont on me descendra.

Oh! cela fut bien plus facile. La grande échelle double du jardin, la corde et la poulie du puits, un lit de sangle firent l'affaire. La poulie fut fixée au haut de l'échelle, le lit de sangle monté au niveau de l'impériale, votre serviteur placé dessus, descendu sur la pelouse et enlevé par ces trois hommes comme un malade qu'on porte à l'Hôtel-Dieu.

Telle fut mon entrée au château d'Ermeuil. Elle n'annonçait pas un homme aimé, fêté des belles, et en vérité je n'en avais pas l'air. Ma culotte de peau et ma veste de nankin ne contribuaient pas à rendre mon extérieur plus recommandable. Aussi le concierge, qui ne m'avait jamais vu, trouva très-mauvais qu'on lui eût emprunté une échelle et des cordes pour un homme comme moi. Il ne voulait pas me recevoir. Je lui disais que je suis l'ami particulier de madame d'Ermeuil; il haussait les épaules et ne me répondait rien. Il ne manquait plus pour compléter les mille et une infortunes de ce voyage, que de rester à la porte du château, étendu sur un lit de sangle, livré à la curiosité et peut-être aux railleries des passants.

Cependant la résistance du concierge ne me faisait pas oublier ce que je devais à ceux qui m'avaient si adroitement monté et descendu. Je tirai ma bourse, et je les payai en grand seigneur. Ce procédé opéra un changement subit sur la physionomie de mon cerbère. Elle se dérida, elle s'épanouit; je vis mon homme sourire.

L'or, même à la laideur, donne un teint de beauté,
Et tout devient affreux avec la pauvreté.

Je n'avais pas de prétexte pour donner de l'argent au concierge : je ne voulais pas avoir l'air de payer son sourire, ni des services qu'il ne m'avait pas encore rendus. Je sentais cependant qu'un louis ou deux lui feraient grand plaisir, et que je me trouverais très-bien de les avoir donnés. Je ne savais comment m'y prendre, lorsqu'une petite fille de sept à huit ans, assez mal bâtie, assez laide, assez maussade, concilia mes scrupules et le goût dominant du papa. Elle vint me regarder d'un air bête, et elle me donna un coup de houssine sur les jambes. « Oh! l'aimable enfant, m'écriai-je; qu'elle est espiègle! que cela annonce d'esprit!... Monsieur, voilà une petite demoiselle qui vous fera honneur un jour. Permettez-moi de lui offrir de quoi acheter une belle poupée. » Oh! dès ce moment il n'y eut plus de bornes à la considération, aux egards, aux soins, aux prévenances. « Où sont-ils donc tous? Comment! ils ne savent pas encore qu'il vient d'arriver un bon monsieur qui s'écorche les fesses et qui donne des poupées aux petites filles ? Va donc, Javotte, va donc chercher ta mère, la fille de basse-cour, les jardiniers. Monsieur, un doigt de vin vous ferait peut-être plaisir ? — Oui, monsieur, grand plaisir. — Mais comment vous laisser seul sous ce péristyle ? — Oh ! je ne m'y trouve pas mal. — Mais le respect que je dois à monsieur... — J'ai plus besoin de restaurants que de respects. — Ah ! j'entends. Si j'osais offrir à monsieur... — Quoi ? — Un bon morceau de pâté froid. — Osez, monsieur, osez. — Vous me permettez donc de vous quitter un moment ? — Je vous en prie. »

Et voilà la grosse concierge, que l'aspect d'une couple de louis a rendue légère, qui accourt et fait résonner le pavé sous ses jambes volumineuses. La voilà grondant, excitant sa fille de basse-cour et autres, qui, n'ayant rien reçu, n'ont pas de motif de courir comme elle. En un instant, je suis entouré, fatigué, excédé de complaisances, de politesses qui ne menaient à rien. « Le vin, le pâté, leur criai-je. — Me voilà, me voilà ! dit le concierge, qui n'avait pas voulu me servir sans avoir pris sa belle perruque, celle qu'il mettait pour chanter le dimanche au lutrin. — Comment, monsieur la Roche, monsieur se rafraîchirait sous ce péristyle ? Quelle idée aurait-il de nous ? Javotte, va me chercher les clefs, que je couvre le meilleur lit, le lit de madame la comtesse. — Un moment, madame la Roche, madame la comtesse me suit. — Elle arrive, monsieur ? — Avec cinq ou six personnes. — Ah ! que n'est-elle arrivée hier ! avec quel plaisir nos paysans lui auraient planté des *mais*! — Elle a décidé que cette année le 1er mai serait le 2. — Comme c'est ingénieux ! — Ainsi, vous lui planterez ce soir tout ce que vous voudrez; pour moi, je ne planterai rien. Eh ! voyons donc ce vin, ce paté. — Mais, monsieur, permettez qu'on vous mette chez vous. — Je veux boire et manger ici, à l'instant. — Allons, monsieur la Roche, servez, servez donc. Moi, je vais loger monsieur... Ah ! permettez que je vous... que je vous fasse une question... Je vous demande pardon, monsieur mais je vous prie de me dire si vous êtes titré. — Eh ! laissez-moi manger. — C'est qu'il y a ici, comme dans toutes les grandes maisons, une étiquette dont je ne peux m'écarter. Monsieur est-il qualifié ! — Non. — Monsieur a sans doute une charge à la cour ? — Non. — Monsieur est au service, peut-être ? — Non, non. — Monsieur est au moins attaché à quelque cour souveraine ? — Non, non, non, de par tous les diables, non ! — N'importe, monsieur a les manières d'un prince, et il sera bien couché. »

J'étais toujours sur mon lit de sangle. J'avais sous le nez ma bouteille et mon pâté, que je travaillais sans relâche : de tous les cuisiniers, le meilleur est un bon appétit. Mais comme il y a un terme au plaisir comme à la peine, je m'arrêtai, et je permis à M. la Roche de me faire porter chez moi. On m'enlève de nouveau ; on monte, on monte ; je crus qu'on ne cesserait pas de monter. On m'installe enfin sous les combles, dans une petite chambre assez mesquinement meublée, mais dont le lit paraissait arrangé par la bienveillance même. M. la Roche en dépit de ma qualité de roturier, ne dédaigna pas de me servir de valet de chambre. Il fallut bien le laisser faire, quoiqu'il n'en finît pas, puisque je ne pouvais m'aider moi-même. Je me trouvai enfin dans un lit excellent, et je priai qu'on me laissât digérer en paix.

Digérer en paix ! Eh ! ne faut-il pas que je sois alternativement tourmenté de toutes les manières ? A peine M. et madame la Roche venaient de sortir, qu'ils rentrèrent avec un homme d'assez piètre mine, qui dans les intervalles de cinq à six révérences, débuta par m'apprendre qu'il était le médecin, le chirurgien et l'apothicaire du lieu. « Je vous en fais mon compliment monsieur ; mais je n'ai besoin de personne.—Pardonnez-moi monsieur ; et il de mon devoir de vous rendre des soins.— Je n'en veux pas.— D'après les renseignements que j'ai recueillis, vous êtes atteint d'une attaque de paralysie, à moins cependant que se ne soit d'une sciatique. — Ni l'une ni l'autre, monsieur. Je suis atteint de deux écorchures au derrière, grandes chacune comme la forme de votre chapeau. — Par conséquent, douleur dans tous les membres. — Oui, monsieur. — Insupportable dans la clavicule. — Et même dans les épaules. — Il doit en résulter un mouvement fébrile. — Non, monsieur. — Vous vous trompez, monsieur; vous avez la fièvre. — Je vous dis, ventrebleu... — — Permettez que je vous tâte le pouls. — Eh! allez vous faire... — Oh! oh! la fièvre doit être violente! il y a déjà transport au cerveau. Monsieur la Roche, il serait prudent de prendre des précautions. — Oh! les malheureux vont me lier! — Oui, monsieur, pour votre plus grand bien. — Il faut en finir: prenez mon pouls, prenez mon... prenez tout ce que vous voudrez. — Le pouls n'indique rien d'alarmant. — Je vous le disais bien. — Mais les blessures sont considérables, et il y a inflammation. — Monsieur a les fesses rouges comme les joues de madame la Roche. Il y aura accès de fièvre cette nuit. — Eh bien! je boirai de l'eau. — Des crudités! Non, monsieur; vous boirez une infusion de chiendent et de bourrache. Ce remède a la double vertu de rafraîchir et de pousser à la peau. — Avez-vous fini? — Je n'ai pas commencé. — Ah! mon Dieu! — Raisonnons maintenant sur la manière de traiter vos blessures. J'ai deux moyens curatifs. Le premier est par le cérat. Mais les corps graisseux cavent quelquefois, et agissent toujours lentement. — Passons au second. — C'est tout simplement la sauce piquante, qui demain vous aura remis sur vos pieds. Vous voyez monsieur, comme j'exerce mon ministère en homme désintéressé. — Appliquez donc votre sauce piquante.

« Aïe! aïe!... Je n'y tiens pas!...,. C'est un supplice épouvantable... Quel remède infernal m'avez-vous mis là? — C'est un remède de bonne femme, un remède tout à fait innocent, du vinaigre, du sel et du poivre. — Que le diable te confonde, empirique effronté! — Comment des injures!... Comment! vous arrachez les compresses! Madame la Roche, prêtez-nous vos jarretières. Allons, ferme, monsieur la Roche! Saisissons chacun une main, passons le nœud coulant! Ah! ah!

ah! j'en ai vu bien d'autres, et je vous guérirai malgré vous ! »

La crainte d'une seconde application du remède de bonne femme rend quelque souplesse à mes membres engourdis. Je dégage mes mains, je me lève, je saute sur le balai de madame la Roche, je tombe sur le concierge et sur le docteur. Le docteur tombe, le nez devant, dans la sauce piquante, et sent aux yeux la douleur qu'il m'a fait éprouver plus bas; le concierge tombe sur la croisée, sa tête passe à travers un carreau, il se taillade la figure; le sang l'aveugle, il n'y voit pas plus que le docteur. Tous deux, courant, trépignant par la chambre, se rencontrent, se heurtent estomac contre estomac, et tombent sur le derrière à quatre pas l'un de l'autre. Madame la Roche s'empresse de relever son mari, et moi de sortir de cette chambre maudite. Ma culotte sous un bras, les draps de mon lit sous l'autre, et mon balai à la main, je traverse le champ de bataille, je sors, je ferme la porte à double tour ; je laisse mes champions s'arranger comme ils le voudront. J'entre dans une autre chambre, je m'y enferme, je fais le lit tant bien que mal, je me mets dedans, et je ferme les yeux en attendant le sommeil.

Je sentais son baume bienfaisant couler dans mon corps brisé, lorsque deux, dix, vingt, trente coups de fusil me rappelèrent à moi-même et à mes souffrances. J'imaginai qu'on m'avait dépeint aux paysans comme un enragé dont il fallait absolument se rendre maître, et qu'on cherchait à m'effrayer en déployant un appareil militaire. Déjà je croyais entendre un ou deux charpentiers, protégés par l'infanterie villageoise, mettre la hache dans ma porte. Je me voyais lié, garrotté, sans défense. Je sentais par anticipation l'effet de la sauce diabolique. Le docteur, sourd à mes cris, insensible à ma douleur, riait d'un rire méchant, comme Satan quand il a le bonheur de damner une âme. Ces idées me montèrent la tête de nouveau, et, appuyé sur mon balai, je fus ouvrir ma croisée, et voir si je ne pourrais pas battre en retraite à la manière des chats. On ne pensait pas plus à moi qu'au Grand Mogol. Je vis dans la cour les voitures de nos dames, les petites filles qui leur présentaient des bouquets, et les jeunes gens qui brûlaient leur poudre pour leur faire honneur. « Ah! dis-je avec un soupir d'allégement, me voilà sauvé! »

« Où est-il? » est le premier mot qui frappa mon oreille. « Qui, la Roche? répondit la comtesse d'Ermenil. — Eh! non; mon ami. — Baptiste appelez la Roche. Il est bien extraordinaire qu'il ne soit pas à la tête de ces bons villageois. — Laissons la Roche, madame la comtesse, et occupons-nous de ce malheureux, qui ne peut se soutenir. Mais, ma chère amie, la Roche seul peut nous en donner des nouvelles. — Allons, Baptiste, cherchez donc la Roche, et ne perdez pas un moment. » Je m'empresse, je m'élance vers ma porte. Je ne trouve plus la clef, que, dans le trouble inséparable d'un retraite précipitée, j'ai jetée je ne sais où.

La Roche, sa femme et le docteur enrageaient de ne s'être pas trouvés à l'arrivée de madame. La Roche était en possession de lui présenter la main à sa descente de voiture, et le docteur lui adressait un assez plat compliment, qui lui valait un dîner pour le lendemain. Ils frappaient, ils criaient, ils appelaient. Baptiste, guidé par ces vociférations, monte, ouvre la porte, et recule à l'aspect du docteur, qui lui présente des yeux rouges comme des écrevisses et gros comme le poing. Il reste stupéfait en voyant la Roche balafré dans tous les sens, et sa chère épouse les mains ensanglantées. Il se remit un peu, lorsqu'il se fut assuré que ces messieurs étaient sans armes, et il tira bravement son couteau de chasse, afin de pouvoir parler et entendre en toute sécurité.

Il apprit qu'un fou, un forcené, un diable avait causé tout ce désordre, et s'était enfui à la cave ou sur les toits. Il était indubitable qu'il s'était échappé de Charenton, où il fallait se hâter de le reconduire, si pourtant on pouvait se saisir de lui, ce qui paraissait très-difficile, car il frappait comme un sourd, et il était fort comme Samson, quoiqu'il eût les cheveux à la Titus.

Baptiste, qui ne comprend rien à ce galimatias, va

rendre à sa maîtresse les contes qu'on lui a faits. On le presse de questions, auxquelles il lui est impossible de répondre. Sophie et madame d'Ermeuil, impatientes et impatientées, montent et furettent partout, chacune de leur côté. Fanchette courait en avant : une femme de chambre attentive vole pour épargner quelques pas à sa maîtresse ; tel était le prétexte du moment, que j'appréciais à sa juste valeur. Elle ouvrait toutes les chambres ; elle allait, elle revenait, elle m'appelait. Je ne répondais point : je ne voulais pas que Fanchette pût m'adresser quatre mots en particulier.

Madame la Roche et ses deux chevaliers auraient été désespérés de paraître dans l'état où je les avais mis. Ils avaient pris un escalier dérobé, et étaient descendus à la conciergerie. Madame la Roche lavait son sein et ses vêtements ensanglantés. Une terrine d'eau fraîche et l'éponge de l'écurie servaient alternativement aux deux blessés à calmer l'inflammation des parties malades.

Fanchette entre dans cette chambre, théâtre de mes brillants exploits. Les meubles sont renversés ; le carreau est marqué de sang ; la perruque des dimanches de la Roche est tombée dans la sauce piquante, et a été foulée aux pieds ; le fourreau du couteau de chasse de Baptiste s'est détaché au moment où il a tiré l'arme toujours vierge. Fanchette s'écrie qu'on m'a assassiné. Elle montre mon sang, la gaîne du couteau dont on s'est servi, la perruque d'un des assassins, que je lui ai arrachée en me défendant, et l'aimable fille fond en larmes.

Je les entends, ces sanglots ; ils vont jusqu'à mon cœur ; ils le froissent. Je tremble que l'erreur de Fanchette se propage et soit fatale à deux personnes à la fois. J'ouvre ma porte, à peu près comme Alexandre dénoua le nœud gordien. A coups redoublés du manche de mon balai, je fais sauter le panneau d'en bas, je me traîne, je me présente ; Sophie se précipite dans mes bras. A cet aspect Fanchette s'évanouit.

« Tous ceux qui s'intéressent à vous me sont chers, me dit madame de Mirville ; cette fille a le cœur excel-

lent. » Elle me quitte, elle soulève la tête de celle...
elle lui fait respirer des sels, elle la rappelle à la vie.
Je vois ses yeux se rouvrir, ses regards errer autour
d'elle, me chercher, et le sourire reparaître sur ses
lèvres quand elle m'a retrouvé.

La Roche, sa femme et le docteur parurent enfin. Ici
on commença à s'expliquer, à s'entendre, et ce qui
semblait, un instant avant, pouvoir fournir un nouvel
article à l'auteur des *Causes célèbres*, ne fut plus qu'un
incident comique pour l'auditoire, fâcheux pour le médecin et la Roche, et assez désagréable pour moi.

Je fus conduit à un appartement complet. Là, passé
par M. Baptiste dans du linge blanc et dans une belle
robe de chambre, qui probablement avait appartenu au
général d'Ermeuil, placé un peu de côté sur des coussins
d'édredon, je reçus la visite, les compliments de condoléance et les traits plaisants de nos compagnons de
voyage; du Reynel ne me fit qu'une question : — Ce
mal-là ôte-t-il l'appétit? — Je crois, au contraire, qu'il
en donne. — Vous entendez, madame la comtesse. —
Et je comprends, mon cher du Reynel. Descendez à
l'office, et faites les dispositions du dîner.

Il trouvait des jambes quand il s'agissait de cuisine ;
il partit comme un trait. Madame d'Ermeuil proposa à
mon amie d'aller prendre l'air dans le parc. Sophie
répondit qu'elle avait besoin de repos. Soulanges offrit
son bras, c'était tout simple ; il fut accepté, ce qui était
tout simple encore.

Me voilà seul avec la plus aimante, la plus aimée des
femmes. Elle tire un fauteuil près de l'ottomane sur
laquelle je repose. Elle s'assied, elle me regarde d'un
air si touchant, si doux, si expressif !... C'est l'innocence
qui caresse la rose et qui ne soupçonne pas l'épine.

Je comptais au moins être heureux à la manière de
madame de Mirville, pendant quelques heures encore.
Mais rien va-t-il jamais au gré de mes désirs? La porte
s'ouvre; elle se lève précipitamment, court à la cheminée chercher... ce qu'elle sait bien n'y avoir pas mis.
Elle ouvre une croisée, elle chante d'une voix tremblotante, elle joue avec ses cheveux d'une main mal

assurée. Elle ne sait où elle en est... ni moi non plus. Qui croyez-vous qui vienne d'entrer?... Eh! parbleu, c'est mademoiselle Fanchette.

Avant de sortir, madame la comtesse lui a indiqué une armoire de garde-robe. Fanchette s'entend à arranger une robe à peu près comme moi. N'importe, elle a pris dans cette armoire ce qui lui est tombé sous la main. Elle vient demander des conseils à madame de Mirville; elle s'assied sans qu'on le lui permette; elle s'assied près de la femme charmante, plus près encore de l'ottomane. Quelle est donc cette fureur de m'obséder ainsi!... Je la battrais, si je suivais mon premier mouvement... Tu la battrais, ingrat! elle t'aime aussi cette Fanchette... et elle est si jolie!

Me voilà embarrassé, muet pour la seconde fois. Parler amour à Sophie, c'est affliger Fanchette; et que pensera Sophie si le silence succède à ces épanchements si vifs, si variés, si entraînants? Elle pensera... elle pensera que je sacrifie aux convenances, et elle m'en estimera davantage.

Ma foi, puisqu'il faut dissimuler un moment, je veux qu'au moins ma dissimulation soit utile : je vais faire un discours sur nos devoirs publics et privés, il me servira à moi et aux autres; je n'ai jamais improvisé, qu'importe? Sophie et Fanchette me trouveront plus éloquent que Bourdaloue; la première se croira au sermon, où elle dort comme tant d'autres; la seconde saisira les applications que je ne manquerai pas de lui adresser. Je commence.

Je commençai en effet, et je disais de très-bonnes choses dans un style assez décousu, lorsque la cloche de l'église réveilla ma belle amie, qui avait commencé par admirer, et qui s'était assoupie par la force de l'habitude. Elle étendit les bras, se frotta les yeux, s'approcha de mon oreille et me dit : — Je vais demander pardon à Dieu des folies que nous avons dites et faites. — Quoi! enveloppée dans les draps de l'auberge de Chantilly? — Je vais prendre une robe de madame d'Ermeuil. — Elle vous ira comme un sac. — Pardonnez-moi, monsieur, reprend Fanchette, qui n'a pas perdu un mot, je crois que celle-ci conviendra. — Fanchette, passez avec moi dans ce cabinet. »

Au moins elles s'en vont toutes les deux, je puis respirer un moment... oui, un moment. Vous verrez que Fanchette reviendra... si elle revient, je me fâche sérieusement.

Eh bien ! la voilà qui rentre ! Ah ! Sophie est avec elle. « Fanchette, demandez à la Roche une *Journée du Chrétien* et un carreau. — J'y cours, madame. — Ma bonne amie ? — Mon ange ? — Fanchette vous suivra avec le livre et le coussin. — Ce n'est pas l'usage, mon ami. Baptiste... — Non, Fanchette. J'ai besoin de repos, et je reposerai pendant que vous appellerez sur nous les bénédictions célestes. — Fanchette, soit.

« Partons, ma petite, le second coup est sonné. — Madame veut que je l'accompagne ! Eh ! qui aura soin de monsieur ? — Mon ami, elle a raison. — Mademoiselle, je n'ai besoin de rien. — Et cette robe, que madame a eu la bonté de bâtir, qui la finira ? — Mon ami, elle a raison. — Oh ! qu'importe à notre comtesse que votre robe soit prête un peu plus tôt ou un peu plus tard ? — Mon ami, la comtesse est très-vive, elle veut être servie à la minute, et Fanchette a besoin de se mettre bien dans son esprit. Ma petite, appelez Baptiste. — Au moins, mademoiselle Fanchette ira finir ailleurs la robe qu'elle a commencée, et... » Fanchette est déjà bien loin, et ne m'a peut-être pas entendu.

Sophie est sortie, elle a tiré ma porte après elle : me voilà seul, absolument seul... Oh ! oui, Fanchette m'a entendu, puisqu'elle ne revient pas. Elle est piquée sans doute... Tant mieux, j'en suis bien aise. Pourquoi m'aime-t-elle sans mon aveu, malgré moi ?...

J'entends marcher derrière moi, bien lentement, bien doucement ; on touche à peine le parquet... mais on n'a pas ouvert ma porte. Par où est-elle entrée ? Il y a sans doute un escalier qui donne dans le cabinet où elle a habillé madame de Mirville... De quoi m'occupé-je là ? Je conserverai ma position, j'aurai l'air de reposer, elle craindra de me réveiller ; et quand on ne se voit pas, qu'on ne se parle pas, il me semble qu'il n'y a aucun danger.

Oh! oui, c'est elle! J'ai surpris un, deux soupirs qu'elle voulait arrêter. Pauvre petite!... Ah! mon Dieu, l'exclamation m'est échappée, je l'ai prononcée à haute voix, elle l'a entendue, appréciée. Elle croit probablement qu'un songe m'occupe d'elle. Elle a saisi ma main, elle l'a couverte de baisers. N'importe, je suis immobile, je fais toujours semblant de dormir. Oh! que cela est beau!

Je portais au doigt un simple anneau. « Si je l'avais, disait-elle à demi-voix, je le garderais toute ma vie. » Elle caressait l'anneau, elle le baisait, elle le baisait encore. Je retirai ma main de façon à le laisser dans la sienne. Je ne saurais me reprocher cela. Qu'est-ce qu'un anneau? Il n'a de valeur que par le prix qu'on y attache. Moi, je n'y en mettais aucun.

« Oh! comme il me va! disait-elle; mais je ne peux le garder. S'il me l'avait offert, il serait pour moi d'un prix inestimable. Mais le dérober pendant son sommeil! Non, non, cela ne se fait pas. Quittons-le, et qu'à son réveil il ne soupçonne pas qu'il a brillé un moment au doigt de Fanchette. »

Elle s'incline pour reprendre cette main que j'ai portée contre la cloison : l'anneau est donné, je ne veux pas le reprendre. Elle le pose en soupirant près de cette main que je m'obstine à tenir fermée. Elle se relève, et ses lèvres effleurent mon front. Je m'opiniâtre à vouloir dormir; elle me croit enseveli dans un profond sommeil. Sa bouche, errante, vagabonde, se fixe sur la mienne. « Jamais, dit-elle, il ne recevra de baisers donnés avec autant d'amour. »

Elle s'enhardissait; les baisers se succédaient avec rapidité. Je me tourne vers elle, j'enlace son corps de mes bras, je l'attire sur mon cœur, je l'y presse, je l'fixe... J'allais... Je le voulais... Ma diable de chemi se détache, s'arrache, vous savez d'où. Une doule aiguë me rend à moi-même et fait fuir la volupté. Voy pourtant à quoi tient notre vertu!

Fanchette, interdite, se relève. Elle est debout

côté de moi. Ses yeux se fixent sur les miens. Timides, incertains, ils cherchent à lire ce qui se passe dans mon âme. Que pouvais-je lui dire ? N'avais-je point partagé ses transports ? Je tenais encore sa main, j'y passai l'anneau qu'elle avait tant désiré. « Qu'il soit le gage de ma sincère amitié. — Ah ! monsieur, ce n'est point l'amitié qui le reçoit. — Tout autre sentiment nous est interdit. — Il faut donc être une grande dame pour oser avoir un cœur. — Il faut au moins en régler les mouvements. — Etes-vous toujours maître du vôtre ? — Je fais tout pour cela. — Moi, je ne vis que pour aimer. — Fanchette, ces conversations-là sont bien dangereuses. — Que craignez-vous, monsieur ? J'aurai toujours la force de vous ramener aux convenances, si vous pouviez les oublier ; je le jure par cet anneau, par mon amour. — Eh ! n'as-tu pas assez de ta jeunesse, de ta figure ? As-tu besoin d'y joindre le charme de la délicatesse ? Ai-je à redouter près de toi tous les genres de séduction ? — Je n'en connais aucun. — Tu sais plaire, cruelle. — Ah ! monsieur, qu'avez-vous dit ?... Se peut-il ?... » Elle veut que je répète, et elle m'ôte de nouveau la liberté de lui parler. Elle excite, elle rallume un feu dévorant. Je brûle ; je me consume ; ma tête se perd pour la centième fois.

Cependant je fais un dernier effort, je cherche à reproduire cette douleur salutaire, qui ramène la raison ; je m'agite en tous les sens, je la provoque en vain : je ne trouve que Fanchette et l'amour.

C'en était fait, si des éclats bruyants ne nous eussent rendus à nous-mêmes. Fanchette courut à son ouvrage, rouge comme le désir, belle comme la volupté.

C'étaient mesdames d'Allival et de Valport, que m'amenait le gros du Reynel. Elles entrent, suivies des deux hommes avec qui je les ai trouvées à certaine maison de poste... ils ont l'air interdit ; ils regardent tout avec étonnement. Ah ! peut-être ont-ils cru, en rencontrant deux femmes enveloppées dans des draps et des serviettes, avoir à faire à deux folles (il y a bien quelque chose de cela), et à deux folles avec qui on peut tout se permettre, ce qui est vrai encore, et ce que semble démentir la somptuosité qui nous environne. Au reste, nous saurons qui sont ces messieurs.

Il fallut commencer par essuyer une mercuriale, que m'adressèrent très-sérieusement ces dames sur l'incivilité avec laquelle je les avais abordées dans cette auberge, sur le peu d'attention que je leur avais accordé, sur la brusquerie avec laquelle je les avais quittées. Je me gardai bien de communiquer mes motifs, et je passais condamnation sur tous les points : c'est un moyen sûr d'abréger. Je sollicitai un pardon qui me fut aisément accordé ; les bonnes femmes ! et je regardai leurs nouveaux compagnons de village de cet air qui équivaut à une interrogation. « Le hasard nous a bien servies, » dit madame de Valport. Dans les circonstances difficiles c'est toujours elle qui porte la parole pour elle et la compagne de ses *distractions*. « Je conçois, mesdames, répondis-je, combien il peut être agréable de rencontrer ces messieurs. — Indépendamment de leurs qualités personnelles, ils ont près de nous des titres qui leur assurent de la part de madame d'Ermeuil la plus amicale réception. L'un est mon beau-frère, l'autre est le cousin germain de madame d'Allival. » Et moi, d'examiner les deux parents jusqu'au fond de l'âme en leur adressant une profonde inclination.

Je vis de l'embarras, beaucoup d'embarras dans le maintien de ces messieurs, et dans la manière dont ils répondirent à quelques mots polis qu'on donne à l'usage et qui par cela même ne signifient rien.

Je connaissais assez superficiellement les deux dames, et rien du tout de leur parenté. Il ne m'était donc pas possible de faire une question fondée ; mais répondre affirmativement sur un être idéal, n'est-ce pas se démasquer tout à fait? Je débutai par demander au beau-frère des nouvelles de son oncle le président. Il me répondit qu'il se portait à merveille. Je demandai au cousin si madame son épouse était tout à fait rétablie des suites de l'opération césarienne. Il me dit, d'un petit ton assez intéressant, qu'elle était encore languissante. Je regardai ces dames : elles étaient rouges, non de celui qui sied si bien à Fanchette, elles étaient rouges de colère ; elles m'auraient arraché les yeux... si j'avais voulu le permettre.

J'avais détruit toute apparence de parenté, et ces deux hommes étaient évidemment deux sots ; mais qu'étaient-ils d'ailleurs ? C'est ce que je grillais de savoir, et ce que peut-être ces dames ne savaient pas plus que moi.

M. Baptiste donna un peu de relâche à mes victimes. Il venait dire à Soulanges que l'exprès qu'il avait demandé était parti pour Paris. Il était chargé, pour une amie de la comtesse, d'une lettre par laquelle on la priait de remplacer sans délai les deux demoiselles qui vont en Espagne soigner les valises exiguës des deux sous-lieutenants de hussards.

Baptiste n'a donc pas porté le livre et le coussin de madame de Mirville. Vous verrez qu'il en aura chargé son camarade, uniquement pour épier l'instant où Fanchette sortirait de ma chambre. Ce Baptiste me déplaît. Il ne peut rencontrer Fanchette sans lui adresser de ces œillades... et il trouve toujours quelque moyen de la rencontrer !... Si Fanchette n'adopte pas les vues que j'ai sur elle, j'enlèverai Baptiste de cette maison, je le prendrai à mon service, et je réglerai l'emploi de son temps de manière que le drôle ne puisse disposer d'une heure.

Les portes s'ouvrent tout à coup... c'est madame de Mirville et le curé du village, madame d'Ermeuil et Soulanges ; c'est du Reynel qui crie qu'on ne se promène pas, qu'on ne va pas à l'église à l'heure du dîner. Le curé fronce un peu le sourcil, et ne dit mot, parce qu'il est d'usage qu'un curé de campagne n'ait pas d'avis à lui quand il est chez son seigneur. Il se place à côté du petit propriétaire voisin, qu'on admet les jours de grande fête ou d'ouverture de chasse. Ils parlent peu, parce qu'ils ont bon appétit, et quand ils parlent, ils parlent bas. Ils répondent par *oui* et *non* quand on les interroge, et la réponse est toujours accompagnée d'une légère inclination et d'un sourire qui signifie : Je vous remercie de vouloir bien vous apercevoir que je suis là.

Mesdames d'Allival et de Valport avaient pris chacune la main de leurs parents et s'avançaient pour les présenter à madame d'Ermeuil. J'étais impatient de savoir si elles auraient le courage de répéter la ridicule histoire qu'elles m'avaient contée, ou l'impudence d'en faire une autre devant moi. Soulanges, en les humiliant plus que jamais à mes yeux, arrangea tout sans se douter de rien. « Parbleu ! s'écria-t-il avant qu'elles aient eu le temps de proférer une syllabe, on a raison de dire que les femmes ont toujours l'esprit du moment. Il n'était pas possible dans la circonstance actuelle de faire une plus heureuse rencontre, et nous devons des remercîments à ces dames, qui ont eu l'adresse de nous amener deux hommes qu'on n'a pas quand on veut, même en les payant très-cher. »

Vous présumez qu'à ces derniers mots la cousine et la belle-sœur quittèrent les mains de leurs chers parents : une femme d'un certain état ne peut descendre, *en public*, jusqu'à l'homme qu'on paye, n'importe comment et pourquoi.

« Vous êtes, poursuivit Soulanges, sans couturière et sans femme de chambre. Celui-ci est le tailleur de la duchesse d'Egreville, qui donne le ton à la cour ; celui-là est le premier coiffeur de l'Europe. Allez, messieurs, allez vous reposer à l'office, et après le dîner, on utilisera vos talents. »

Les deux femmes me regardèrent d'un air si humble, si suppliant, que la pitié me succéda à une envie de rire immodéré. Cependant je crus devoir profiter de cet incident pour exécuter un dessein conçu de la veille, et auquel on ne devait pas opposer de résistance. Un clin d'œil presque imperceptible fut saisi par madame de Valport, qui s'approcha de moi, pendant que Soulanges faisait un long et pompeux éloge du perruquier et du tailleur, qui sortirent à reculons, le nez incliné vers la terre.

« Le monde est indulgent, dis-je à madame de Valport, et ferme les yeux sur une faiblesse que couvre le voile de la décence. Il juge rigoureusement les femmes qui affectent le mépris des mœurs, et la sévérité s'étend jusque sur celles qui les fréquentent. Je n'abuserai pas de la position où vous vous êtes mise ; mais j'espère que vous vous ferez justice. Vous sentez qu'il n'est pas convenable que vous restiez ici plus longtemps. Trouvez un prétexte pour partir demain matin, et... — Mais, monsieur... — Mais, madame, c'est le seul moyen de m'engager au silence, et réfléchissez que si je parle, vous partirez également à la suite d'un affront que je veux vous épargner. — Comment ! parce que nous avons voulu vous mystifier un moment, vous tirez des conséquences... — La nuit dernière, vous avez aussi *mystifié* Préval et Mautort : j'ai vu et entendu comme eux, et décidément j'exige que vous établissiez ailleurs le théâtre de vos *mystifications*. Si dans une heure vous n'avez pas pris votre parti, j'éclate devant tout le monde, et je ne crains pas que vous me démentiez : j'ai des témoins irrécusables. Je suis d'ailleurs de ces hommes qu'on croit sur leur parole. »

Elle s'éloigna sans ajouter un mot.

« Que faites-vous ici ! n'avez-vous pas entendu la cloche ? Descendez, descendez donc. Il est cruel pour moi de voir refroidir le plus joli dîner. » Il est clair que c'est du Reynel qui parle. « Aimable comtesse, faites-moi servir ici : je tiendrai compagnie à mon ami. » Vous devinez que ce désir, si flatteur pour moi, est exprimé par ma charmante Sophie. « Descendez, madame, je veillerai à ce que monsieur ne manque de rien. » Sans doute vous reconnaissez Fanchette.

Sophie insista. La position où se trouvait Fanchette lui imposait l'obligation de céder. Mais il fallait quelqu'un pour nous servir, et rien ne la forçait de renoncer à cette satisfaction. Elle était toujours là. Toujours attentive, elle prévoyait, elle devinait tout, et la moindre chose était faite avec une aisance, une prestesse, une grâce !... Oh ! comme l'amour sert quand il veut s'en donner la peine !

Je ne pouvais rien dire de particulier à Sophie : je lui parlai raison, et la sienne m'étonna. Un sens droit, un jugement sain, des connaissances sans prétention ajoutèrent la considération aux sentiments qu'elle m'inspirait déjà. Oh! pensé-je, quelle somme de bonheur une telle épouse répandrait sur ma vie !

Fanchette écoute attentivement. Sans doute, elle n'a pas rassemblé encore un grand nombre d'idées, et cependant elle paraît entendre. Aurait-elle aussi de l'esprit ? Eh ! pourquoi n'en aurait-elle pas cette pauvre Fanchette, par la raison même que tant de grands seigneurs n'en ont point ?

Ces réflexions m'occupaient malgré moi. J'étais distrait, je n'entendais plus ce que me disait madame de Mirville. Je ne sais ce que je lui répondais... « A-t-on jamais vu pareille extravagance ? s'écria madame d Ermeuil en remontant fort à propos. Elle est inexplicable, répondait Soulanges. Et ne donner que les prétextes les plus frivoles, ajoutait la comtesse. Ces femmes-là ne font rien comme personne, répliquait Soulanges. Ma foi, madame, poursuivit du Reynel, votre terre, pour être charmante, n'est pas la terre promise, et nous ne serons pas plus mal servis parce que vous aurez deux convives de moins. » Je compris que la cousine et la belle-sœur s'étaient exécutées, et je ne daignai pas même demander comment elles avaient coloré ce brusque départ.

Encore Baptiste ! Oh ! le vilain homme ; qu'a-t-il imaginé de nouveau qui l'autorise à entrer où est Fanchette ? « Madame la comtesse ne doit plus compter sur le tailleur et le perruquier. — Comment cela, Baptiste ? — Ils prétendent avoir des affaires pressantes à Paris... » *Ils prétendent !* Le drôle, est-il fin ? « Ils ont envoyé chercher des chevaux, et sont partis avec ces dames. — Mon ami, vous les avez bien jugées, » me dit tout bas la femme charmante.

Il y a dans toutes les affaires un bon et un mauvais côté. On perdait à la vérité deux hommes du *premier mérite;* mais il n'y a plus qu'une robe à faire; madame de Mirville n'est pas exigeante, et Fanchette a tant de zèle ! Elle reprend son ouvrage et sa place, en regardant en dessous d'un air qui veut dire : Je me trouve si bien ici !

M. Baptiste arrange une table de bsston. Il va, il

vient, tourne, retourne. Il a un œil à ses jetons, et l'autre se porte à la dérobée sur Fanchette... voyez si ce faquin finira... Ah! le voilà pourtant sorti.

C'est un jeu bien heureusement imaginé que le boston. Il tire les êtres les plus froids de leur apathie ordinaire. Il remue les humeurs pendant deux heures au moins. La simple, la douce Sophie se fâchait comme une autre contre la comtesse, Soulanges et du Reynel. Fatigué d'entendre discuter sans cesse sur un petit morceau de carton, barbouillé de rouge ou de noir, je pris le parti de dormir, c'est ce qu'on a de mieux à faire quand on est obligé de se taire et qu'on veut échapper à ses propres pensées.

Il était assez tard quant je me réveillai. Les *bostonisne* avaient quitté ma chambre... Fanchette aussi était sortie. Où peut-elle être allée cette Fanchette!... Que m'importe, après tout?

Je me frottai les yeux... Non, elle n'est plus ici. Je suis seul, absolument seul. Ah! ah! mon lit est fait: je vais m'y mettre et continuer la nuit que j'ai commencée à six heures du soir. Je la pousserai jusqu'à huit heures du matin, et une nuit de quatorze heures n'est pas trop longue après les fatigues de tout genre que j'ai soutenues.

Au premier mouvement que je fis, je vis paraître M. Baptiste, qui portait deux bougies, et qui offrit de me servir de valet de chambre. Je le laissai faire pour le punir, pour l'humilier. J'étais bien aise qu'il se souvînt près de moi qu'il n'est qu'un valet, ce Baptiste qui se donne les airs d'aimer... Oh! encore de l'égoïsme!

Je lui demandai où étaient ces dames et ces messieurs. « Ils ont profité du moment où vous reposiez pour aller prendre l'air dans le parc. » Je n'osai lui demander où était Fanchette.

Il plaça sur ma table de nuit une carafe de limonade, du sucre et de l'eau, et me souhaita le bonsoir. Je l'entendis fermer ma porte à double tour et ôter la clef de la serrure. A quoi pense donc ce coquin-là? Pourquoi me mettre dans l'impossibilité de sortir, ou de recevoir personne sans son agrément ? Je sonnai à briser la sonnette. « Que veut monsieur ? — Pourquoi m'enfermez-vous ? — Pour qu'on ne vous dérange point. — Je veux être dérangé, moi. — Ce sera comme il vous plaira. — Je le crois bien, parbleu ! Mettez ma clef sur ma table de nuit, et contentez-vous de tirer la porte. »

Ce drôle-là serait-il aussi jaloux de moi ? Si je croyais qu'il eût cette impudence... Eh bien ! qu'en arriverait-il ? Ma foi, rien du tout. N'est-il pas permis, quand on aime, d'envier l'amant favorisé, et même d'avoir contre lui un peu d'humeur ? Mais Baptiste en concurrence avec moi !... Et ne m'y mettrais-je pas avec un souverain qui aimerait Sophie... et même Fanchette ? Baptiste fait bien de suivre l'impulsion de son cœur ; mais, mais, morbleu ! j'ai raison de ne vouloir pas être sous la dépendance de Baptiste... Cependant cette porte fermée me mettait à l'abri de tout danger. Point de visites de la part de certain objet, point d'entreprise de la mienne. J'aurais été sage... Oh ! bien certainement ; mais je l'aurais été malgré moi, et a-t-on la gloire de vaincre quand on n'a pas combattu ?

Allons, allons, soyons de bonne foi. Non, je ne suis pas sûr de moi ; non, je ne m'exposerai pas à une défaite presque certaine. Oui, je serai sage, je le dois, je me le suis promis, je ne fausserai pas mon serment.

Je sonne une seconde fois ; Baptiste rentre. « Je pense comme vous, qu'on pourrait me déranger. Fermez ma porte, emportez la clef. Vous viendrez demain quand je sonnerai. »

« Pourquoi cette porte est-elle fermée à clef ? — Je l'ignore, madame. — Il peut se trouver incommodé cette nuit. — Sans doute. — Ne pouvoir pas sonner. — Et périr faute de secours. — Je ne me retirerai pas sans savoir si on lui a donné ce qu'il lui faut, sans lui souhaiter le bonsoir. Cherchez donc Baptiste, mademoiselle. — Madame, j'y cours. »

Ce sont elles, les deux objets les plus redoutables pour moi, dont je me suis séparé autant que je l'ai pu, qui vont franchir la faible barrière que j'ai mise entre elles et moi... Je suis las de combattre, je m'abandonne aux circonstances, et je deviendrai ce qu'il plaira à l'amour.

On a trouvé Baptiste. J'entends tourner la clef, la porte s'ouvre, les voilà toutes les deux. Sophie vient à moi, et Fanchette se retire dans un coin, d'où elle verra tout, d'où elle ne perdra pas un mot. Ma bonne Sophie, contrainte pendant toute cette journée, ne pense pas que nous avons là un témoin redoutable. Elle se livre sans réserve à cette candeur, à cet abandon auxquels il est impossible de résister. Elle a été à la promenade, uniquement pour ne pas se rendre ridicule. Son cœur est resté avec moi. M'en suis-je aperçu? Ai-je senti qu'elle ne formait qu'un vœu, celui d'être sans cesse auprès de moi, d'adoucir l'ennui inséparable de ma situation, de répondre aux accents de l'amour par ce que l'amour a de plus tendre? Et elle me prodiguait ces caresses innocentes qu'elle m'avait promises, et qui depuis lui avaient paru si dangereuses. Et j'oubliai Fanchette et les ménagements que je croyais lui devoir. Je retombai dans ce délire si poignant, si plein de charmes, que je ne pouvais supporter et qui faisait le bonheur de ma vie. Ivre comme moi, Sophie ne se souvenait plus qu'elle s'était restreinte à la douce, à la simple amitié. Heureusement, Fanchette veillait pour elle, et par conséquent pour nous. « Voilà madame d'Ermeuil, » dit-elle d'une voix altérée qui me frappa et me rendit à moi-même. Sophie, interdite, vit Fanchette, rougit, pâlit, balbutia, et dit enfin avec calme et sérénité : « L'amour sincère n'est pas un vice. — C'est ce que j'ai toujours pensé, madame. — C'est le don le plus précieux que le ciel puisse nous faire, quand il est justifié par les qualités de l'homme que nous avons choisi. Fanchette, vous avez le secret de mon cœur : vous n'en abuserez pas si le vôtre est sensible. »

Fanchette prit sa main et la baisa. « Vous pleurez, mon enfant! Ah! vous aimez aussi, et cette scène de tendresse a rouvert une plaie mal cicatrisée encore.

— Oui, madame, oui, j'aime de l'amour le plus malheureux. — Demain, nous parlerons de cela, Fanchette. Peut-être puis-je vous être utile. — Non, madame, non, vous ne pouvez rien pour moi. — Pardonnez-moi, ma petite. Avec de la considération et de la fortune, on aplanit bien des obstacles. Je vous rendrai plus heureuse encore que je ne l'étais il y a un moment. Votre amant sera votre époux. — Jamais, madame, jamais. — Il le sera, vous dis-je. Espérez et remettez-vous. »

Elle fit un tour par la chambre, s'assura que j'avais ce qui m'était nécessaire, me donna un baiser sur le front, emmena Fanchette et me laissa.

J'entendis ôter la clef, mais on n'avait pas fermé ma porte. Que voulait-on ? que projetait-on ? je le répète, je ne suis pas un ange ; je n'ai plus de force, plus de volonté, je me livre à la fortune.

Le plus profond silence régnait autour de moi. L'horloge du château avait sonné onze heures, et je ne dormais pas. Tourmenté par mille pensées affligeantes et voluptueuses, j'appelais le jour qui devait m'en distraire, et quelque position que je prisse, je me sentais accablé par mon cœur.

Réfléchir péniblement et raisonner contre soi-même, est encore un état auquel on cherche naturellement à se soustraire ; et que de raisons, bonnes ou mauvaises, n'avais-je pas à m'opposer ? Je les saisissais toutes, je me laissais bercer par ma conscience rassurée, et je m'endormis, persuadé que je n'avais rien à me reprocher.

Mon sommeil était fatigant comme certaines des sensations qui l'avaient précédé. Des rêves tourmentants se succédaient sans interruption. Je m'éveillai, couvert de sueur, et m'estimant heureux d'échapper aux images qui me poursuivaient.

Un bruit singulier me frappa. Il se faisait dans ma chambre, et je ne pouvais le définir. Je regardai autour de moi, et je distinguai, à la lueur de ma bougie, quelque chose de blanc, qui ressemblait assez à ce qu'on appelle un fantôme. En fixant cet objet, je reconnus une femme, et dans cette femme, la trop intéressante Fanchette.

Elle était assise au pied de mon lit. Ses yeux étaient fixés sur moi, ses mains étaient croisées sur sa poitrine. Le froid l'avait saisie. Ses mains étaient bleues; ses dents se choquaient avec force, et produisaient ce bruit qui m'avait étonné à mon réveil.

« Fanchette! m'écriai-je, Fanchette, que faites-vous là? — Je vous regarde, monsieur, me répondit-elle doucement. — Mais le froid vous tue. — N'importe, je vous vois. — Par grâce, Fanchette, retirez-vous. — Je ne le puis, monsieur; toutes les communications sont fermées. — Vous allez donc mourir là! — Qu'importe où et comment je meure, si mourir est un bien pour moi? — Que dites-vous, Fanchette! — Souffrez que je demeure, monsieur. Vous n'avez à redouter près de moi aucun genre de séduction. Non, je n'ai pas su vous plaire. Vous l'avez cru cependant, vous me l'avez dit; la présence de madame de Mirville nous a éclairés tous deux sur vos véritables sentiments. C'est elle que vous aimez, elle le mérite, je ne me plains pas. Mais permettez que je vous voie cette nuit, demain, tous les jours, jusqu'au moment où mon amour s'éteindra avec moi. — Fanchette, vous m'affligez. — Ah! monsieur, n'ajoutez pas à ce que je souffre, j'ai déjà trop de ma douleur! »

Un long silence succéda à ce court mais pénétrant entretien. Elle me regardait, et je faisais de vains efforts pour détourner mes yeux des siens. Une force irrésistible me ramenait à cet objet dangereux. « Oh! regardez-moi, que craignez-vous? Regardez-moi, » me dit-elle en pleurant. Elle tomba à genoux devant mon lit; elle prit ma main, la sienne était glacée. « Fanchette, ma chère Fanchette, vous ne passerez pas ainsi le reste de la nuit. Je vais me lever, et vous viendrez vous ranimer ici. — Vous lever! Vous êtes mouillé de sueur. Pensez-vous aux suites?... — Je ne pense qu'à vous. — Non, monsieur, vous ne vous lèverez pas. » Elle me tenait avec force, et j'essayai à rendre un peu de chaleur à ses mains.

Ses mains... ses bras... sa joue... que sais-je ? Etais-je à moi ? Puis-je dire par quels degrés... Elle est heureuse encore, dit-elle. Voilà les seules paroles que j'entendis, et j'ignore si j'eus le temps d'en articuler une.

Quelle nuit, oh! quelle nuit! J'aurais donné la moitié de ma vie pour convertir l'autre en une nuit semblable, en une nuit de vingt ans, s'il m'eût été possible d'accorder le plaisir et les mœurs.

Elle m'a quitté aux premiers rayons du jour. Elle a disparu comme une ombre fugitive. Où s'est-elle retirée, si les communications ne sont pas libres ? Si elles le sont, pourquoi m'a-t-elle trompé ? Ingrat, trompe-t-on l'homme qu'on rend heureux, parfaitement heureux ?

Telles furent mes premières réflexions : c'étaient les derniers accents de la volupté mourante. A mesure que le soleil éclairait les objets, le prestige se dissipait. Mais différent des songes, dont la lumière dissipe jusqu'au souvenir, le passé prenait une teinte sombre, le regret se faisait sentir. « Ah! m'écriai-je, tu ne l'as pas séduite, mais tu l'as rendue indigne des vœux d'un honnête homme! »

Je résolus d'échapper à ces tristes pensées. Je m'habillai avec assez de peine, et je voulus descendre dans le parc. Toutes les portes étaient fermées. Je vis qu'elle m'avait dit la vérité, et j'éprouvai quelque satisfaction à ne lui trouver d'autre tort que son amour.

Je marchais sur la pointe des pieds, comme un homme qui s'échappe furtivement. Craignais-je qu'on lût la vérité sur mon visage ? Oh! pourquoi n'est-elle pas écrite là ? que de fautes secrètes ne seraient jamais commises!

De porte en porte, de corridor en corridor, j'arrivai à la cuisine. J'y trouvai une petite fille, enveloppée dans son tablier, dormant auprès d'un reste de feu. Je voulais ménager son sommeil ; mais un malheux verrou cria malgré moi, et réveilla la petite. « Que faites-vous ici, mon enfant ? — J'aide à la cuisine, monsieur. — Et vous ne vous êtes pas couchée ? — J'ai travaillé jusqu'à minuit, et je vais me remettre au travail. » Il faut donc que la pauvre petite sacrifie jusqu'à son repos pour obtenir le nécessaire, et j'ai du superflu, moi, qui ne fais que des sottises! Pauvre aussi, je travaillerais sans relâche, et je n'aurais pas le temps de m'occuper de mon cœur. Oh! je le sens la pauvreté est bonne à quelque chose... Oui, mais l'indigence!

Cette dernière idée m'attendrit et me procura quelques distractions. Si l'égalité, pensai-je, est une chimère, l'inégalité absolue est une monstruosité. Voyons s'il est possible de rapprocher un peu les distances. « Combien gagnez-vous par jour, mon enfant? — Dix sous et ma nourriture, monsieur. — Que faites-vous de ces dix sous là? — Je les porte à mon père et à ma mère. — Que fait votre père? — Il est journalier. — Et votre mère? — Elle soigne mes frères et ma petite sœur. — Ah! elle a encore de petits enfants. — Nous sommes cinq, monsieur, et je suis l'aînée. — Vous êtes cependant bien jeune. — J'ai quinze ans, monsieur. » Et elle se rengorgeait en parlant de ses quinze ans, elle avait un air tellement satisfait... Je ne prévoyais point pourquoi une petite fille est aise d'avoir quinze ans.

« Pourquoi donc, mon enfant, vos quinze ans vous font-ils tant de plaisir? — Oh! monsieur, c'est que... c'est que... — Parlez ma petite. » Et je pris sa main, qui n'était ni belle ni bien propre; mais je voyais qu'elle avait besoin d'être encouragée. « Eh bien! c'est que... — C'est qu'on dit qu'à quinze ans on peut entrer en ménage. — Et vous avez envie d'être mariée? — Oui, monsieur, et mon amoureux aussi. Ah! vous avez un amoureux? — Depuis deux ans, monsieur. — Vous n'avez pas perdu de temps, ma petite. — Ma mère dit qu'il n'en faut pas perdre. — Ce n'est pas dans ce sens-là qu'elle le dit. — Croyez-vous cela, monsieur? — Je vous en réponds. Et quel âge a votre amoureux? — Dix-sept ans, monsieur. — Vous aime-t-il bien? — Autant que je l'aime. — Et vous l'aimez beaucoup? — De toutes mes forces. — Quand vous dites-vous que vous vous aimez? — Tous les soirs, quand je travaille chez ma mère. — Tous les soirs? — Et le dimanche toute la journée. — Et quand vous vous êtes répété cela? — Il me cueille un barbeau, un coquelicot. — Après? — Je lui en cueille un autre. — Après? — Je lui donne une tape sur l'épaule. — Pourquoi cela? — Pour qu'il coure après moi. — Et quand il vous a attrapée? — Il m'embrasse. — Et vous êtes bien aise? — Oh! oui, monsieur. — Et après? — Nous recomçons. — Et après? — Nous recommençons encore. Mais, monsieur, vous me parlez comme M. le curé quand il me confesse. — Et je finirai comme lui, ma petite; je vous donnerai une pénitence. — Oh! monsieur n'est pas prêtre. — Qu'importe, si la pénitence vous plaît? »

Elle est sage encore; mais elle pourrait bien ne pas l'être longtemps avec ses coquelicots, ses tapes sur l'épaule et ses embrassades. L'amour ressemble à une traînée de poudre à canon. Si le feu prend au premier grain, il se communique avec rapidité, il brûle, il consume tout, et de ce météore brillant il ne reste qu'une noire et désagréable fumée. Que de filles perdues pour s'être laissé baiser le bout du petit doigt! Poursuivons.

« Dites-moi, petite, pourquoi ne vous marie-t-on pas? — C'est que le père d'Eustache est riche. — Ah! ah! et qu'a-t-il donc? — Deux bons arpents de terre plantés en bons pommiers. — Diable, c'est une fortune. — Hélas, oui, monsieur, » Et des larmes mouillèrent les joues de la pauvre enfant.

« Comment vous nomme-t-on ma petite? — Claire. monsieur. — Claire! Claire qui? — Claire Servent, monsieur. — Et le père d'Eustache? — Tachard, monsieur. — En voilà assez Claire. Reprenez votre travail. — Oh! monsieur, j'ai tout le jour pour travailler et je n'avais que ce moment pour parler d'Eustache.— Je vous ai donc fait plaisir? — Oh! beaucoup, monsieur. — C'est le commencement de la pénitence que je vous ferai faire. »

Cette petite fille, pensai-je en me jetant dans le parc, travaille jour et nuit et trouve encore le temps d'aimer! N'envions plus sa pauvreté, restons ce que nous sommes et tâchons d'adoucir son sort. Marier une fille n'est pas réparer le tort qu'on a fait une autre. Je ne crois pas même qu'il y ait compensation. N'importe faisons un peu de bien. Ce souvenir-là plus tard en compensera d'autres.

Je vis une vingtaine de paysans qui travaillaient à planter des *maïs*. On en plante partout, dans le château dans le parc, dans ces chaumières... Et la petite Claire aussi, qui voudrait.. Il faut que cela soit bien naturel. Ce qui est dans la nature est-il un mal ?... Oui, oui, quand les circonstances le rendent tel, et c'est ce qui m'arrive à moi.

Mais comment se fait-il que la belle, la vertueuse Sophie soit toujours oubliée, quant cette petite Fanchette paraît ? Ah ! c'est que l'une ne donne que des espérances, et l'autre du plaisir. Mais le plaisir n'use-t-il pas l'amour plus vite que l'espérance ? Ah ! si le mien pouvait être usé !

En suivant le fil de mes pensées, j'arrivai auprès des planteurs de *maïs*. Un jeune garçon de bonne mine me salua d'un air ouvert, Je désirai que ce fut Eustache. En effet, c'était lui.

Je lui demandai où était son père. Il me montra sa chaumière du doigt. Je marchai de ce côté, je sortis du parc, et plus j'approchais de la chaumière, plus je m'étonnais que l'on pût s'enorgueillir d'une semblable propriété. Ah ! tout est relatif. Celui qui n'a qu'une chaumière est riche en comparaison de celui qui n'a rien.

Je passai devant l'église, et je m'amusai à lire quelques affiches. Si la porte eût été ouverte, j'aurais été lire des épitaphes.

Parmi ces affiches j'en remarquai une qui annonçait la mise en vente d'une maison et d'un jardin situés dans le village même. Parbleu ! me dis-je voilà qui pourrait arranger ma petite Claire. Voyons le notaire du lieu, et si cela n'est pas trop cher...

Voilà M. le notaire sur sa porte, en veste, en sabots, le bonnet de coton sur l'oreille, fumant sa pipe avec la gravité d'un sultan. Point d'odalisques pour le soutenir, pour chasser les mouches, pour lui chatouiller la plante des pieds. Un gros chien, couché près de lui, lui lèche la main en veillant à sa personne, et cet ami-là vaut toutes les odalisques du monde : il ne séduit, il ne trompe, il ne manque jamais.

J'appris que la maison à vendre était toute neuve, que le jardin était en plein rapport; et chaque fois que le notaire vantait une cloison, un grenier, je tremblais que le prix fût au-dessus de mes moyens. Après un long et pompeux détail des lieux, je sus qu'on voulait du tout quinze cents francs. La chute n'était pas alarmante; mais je n'avais que la moitié de la somme, et j'éprouvais de la répugnance à emprunter au château. Cependant je pouvais rendre Claire si heureuse ! et puis ces coquelicots, ces tapes sur l'épaule, ces embrassades me revenaient toujours à l'esprit. Les dimanches sont bien longs, un faux pas est bientôt fait, et si après Eustache allait changer... encore une fille perdue. Voilà qui est fort bien. Mais je ne puis marier toutes les filles qui s'exposent à se perdre, et ce que je viens de dépenser pour Fanchette... Je serais gêné pendant plusieurs mois. Pauvre petite Claire !... allons, allons, je me gênerai, et Claire sera mariée.

Le notaire et son chien m'accompagnèrent à cette maison qu'il était naturel que je visse. Elle était neuve à la vérité, mais si petite, si frêlement bâtie ! Et que faut-il, après tout, à un couple qui s'aime ? Un lit, une table et deux chaises. Il restera plus de place qu'il ne faut pour la bercelonnette.

La construction est légère ; mais la maison durera autant qu'eux, et, ma foi, les enfants la rebâtiront.

Le jardin est assez grand, bien planté, bien tenu. Eustache recueillera des légumes et des fruits, qu'il ira vendre à Beauvais. Claire filera, et ils vivront. J'offris cinquante louis du premier mot. Le notaire et mon vendeur se regardèrent. C'était peut-être plus que la chose ne valait... Bah ! cent francs ne sont rien pour moi... c'est beaucoup pour cet homme.

On demande quatorze cents francs, selon l'usage, puis treize cents francs. Enfin on me frappa dans la main à douze, et, bon gré, mal gré, il fallut boire le vin du marché.

Me voilà au cabaret à présent! qu'est-ce donc que cette vie, où on ne fait jamais ce qu'on veut, où on n'est jamais ce qu'on devrait être?

« Monsieur le notaire, vous dresserez le contrat de vente et un contrat de mariage. La future apporte en dot cette maison et ce jardin. Le futur n'apporte rien. Vous laisserez les noms en blanc. Allez, et que tout cela soit prêt dans deux heures. »

Ah! monsieur Tachard, vous êtes fier parce que vous avez deux arpents de terre! nous sommes plus fiers que vous encore : nous voulons faire la fortune de votre fils.

Qu'est-ce donc que je vois là-bas, tout au haut du village? oh! comme cela ressemble à Fanchette!... Ah! mon Dieu, mon Dieu! c'est elle! je ne la vois jamais sans effroi... et sans plaisir.

Mais je suis fort ici, au milieu d'une rue, des habitants, qui vont et viennent. Je vais l'aborder bravement.

Elle m'avait vu, elle m'attendait, le sourire sur les lèvres, la satisfaction dans les yeux. Je ne savais que lui dire, car je ne voulais point lui parler amour, et il est des femmes à qui on ne peut parler que cela, parce que c'est toujours cela qu'elles inspirent.

Voyons, que lui dirai-je?... « D'où venez-vous donc, Fanchette? — Madame m'a ordonné hier de trouver une femme qui sache faire les fromages à la crème. — Et avez-vous trouvé cette femme? — J'en ai arrêté une qui n'y entend rien. — Plaisantez-vous? — Je me suis adressée à la petite qui est à la cuisine. Elle m'a parlé d'une mère et de cinq enfants, de pain noir et de lentilles, et c'est cette mère que j'ai prise. — Et qui fera les fromages? — Je la guiderai, je les ferai pour elle, s'il le faut. — Ah! Fanchette, Fanchette! ne rien avoir et donner son temps et sa peine! — C'est ne rien donner quand on ne manque de rien. — Fille généreuse, excellente fille, comment ne pas t'aimer? » Et, à propos de fromages, je recommençai à extravaguer. Je n'étais plus dans la rue, je ne voyais plus les habitants. J'avais pris la main de Fanchette, je l'avais passée à mon bras, je l'entraînais... je ne sais où. Je n'avais pas de projets, mais je l'entraînais. « Prenez garde, monsieur, on nous remarque ; nous pouvons être vus de quelqu'un du château. » Ces derniers mots me firent frisonner. Je crus être en présence de Sophie. Une sueur froide coula de tous mes membres.

J'avais laissé sa main. J'étais debout, appuyé contre un tilleul, cherchant à classer mes idées, à lire dans mon cœur : je n'y trouvais que le chaos.

« Eloignez-vous, éloignez-vous ! » lui criai-je d'une voix forte ; et elle s'éloigna sans me répondre un mot. « Oh ! reviens, reviens, lui dis-je d'une voix suppliante. Je suis un barbare pardonne-moi. » Elle revient et me regarde d'un air si doux ! L'offense n'a pu pénétrer jusqu'à son cœur : il n'y a de place que pour l'amour.

« Fanchette, soyons raisonnables. — Ordonnez, monsieur. — Il faut nous séparer. — Pour toujours ? — Au moins pour quelques heures. — Adieu, monsieur. — Adieu, Fanchette... Fanchette ? — Monsieur ? » Que devais-je lui dire encore ? Je ne sais ; mais je cède au besoin de lui parler. « A la suite de cette nuit si cruelle et si douce, où vous êtes-vous retirée ? — Dans le jardin, monsieur. — Comment, vous vous êtes laissée glisser le long des espaliers au risque de vous tuer ! — Je serais morte au sein du plaisir. Il me semblait vous tenir encore dans mes bras, respirer votre haleine enflammée... Que faites-vous, monsieur ? vous m'effrayez, vous oubliez où vous êtes !... »

Et c'est elle qui maintenant est obligée de veiller sur moi ! Non ! il ne faut ni la voir ni lui parler, puisqu'un fromage, un espalier, une mouche, un brin d'herbe, tout ramène des transports que je ne saurais maîtriser... Elle me quitte ! Elle a raison, elle a pitié de moi. Moi, avoir besoin de la pitié de Fanchette !

Une rue se présenta, et je la suivis ; elle donnait sur les champs, et je fus m'y cacher aux autres et à moi-même. Je m'assis ; je me couchai sous un arbre, et je m'efforçai d'oublier Fanchette et moi : je ne pouvais oublier ni l'un ni l'autre.

Mais la solitude, la fraîcheur de l'ombrage, un paysage varié me calmèrent insensiblement. Je me levai ; j'entrai chez le père Tachard, assez tranquille pour suivre mon affaire, et trop heureux d'en avoir une qui pût éloigner, pendant quelques heures, des idées !...

« Bonjour, père Tachard. — Ah ! monsieur sait mon nom ! — Cela n'est pas étonnant ; un propriétaire comme vous... — Oui, parbleu, je le suis. J'ai, de plus, une bonne femme... — Et un fils joli garçon, dont vous ne parlez pas. — Joli garçon, j'en conviens, mais cela ne signifie pas grand'chose. — Allons, allons, père Tachard, vous avez été fort bien, et vous n'en étiez pas fâché. — A la bonne heure, monsieur ; mais l'essentiel est d'être probe, laborieux, économe, et notre Eustache est tout cela. — Il a toutes les qualités requises pour faire, comme vous, un bon mari. — Oh ! monsieur, ne parlons pas de cela. — Pourquoi ? ne seriez-vous pas bien aise de vous voir renaître dans un petit-fils, de le faire sauter sur vos genoux, de lui apprendre à articuler le premier mot, de recueillir son premier sourire, de sourire vous-même à ses petits contes, à ses espiègleries ? — J'en serais enchanté, monsieur, mais cela ne se peut pas. — Et la raison, père Tachard ? — Eustache s'est amouraché d'une petite fille du village qui ne lui convient pas. — Qui ne lui convient pas ! Ah ! elle n'est pas sage. — Oh ! à cet égard-là, je n'ai rien à lui reprocher. — Ses parents manquent de probité ? — Eh ! non, c'est pauvre, mais honnête. — C'est donc leur pauvreté qui vous arrête ? — Eh ! croyez-vous que ce ne soit rien, monsieur ? Vit-on d'amour en ménage ? D'ailleurs, irai-je, moi, propriétaire, donner à mon fils un journalier pour beau-père ? — Vous avez raison, père Tachard : la distinction des rangs n'est point une chimère. Mais, à propos de mariage, que dites-vous de la maison du père Firmin ? — Elle est ma foi, jolie. — Et son jardin ? — Oh ! cela, c'est du bon bien, et c'est à vendre depuis trois jours. — C'est vendu, père Tachard. — Et à qui donc? — A une jolie fille, très disposée à épouser Eustache, et qui vous ne demandera rien.

— Diable! voilà une excellente affaire. Mais prenez garde, monsieur. Une jeune fille qui achète une maison et un jardin doit quelquefois ses ressources à des moyens... — Vous êtes un brave homme, père Tachard, et cette fierté-là vaut mieux que celle qu'inspire la distinction des rangs. Mais je vous réponds que la jeune fille que je vous propose... — Eh! qui me répondra de vous? — Madame la Comtesse d'Ermeuil. — C'est fort bien. Mais Eustache est si entêté de sa petite Claire!... — Eustache épousera la fille, la maison et le jardin, je vous le certifie. — Mais encore, monsieur, faudrait-il me nommer la future. — Trouvez-vous à midi chez le notaire du village avec votre femme et votre fils : vous l'y verrez. — Après tout, je ne m'engage à rien, et si la fille ne me convient pas... — Il n'y aura rien de fait, père Tachard.

« — Je n'ai plus qu'une objection à vous faire. — Et laquelle? — Tout le monde ici a la manie de marier Eustache, et il ne peut épouser qu'une femme à la fois. — Que voulez-vous dire? — Une jeune dame sort de chez nous, et propose aussi une fille sage, douce, qui aime beaucoup Eustache, et qui est propriétaire de deux arpents de pré qui ont été mis en vente avec la maison et le jardin. Elle a, comme vous un style entortillé, où je ne comprends rien ; et au moment de choisir entre deux brus, je n'en connais pas une. — Dites-moi, dites-moi donc, quel âge à la jeune dame? — Mais dix-huit à vingt ans. — Petite? — Mais si bien faite! — Jolie ! — Comme un ange. — Le pied mignon? — Mais je crois qu'oui. — La jambe moulée? — Oh! je n'y ai pas regardé. — Ni moi plus. Mais dans la forêt de Chantilly, une peur, un buisson, une jarretière...»

Oh! c'est elle, c'est elle! Comme son cœur est d'accord avec le mien! Quel mouvement sympathique nous a entraînés tous les trois! Elle et moi donnons un peu d'argent, et Fanchette, qui n'en a pas, fera les fromages à la crème. Chère Fanchette! chère Sophie!

quelle journée ! que d'heureux à la fois ! Claire, Eustache, les Tachard, les Servent et nous trois ! Et en me parlant ainsi, j'avais sauté la porte coupée du père Tachard, qui me suivait des yeux la bouche ouverte, les bras pendants, et qui sans doute, me prenait pour un fou. Je courais par le village ; je demandais la maison de Claire, et je courais de plus belle. Je me jetai enfin dans sa triste bicoque, qu'un coup d'œil tranforma en un temple, oui, en un temple magnifique. Sophie assise sur une escabelle, avait tout changé autour d'elle. Sa figure céleste rayonnait d'une joie douce, de cette joie pure qui embellirait la laideur, et qui ajoute à la beauté un charme irrésistible.

La voir, tomber à ses pieds, adorer la divinité qui vivifiait cette cabane, qui y apportait le bonheur, fut l'affaire d'une seconde. Elle m'avait relevé, j'étais dans ses bras, je la pressais sur mon cœur, avant qu'elle et moi ayons pu réfléchir à ce que nous faisions. « Cher ami ! — chère Sophie ! nous écriâmes-nous à la fois. — Vous m'avez devinée ? Tachard m'a tout dit. — Le notaire m'a aussi parlé de vous. — Ah ! je vous aimerais davantage, s'il était possible d'aimer plus. — Chère Sophie ! — Cher ami. »

Je vis sur la figure de Servent qu'il ne savait rien encore. Il ne prenait d'autre part à ce qui se passait que celle de la curiosité et de l'étonnement. Un mot le mettait en scène, et pouvait le faire extravaguer comme nous. Je différai de le dire. Je pris la main de Sophie, et je l'engageai à sortir avec moi.

« Nous marions Claire, chère Sophie. — Dieu en soit loué, cher ami ! — Nous la rendons riche pour une fille de son état. — Que de bénédictions nous allons recevoir ! — Mais l'enthousiasme du moment ne nous égare-t-il point ? Sommes-nous justes envers tout le monde ? — Je ne vous entends pas. — Il y a dans cette cabane un père, une mère, quatre enfants. — J'y suis, j'y suis. Que la fièvre entre là... qu'elle frappe le père ou la mère... la misère s'y fixe... s'attache à ces malheureux... les ronge insensiblement. — Sophie ! — Mon ami ? — Claire a assez de la maison et du jardin. —

Cela peut être ; mais j'ai donné le pré. — Il faut changer quelque chose à vos dispositions. — Oh! non, mon ami. J'ai eu tant de plaisir à donner ce pré ! — Assurez-en du moins la jouissance au père et à la mère. — Claire alors n'est plus aux yeux de Tachard un excellent parti. C'est un grand péché que l'orgueil ; mais j'ai celui d'humilier un peu cet homme, qui a dédaigné les pauvres Servent. — Et pour le plaisir de commettre ce gros vilain péché-là, vous les exposerez à mourir de faim. — Vous me faites trembler, mon ami. Donnez-leur la jouissance du pré. — Oh! non, non, tout pour Claire. Mais cherchons quelque moyen. — Chère amie, je n'en vois point. — Ah! m'y voilà. — Qu'est-ce ? — Mautort a une filature de coton... — Excellent, admirable ! — Il faut qu'il prenne les quatre enfants. — Sans doute. — Je lui écrirai. — Aujourd'hui. — Tout de suite. — Mais le père et la mère ? — Ceci est plus difficile à arranger. — Mon ami, m'y voilà encore. — Voyons ? — Vous faites bâtir à la Chaussée-d'Antin ? — Eh bien ? — Il vous faudra un portier ? — Ma chère amie, je ne peux pas faire un suisse de Servent. — Pourquoi non ? Le juge Dandin en a bien fait un de Petit-Jean. Vous n'aurez pas de locataires de six mois ; Servent aura le temps de se décrasser, et aura la satisfaction de voir ses enfants et de les surveiller. Je vous demande votre porte, monsieur. — Je vous la donne, madame.

» A propos, chère Sophie, avez-vous de l'argent ? — Non, et vous ? — J'allais vous en demander. — Ah! mon Dieu, comment payerai-je mon pré ? — Et moi, ma maison et mon jardin ? — Voilà qui est embarrassant. — Nous parlerons à madame d'Ermeuil, à Soulanges, à du Reynel. — Y pensez-vous, mon ami? Nous sommes partis de Paris comme des fous, avec ce que nous avions dans la poche. — Il serait bien dur cependant d'être obligés de demander du temps. — Ce sera la punition de ce péché d'orgueil auquel je tiens tant. — D'ailleurs on sait bien qu'on ne porte pas sur soi de quoi payer une maison et des terres, auxquelles on ne pensait pas. — Et puis il ne faut que deux jours pour qu'un courrier aille à Paris et en revienne. — Nous y enverrons Baptiste. — Baptiste, le premier qui se trouvera. — Baptiste, ma chère amie, Baptiste. C'est un garçon intelligent. — Baptiste, soit, mon ami. Rentrons chez Servent. »

J'avais une envie de porter la parole, mais une envie ! Il est si bon d'acquérir des cœurs, mais si naturel de vouloir jouir du bienfait !... Je crains beaucoup que cette jouissance soit encore fille de l'orgueil... Mais je crois aussi qu'on peut être assez honnête homme et commettre par-ci par-là un des sept péchés capitaux.

Je lisais dans les yeux de ma Sophie le désir bien exprimé d'annoncer les heureuses nouvelles. Dévote pleine de bonté, pécheresse charmante ! Elle me ferait aimer Oromaze et Arimane. Qui de nous sera le plus endurci ? Laissons-la se damner, puisqu'elle le veut, et damnons-nous avec elle, en mettant encore de l'orgueil à céder à la faiblesse... à la faiblesse ! C'est à l'amour que je me rends ; c'est lui qui me souffle bien bas : Tu ne fais rien pour elle qui n'ajoute à tes droits sur son cœur.

Elle me regardait d'un air indécis ; elle brûlait de parler ; elle tremblait que je parlasse. Je la poussai doucement, je la portai en avant, et je lui souris d'une manière qui sans doute voulait dire : Je t'ai devinée ; jouis.

Il fallait bien que ma mine signifiât quelque chose comme cela, car elle me serra la main, et la sienne me disait : Je t'entends et je te remercie.

Comme elle sait amener une surprise ! Avec quelle délicatesse elle s'exprima ! à travers quelles nuances variées de sensibilité, de douceur, de gaieté, elle fit arriver au cœur du bon Servent ce baume consolateur qui efface le souvenir du passé, qui nous fait renaître à l'espérance ! Oh ! que je me sais gré de lui avoir cédé ! Je me serais exprimé comme un homme, j'aurais mis le bienfait à nu. Elle le parait de ces couleurs séduisantes qui lui donnent un nouveau prix ; Servent, à ses pieds, se rendait au charme inexprimable qu'une femme sensible répand sur tout ce qu'elle dit, sur tout ce qu'elle fait. Les enfants ne savaient ce que c'est qu'être Suisse ; ils n'avaient aucune idée d'une filature de coton ; à peine entendaient-ils les mots aisance, pauvreté : leur cabane, jusqu'alors, avait été leur univers. Mais leur père pleurait ; il pleurait de joie, d'attendrissement, de reconnaissance ; ces enfants ne pouvaient rien définir ; mais ils sentaient que les larmes de leur père étaient celles du plaisir, et sans pouvoir se rendre compte de l'impression qui les entraînait, ils tombèrent à genoux avec lui ; ils pleurèrent comme lui ; comme lui, ils baisaient la robe, les pieds, les mains de l'heureuse Sophie. Ils ignoraient encore ce que c'est que bénir, et ils balbutiaient des bénédictions.

Nous avions beaucoup fait, il nous restait beaucoup à faire. Après avoir donné rendez-vous chez le notaire à la famille Servent, nous sortîmes pour aller annoncer à Claire et à Eustache la fin de leurs anxiétés et de leurs privations. Je marchais à côté de Sophie et je la regardais.

Un violon aigre, un mauvais tambour et quelques coups de fusil nous annoncèrent la fête du *mai*. Elle s'attacha à mon bras, et nous courûmes de toutes nos forces : le spectacle de la gaieté franche n'est pas commun, et fait toujours plaisir.

Assis sous les tilleuls, M. la Roche faisait gravement les honneurs d'un buffet chargé de viandes froides et de fruits secs. Madame la Roche veillait à ce qu'on ne vidât pas trop promptement une pièce de vin livrée à la bande joyeuse. Les jeunes filles et les jeunes gens dansaient. A la fin de la contredanse, la fusillade recommençait, le broc circulait, puis les baisers pris et rendus, puis les tapes sur l'épaule, puis la course sur le gazon... Les tapes sur l'épaule ! quel dommage de ne pouvoir marier toutes ces filles-là !

Je montai aux appartements, on y parlait de notre promenade matinale ; on interprétait, on plaisansait, légèrement, avec grâce. Les gens du grand monde sont heureux dans le choix des mots : mais le trait acéré perce, et il faut avoir l'air de ne pas le sentir, à peine de se donner un ridicule. J'étais bien aise qu'on ne s'étendît pas trop là-dessus : je me sentais rougir, en pensant que Fanchette... Je rompis la conversation en annonçant le mariage ébauché. Il ne manquait pour l'achever que de l'argent, et j'avouai franchement que je ne savais où en prendre.

Tout sert d'aliment à la frivolité. On oublia notre promenade, et on exigea que j'entrasse dans les moindres détails. A mesure que je parlais, je voyais croître l'intérêt que j'inspirais en faveur de Claire et d'Eustache. Les gens dissipés retrouvent quelquefois leur cœur. Ils ne vont pas au devant du bien, ils le font avec plaisir, quand l'occasion s'offre d'elle-même. C'était à qui contribuerait au bonheur de mes petits protégés ; chacun voulait être admis à la cotisation. Moi, je voulais donner ma maison et mon jardin en entier, et Sophie, qui venait de rentrer, n'entendait partager avec personne la satisfaction d'offrir son pré.

La comtesse éclata de rire, et je ne savais comment interpréter cette lubie. « Il est plaisant, dit-elle, qu'on se dispute à qui donnera ce que tous ensemble nous ne pouvons payer. J'ai dix louis à peu près. — J'en ai sept, dit Soulanges. — Et moi quinze, » dit du Reynel. Sophie vide sa bourse sur ses genoux ; je vide la mienne sur les genoux de Sophie, et il me semble qu'en ce moment j'établis entre nous une sorte de communauté. La même idée la frappe aussi : un coup d'œil a parlé. Honneur à qui le premier donna pour nourrice à l'amour l'illusion et l'espérance !

Cependant entre nous tous nous possédions une soixantaine de louis, et avec cela on ne paye point mille écus ; d'ailleurs Soulanges, la comtese et du Reynel ne voulaient donner leur argent qu'à condition qu'il ne leur serait pas rendu. Sophie se dépitait, et moi aussi. Je proposai d'envoyer Baptiste à Paris ; on répondit qu'on n'avait pas trop de deux domestiques. Je voulus sortir pour aller chercher un homme dans le village : on fit un signe à ce coquin de Baptiste, et je compris qu'il allait prendre les devants e s'arranger de manière que je ne trouvasse personne.

« Mais, mon beau monsieur, me dit la comtesse, avec votre noble chaleur, et vous, madame de Mirville avec votre exquise sensibilité, vous êtes des étourdis. — Et en quoi donc ? — Vous donnez une maison, c'est fort bien ; mais où coucheront vos mariés ? — A terre, dit Soulanges. — Et la huche, et la table, et les chaises ? reprit du Reynel. — Et l'armoire au linge ? — Et le trousseau de la mariée ? — Et la pièce de vin à la cave ? — Et le sac de blé au grenier ? — Et le quartier de lard à la cheminée ? — Et les instruments aratoires ? — Et l'âne qui doit porter les fruits à Beauvais ? — Ces enfants s'aiment, il faut les marier. Ils ne peuvent faire l'amour en public ; voilà une maison où personne ne les verra, quand ils auront fermé porte et fenêtres. Du reste, ils manqueront de tout, en attendant le foin et les légumes. — Le joli plan qu'ont trouvé là madame et monsieur ! — Il fallait être deux pour aller aussi loin. »

Nous nous regardions, Sophie et moi, un peu honteux et piqués d'une suite de plaisanteries dont nous sentions la justesse. Et le moyen d'y mettre fin ? Il fallait de l'argent pour faire taire les railleurs, et nous n'en pouvions avoir que par l'entremise de madame d'Ermeuil.

« Madame de Mirville, dit-elle, quand il me vient une bonne idée vous vous gardez bien de vous mettre en tiers et de me priver du plaisir de l'exécution. De quel œil verrai-je une prétention semblable ? Vous donnerez à vous seuls le pré, la maison, le jardin, mais rien de plus ; et, moins égoïste que vous, je consens que ces messieurs concourent avec moi à fournir ce que vous avez si complétement oublié. Baptiste, faites venir la Roche.

« ... Monsieur la Roche, il me faut quatre mille francs dans une heure. — Madame, je tâcherai de vous les trouver. — Vous les avez ou vous devez les avoir. — Vos fermiers payent difficilement. — Vous entendez les affaires, et on m'a appris à conduire les miennes. Je suis lasse de m'emprunter à moi-même, et à des intérêts assez hauts. — Comment, madame la comtesse penserait-elle ?... — Monsieur la Roche, quatre mille francs dans une heure ou remplacé dans huit jours. »

« Mesdames et messieurs, dit du Reynel, que l'amour du prochain ne nous fasse pas oublier ce que nous nous devons à nous-mêmes. Pendant que la Roche va faire semblant de chercher ce qu'il a dans sa caisse, occupons-nous du déjeuner. » A peine avait-il parlé, que la cloche se fit entendre. J'en fus fort aise : les courses du matin m'avaient donné un appétit dévorant. J'offris la main à ma charmante Sophie, et nous gagnâmes la salle à manger en riant, en chantant, en folâtrant, gais de nos projets, étrangers à toute autre chose. Je crois que si on passait la vie comme je venais d'employer deux heures dans la mienne, on aurait bien plus d'empire sur ses passions..... Oui, mais que serait la vie sans amour ?

L'arrivée des fromages à la crème me tira de la plus douce rêverie. Que de souvenirs venaient avec ces fromages ! Je voyais la trace de la main qui les avait pétris. Là s'était fixé cet œil, alternativement si vif et si langoureux ; une gorge divine s'était inclinée vers le vase ; sa bouche avait peut-être soupiré le mot amour en façonnant ces cœurs si blancs et si froids, et cette bouche, cette gorge, cette main, tout, tout fut à moi, peut-être à moi encore... Quelle pensée ! Et c'est auprès de Sophie, au moment où mon genou vient d'imprimer doucement sur le sien le serment d'aimer toute la vie, où son genou vient de répéter le serment, que j'ose... Oh ! je m'en punirai ; je ne toucherai point à ces fromages, qui font sur moi l'effet que produisait sur les dieux l'ambroisie servie par Hébé.

Qu'ils sont jolis, ces fromages ! qu'ils sont appétissants !... Non, je n'y toucherai pas. O Sophie ! reçois ce léger sacrifice. Je te l'offre en expiation de mes fautes.

Cependant Du Reynel avait défiguré ces cœurs arrondis par Fanchette. Les arcs, les carquois étaient disparus sous la main du vandale : ce n'était plus que du laitage. Tout le monde était servi ; j'avais courageusement refusé.

« Voilà de mauvais fromages, dit madame d'Ermeuil ;

qu'en pense madame de Mirville ? — Ils ne sont pas excellents. — Détestables ! s'écria du Reynel. — Ma foi, continua Soulanges, j'en pense ce que disait Charles XII du morceau de pain moisi : cela n'est pas bon, mais peut se manger. »

Quoi ! ces fromages ne vaudraient rien ! quoi ! Fanchette peut mal faire quelque chose ! J'en pris un peu au bout de mon couteau... Non, ils ne sont pas bons ; mais Fanchette est-elle obligée de tout savoir ? N'est-ce pas pour être utile à cette pauvre mère Servent qu'elle s'est avisée de ce qu'elle n'entend pas ? Ne connais-je pas son motif ? ne dois-je pas récompenser l'intention ? Bonne Fanchette, je veux t'épargner le reproche, toujours cruel pour un cœur sensible ; je veux trouver tes fromages délicieux. J'en fis l'éloge le plus complet, et j'en chargeai mon assiette. Je la vidai, je la remplis, et à chaque cuillerée, je retrouvais cette main, cette gorge, ces yeux... Ils donnaient vraiment un goût admirable au fromage.

Je ne laissai rien dans le compotier, et je me dis en finissant : J'ai vengé Fanchette et je l'ai justifiée.

« Mon ami, me dit du Reynel, vous avez des goûts bien bizarres : jamais je ne ferai de vous un gastronome. » Il tira son *Cuisinier impérial* de sa poche, et il allait me faire une longue énumération des fautes de l'ignorante fromagère, lorsqu'un bruit imprévu fit oublier le livre, les fromages et Fanchette.

C'étaient le père et la mère Servent ; c'étaient les quatre marmots ; c'était Claire, palpitante de joie, conduite par son Eustache, rayonnant de plaisir ; c'était enfin le père Tachard, que je n'attendais pas, qui ne devait pas être là, mais avec qui le bon Eustache n'avait pas eu la force de dissimuler. « Allons, allons, dis-je à Sophie, pardonnons à ce jeune homme. A quoi nous eût menés sa discrétion ? A aigrir des gens qui désormais doivent s'aimer. Eustache s'est conduit en enfant sensible et soumis ; il s'est empressé de partager son bonheur avec son père, et celui qui se montre bon fils doit être bon époux. »

On était dans ses grands atours. Tachard et son

Eustache ont, ma foi, l'habit de drap d'Elbeuf et le bas de coton bleu. Le pauvre Servent n'a qu'une veste, encore est-elle éraillée au coude. La petite Claire cache ses charmes naissants sous le juste de molleton, le jupon de cotonnade rouge, et le fichu de grosse mousseline. C'est bien peu de chose ; mais cela suffit à qui est parée de ses quinze ans. Ah ! diable ! il y a un trou au fichu ! Sans doute elle n'a pas eu le temps de le boucher. Eustache ne lui en parlera pas. Trou perfide, qui trahit les secrets de la pudeur, qui laisse entrevoir le plus joli bouton... Eh bien ! ne vais-je pas encore m'occuper de celui-là ?... Oh ! quel homme, quel vilain homme je suis !... Baissez les yeux, monsieur.

Servent paraît gêné dans sa veste, propre mais usée. Son amour-propre souffre... Morbleu ! je le mettrai à son aise, et, le jour de la noce, il aura aussi l'habit de drap d'Elbeuf sur le corps, et le demi-castor sur l'oreille.

Les deux pères s'observaient. Servent semblait craindre le propriétaire Tachard ; Tachard ne savait comment se rapprocher des Servent. Je pris la main de Claire. « Venez, ma belle petite, embrassez votre beau-père, et demandez-lui sa bénédiction. »

Tachard s'exécuta franchement. « Claire, dit-il, je t'ai toujours estimée, toi et tes parents : j'en appelle à monsieur. Mais un homme raisonnable ne marie ses enfants qu'après avoir pourvu à leur subsistance. Tu n'avais rien, je ne pouvais rien donner : le ciel a jeté sur nous un regard de bonté ; sois heureuse mère, comme tu vas être heureuse épouse. »

Les deux jeunes gens s'inclinèrent, et leurs parents les bénirent. Je l'ai dit quelque part, je ne sais si cette bénédiction est bonne à quelque chose, mais j'aime les enfants qui la reçoivent avec respect.

Qui frappe si doucement à la porte ?... Ah ! c'est le notaire. Il a su que ses acquéreurs sont commensaux du château d'Ermeuil, et il a pris l'habit gris et le dessus noir. Il accourt, les contrats d'une main, et l'écritoire de poche de l'autre. Il serait désespéré que nous prissions la peine d'aller chez lui.... En était-ce une lorsque, ce matin, je rencontrai, je pressai dans mes bras... celle... Oh! Sophie, pardon! pardon, chère Sophie!

La porte s'ouvre encore... C'est le bon curé qui vient nous féliciter tous. « Que la Providence accorde ses biens à ceux qui font des leurs un si digne usage. » J'étais vraiment honteux de recevoir tant et d'avoir si peu donné. Mme d'Ermeuil et le léger Soulanges même paraissaient nous porter envie. Leurs cœurs vibraient à l'unisson des nôtres. Je vis une larme se fondre sur la joue de la comtesse, et cela me fit plaisir.

Nous voilà tous attendris ; voilà une scène touchante, qui fait du bien à tout le monde, et cela parce qu'une petite fille, qui a un fichu troué, s'est endormie sur une chaise de cuisine.

Une gaieté douce succède bientôt au pathétique. « Vous venez à propos, monsieur le curé, dit la comtesse. Madame de Mirville et monsieur vont signer les contrats de vente et de mariage. Nous allons, nous, nous occuper d'autre chose, et comme un pasteur vigilant ne doit jamais être oisif, vous procéderez aux fiançailles : cette cérémonie n'est pas étrangère à la fête du *mai*. Répondons au vœu de ces enfants : lions-les autant que la loi le permet. — Oh! liez-nous! dit Eustache. — Et bien fort! » répondit Claire.

Ah! bon! voilà la Roche et ses sacs ; on va agir : jamais je n'eus tant de besoin de m'occuper. Je saute sur un sac, je le vide sur le parquet ; je mets les écus en piles. Ma charmante Sophie prend le second sac, et compte, sans ménagement pour les plus jolis doigts ! Bientôt cette main délicate ressemble à celle d'une marchande de cerneaux. Elle en fit l'observation en riant. « Jamais, lui dis-je, Claire et Eustache ne la trouveront plus belle, et pour moi cette main est toujours celle de Sophie. »

Nous prenons ce qu'il nous faut. Nous déposons la somme sur le bureau devant lequel s'est placé le notaire. Il nous lit ses contrats, remplit les noms, qui étaient encore en blanc, et nous communique le certificat du conservateur des hypothèques, qui atteste que les biens acquis ne sont grevés d'aucune charge... C'est un homme entendu, un brave homme que ce notaire-là. Je ne pensais pas à demander des sûretés : ma tête et mon cœur étaient à cent lieues du bureau des hypothèques. C'est le notaire aux sabots et au bonnet de coton qui recevra mon testament mystique, si jamais j'en fais un.

Voilà le premier de ces moments précieux, à travers lesquels Eustache et Claire arriveront à la célébration du mariage, le moment de la signature des contrats. Les futurs époux et les parents déclarèrent ne savoir signer, parce que leurs pères avaient jugé inutile que leurs enfants en sussent plus qu'eux.

Comme cette bonne petite Claire tremblait en faisant sa *croix*! comme elle était rouge! C'est une si terrible chose que le mariage! Fillette naïve tremble toujours en pensant à cela, et cependant elle n'en parle jamais sans sourire.

Eustache se présenta d'un air décidé. Il écrasa sa plume en formant ses deux traits, et il regarda Claire d'un air qui voulait dire : Je briserai tout comme cette plume. Je ne sais si la petite l'entendit, mais elle baissa les yeux et rougit plus fort. Comme elle me parut gentille! C'est que le fard de la nature sied toujours si bien!

Le tour des donateurs vint ensuite. Je plaçai mon nom à côté de celui de Sophie, et un même paraphe les entoura et les unit.

Madame d'Ermeuil, Soulanges et du Reynel signèrent aussi au contrat de mariage. Tachard nous assura que la signature des gens respectables porte toujours bonheur. Le vrai bonheur est de signer pour soi. Ah! Sophie, Sophie! si ce tableau si intéressant, si naïf, si la force de l'exemple!... Non, non, le moment n'est pas venu encore... Laissons mûrir pensers d'amour.

CHAPITRE III

Méfiez-vous des ânes et de ceux qui les conduisent. Pénible situation pour des honnêtes gens. Une histoire de chat à propos de Catherine, l'appétissante tonnelière. Voilà l'oncle Antoine! Bagarre et bousculade de tous les diables; on finit par s'embrasser. Fiançailles solennelles de gaillards trop pressés; mais, bast! puisque tout le monde a dit oui... Troisième nuit dans la grotte du jardin, et comment, à la suite, un respectable notaire et sa chaste épouse se sont fi..... une tripotée sans s'en douter.

On était allé à la municipalité inscrire Claire et Eustache. Le curé avait envoyé chercher son aube, son étole et son rituel. Madame d'Ermeuil dictait à Soulanges, son secrétaire sur plus d'un article, l'état des choses qu'elle voulait donner ou acheter. Du Reynel était allé tourmenter M. le chef. Moi, je causais avec Sophie. Notre conversation était extraordinairement animée, et cependant nous ne disions rien : je tenais sa main, et je regardais Eustache ; elle serrait la mienne, et regardait Claire. Elle est dévote, elle est craintive, mais elle est femme... Pensers d'amour mûriraient-ils?

La cérémonie commence. Claire et Eustache sont à genoux. Fanchette aussi prie avec ferveur. Quel intérêt porte-t-elle à Claire?... Peut-être rien de ce qui me touche ne peut lui être indifférent. Peut-être encore prie-t-elle que la grâce accordée à Claire s'étende jusque sur... Cela ne sera jamais.

Le bon curé termina les fiançailles par une exhortation pastorale. Il parla de la dignité, des devoirs et des douceurs du mariage, et il ne s'en tira pas trop mal. Il finit en disant aux futurs époux que leurs promesses mutuelles étaient déjà écrites dans le ciel; que des motifs de la plus haute importance pouvaient seuls les annuler, et qu'ils devaient dès ce moment se considérer comme irrévocablement unis... *Amen*, dit Eustache en faisant une gambade et en embrassant Claire.

Que veut-il dire avec son *amen?* Cet *amen*-là ne me paraît pas du tout placé à propos... Ah! le trouble, la joie... Et puis on peut fort bien être très-amoureux et ne pas connaître l'acception de ce mot-là.

Madame d'Ermeuil a remis sa liste à Fanchette. Fanchette vole ; Baptiste et son camarade courent : tout le monde est en mouvement. On monte, on descend, on prend, on apporte. Un ameublement bien simple, mais bien solide, arrive, par parties, des combles dans la salle à manger. Claire et Eustache ouvraient des yeux!... « Oh! si nous en avions autant! » disait Eustache à Claire. Et il regardait le lit, il le regardait!... C'est un égrillard, cet Eustache... Eh! ne l'est pas qui veut.

« Mon ami, lui dit madame d'Ermeuil, va chercher le cheval et la charrette de ton père. — Pourquoi faire, madame la comtesse? — Pour porter tout cela chez toi. »

Voilà qui est clair. Eustache rougit, pâlit, tremble, saute, prend sa fiancée dans ses bras, la baise, la rebaise... Oh! comme il aime à baiser! Baisers d'amour sont si doux! Hélas! j'en sais quelque chose.

Il part comme un trait. Claire s'accroche à la basque de sa veste et le suit. Je suis sûr que dans cinq minutes la charrette sera ici. Ce que c'est que le sentiment de la propriété, que celui d'une jouissance inattendue.

Madame d'Ermeuil profite de leur absence. Elle retourne ses armoires, aidée de Sophie et de Fanchette. Chemises de femme, chemises du général, draps de lit, serviettes, fichus, cravates, bas, mouchoirs, tout cela s'arrange par demi-douzaines. Tout cela est trop fin, mais les jeunes gens en gagneront d'autres, et puis cela ne coûte rien, ce qui est à considérer.

Baptiste court chez le tailleur du village, André chez la couturière. Il faut qu'ils quittent tout, qu'ils arrivent à la minute, à la seconde. Et nous aussi nous sommes en l'air. Je vais acheter la pièce de vin, Soulanges le sac de blé. Le gastronome du Reynel choisira le quartier de lard : ceci le concerne spécialement.

J'entrai dans un cellier, dont la porte était ouverte et dont le propriétaire se présenta aussitôt. Il débuta par des félicitations, des éloges. « Ce n'est pas de cela qu'il s'agit, mon cher, mais d'une pièce de vin. — Monsieur, j'en ai de trois qualités. — Combien le meilleur. — Cinquante francs. — Les voilà. Roulez tout de suite la pièce chez le père Firmin. — Monsieur veut dire chez Eustache Tachard. Oh! je sais tout. Braves, honnêtes gens, soyez bénis! »

Que de bénédictions! Je n'avais plus un cheveu qui ne dût faire des miracles. Je me sauve, j'échappe à ce *bénisseur*; je retrouve le tilleul contre lequel je m'étais appuyé le matin lorsque Fanchette... Je reconnais la rue qui conduit aux champs, à cet arbre sous lequel j'aurais voulu étouffer mon cœur. Pourquoi chercher ce qui rappelle des idées pénibles? Remords d'amour seraient-ils du plaisir? Il faut bien que cela soit, car je m'approchai du tilleul. Je m'y appuyai, comme je l'étais précisément le matin quand elle me disait avec tant d'expression... Il me semble la voir, l'entendre...

Cependant je ne peux rester là, planté comme un piquet. Sans réflexion, sans projet, peut-être sans savoir ce que je fais, je prends cette rue qui mène aux champs, je marche, tout entier à mes idées, ou plutôt tout à Fanchette. Oh! comme je l'aimerais, cette Fanchette, s'il n'existait pas une Sophie!

Un spectacle nouveau me frappe et m'arrache à ma rêverie. Quelle est cette apparition? Un homme de haute stature, monté sur un superbe cheval. L'un et l'autre sont bardés de fer. La pique, la lance, le casque, des timbales, je distingue tout, et je ne devine pas l'objet de cette mascarade. Le carnaval est fini, et il n'y a plus de chevaliers errants.

Je m'avance hardiment, la tête haute, dussé-je être le géant à pourfendre, et à mesure que le chevalier s'approche de moi, il perd de sa taille et de sa considération. Quelle fable que celle des bâtons flottants sur l'onde, et que de grands ne sont que des bâtons!

Bientôt le coursier fougueux, qui couvre son mors d'écume, n'est plus qu'un âne, qui marche la tête basse, et les oreilles penchées horizontalement; les timbales sont deux paniers attachés au bât; la pique se change en bêche, la lance en râteau, le bouclier en une paire d'arrosoirs, et le casque est tout simplement une marmite de terre dont le chevalier s'est coiffé, probablement parce qu'il n'y a plus de place dans ses paniers.

Oh! qu'il est rond ce chevalier! quel embonpoint! quel ventre!... Serait-ce...? Oui parbleu!... Eh! non... C'est lui, c'est lui-même. Le gros du Reynel est allé chercher au village voisin ce qu'il n'a pas trouvé dans celui-ci, et il est tout simple de voyager comme Sancho quand on est taillé comme lui.

Voyons s'il est aussi brave que le plaisant personnage qu'il me rappelle. Je me jette dans une pièce de vignes, je m'y tapis et j'attends mon homme au passage. Lorsqu'il est vis-à-vis de moi, je me lève tout à coup, je jette un grand cri, je frappe dans mes mains et je fais la grimace. Du Reynel me reconnaît et sourit. Mais le grison, qui sans doute n'est pas habitué aux grimaces, et qui n'aime pas qu'on lui crie dans les oreilles, les dresse, s'effraye, saute en dépit de son cavalier, rue, et fait tant qu'il opère une séparation de corps. Il se lance dans les vignes, accroche un panier là et l'autre ici; brise dix échalas, en arrache trente; laisse le fond d'un panier à droite, la moitié du second à gauche, casse, brise tout et continue ses caracoles.

Je vais à du Reynel. Il est tombé assez mollement sur la poussière, mais il en est chargé; son double menton, son front toujours moite en ont retenu une couche épaisse. J'allais rire de la plaisante figure de mon *redresseur de torts*, lorsque j'entends les vociférations de trois ou quatre paysans qui travaillaient dans la vigne. Ils tempêtent, ils jurent contre nous, et, armés de leur redoutable *tournée*, ils se mettent à la poursuite de l'âne qui dévaste tout. Je cours aux paysans pour les calmer; ils semblent avoir des ailes, et ce chien d'âne aussi.

Outrés de ne pouvoir le joindre, ils se tournent contre moi, et je me vois, sans moyen de défense, exposé à combattre des gens armés d'instruments lourds et tranchants, et cela parce que j'ait fait la grimace à un âne.

Je commence un assez beau discours sur la nécessité de la modération, et je m'aperçois, dès les premières phrases, que mes adversaires sont insensibles aux charmes de l'éloquence. Ils avancent toujours d'un air menaçant, et, nouveau Xénophon, orateur par goût, guerrier par circonstance, je m'arme d'un échalas pour parer les coups, et tâcher de faire une retraite égale à celle des *dix mille*.

Vaine espérance! présomption déplacée! je suis cerné, je ne peux m'échapper, et toute capitulation est impossible avec des ennemis qui ne veulent rien entendre. Les coups vont tomber sur moi comme la grêle; les bras sont levés; deux toises à parcourir encore, et le chirurgien du village aura de l'occupation pour quinze jours...

Bonheur inattendu! ressource inespérée! une femme se jette au milieu des deux partis. Semblable à ces Sabines qui firent tomber les armes des mains de leurs maris et de leurs amants, celle-ci fait parler dans son jargon barbare tous les genres d'amour possibles, le conjugal, le paternel, celui de l'humanité, et l'œil oblique de la justice est le sujet de sa péroraison.

Un baiser donné à propos à son homme, un bambin de trois ans qu'elle lui met dans les bras font tomber la redoutable *tournée*. Cependant il existait un reste de rancune, qui se manifestait par des mots entrecoupés et des menaces très-directes. « N' serait-il pas indigne, Jacques, reprend la bonne femme, d' maltraiter un ami d' not' oncle Antoine? — D' l'oncle Antoine, Catherine, et d'où sais-tu ça? — Je venons de l' rencontrer. Allez vite, m'a-t-il dit, au secours de c't ami qu'i's allons assommer, parce qu'i' court après m'n âne qui vient de m' culbuter. — V'là qui change la face d' l'affaire. Touchez là, monsieur. Pisqu'os êtes l'ami d' l'oncle Antoine, tout est oublié. »

Jamais, je crois, je ne touchai la main d'un homme d'aussi bon cœur. Qu'on vienne à présent, pensé-je, qu'on vienne me dire que les femmes n'ont pas toujours l'esprit du moment ! Celle-ci n'ignore pas, dans sa simplicité, que gagner du temps, c'est tout gagner sur un homme en colère. « Mais, Catherine, d'après la let' d' l'oncle Antoine, i' n' devait arriver que c' soir. — Tredame, Jacques, quand on est monté sur un âne comme stila?... — Oh! c'est eune fameuse bête! Et où que tu l'as laissé l'oncle Antoine? — Là-bas, sur l' chemin. Oh! il est gros, il est gros à ne pas l' reconnaître. — Ecoute donc, femme, on change, en quinze ans. »

Elle est adroite, cette Catherine. Au village, comme à la ville, les femmes font tout croire à leurs maris. Nous avons deux cents pas à faire encore, et qui prendront un quart d'heure au moins sur la colère de Jacques, car je vais l'amuser à chaque brin d'herbe.

Je me décidai à le devancer, et cela ne me fut pas difficile : j'étais, moi, très-légèrement chaussé. Je vis bientôt que je pouvais m'échapper. Mais abandonner du Reynel, qui ne marchait qu'avec une peine extrême, c'est ce que j'étais incapable de faire, toutes les *tournées* du village eussent-elles été levées sur ma tête.

« Mon ami, lui dis-je, persuadez au vigneron, qui me suit avec ses gens, que vous êtes un certain oncle Antoine, ou ils nous feront un très-mauvais parti. — Qu'est-ce que c'est que cet oncle Antoine? — Ma foi, tout ce que j'en sais, c'est qu'il y a quinze ans qu'on ne l'a vu. — Comment se nomme le vigneron? — Jacques. — Jacques! Et sa femme? — Catherine. — Un oncle Antoine, Jacques, Catherine! me voilà bien instruit ! que diable voulez-vous que je dise? — Catherine vous mettra sur la voie. Elle est disposée en notre faveur.

Il fallut se taire : Jacques arrivait. Il sauta au cou de du Reynel sans trop le regarder. Catherine l'embrassa à son tour, et lui fit baiser le visage crasseux du petit bambin. Du Reynel se prêta de bonne grâce à toutes ces accolades, et jusque-là les choses allaient assez bien. « Parbleu! not' oncle, dit Jacques, c'ment s' fait-i' qu'ous soyez venu de Nevers ici avec la farine d' vot' moulin sus l' corps et sus le visage ? — J'avions pris not' habit des dimanches, neveu Jacques, et j' nous étions débarbouillé ; mais c' diable d'âne... — C'ment, nôt' oncle ! reprend Catherine, c'est de la poussière tout ça ? » Et la voilà qui secoue les habits de l'oncle Antoine, et qui lui essuie le visage avec son tablier. Elle perd la tête, pensai-je. Pourquoi donc lui mettre la figure à découvert ?

— Mordienne, not' oncle, dit Jacques, savez-vous bien qu'ailleurs qu'ici je n' vous aurions pas reconnu? — Oui, continue Catherine, ous aviez un nez qui n' finissait pas. » La sotte observation ! Comment du Reynel se tirera-t-il de là ? Il est camard comme un carlin.

« Ah ! m's enfants, répondit-il, un pouce d' nez d' pus ou d' moins n' tient pas à grand'chose. I' y a dix ans j'ons fourré l' not' trop près d' la lanterne, et j'en ons laissé la moitié dans l'enguernage. — Comme ça vous change un homme, oncle Antoine ! — Et c'te graisse qu'est venue par là-dessus ! — Enfin, Dieu soit loué qu' la tête n' soit pas restée avé l' nez ! — Et c'te tante, c'ment s' porte-t-elle ? » Allons, voilà Catherine qui va lui faire subir un interrogatoire. Je n'y comprends plus rien. « Toujours un peu grondeuse, not' femme, à ça près bonne personne. — Et l' cousin Philippe ? — Oh ! c'est un maît' gars', nièce Catherine. C'est fort comme un Turc ; ça s' bat comme un diable ; ça casse des vitres, c'est un plaisir ; ça baisotte les fillettes, faut voir, et ça joue du violon à faire danser à la Grand'-Pinte à Paris. »

Je tirais Catherine par sa cotte ; je la regardais d'un air suppliant : il était impossible que du Reynel ne dit pas bientôt quelque balourdise. « Quoi donc qu'i' m' veut c' monsieur-là ? » dit-elle brusquement. Il est clair que j'ai fait à Catherine plus d'honneur qu'elle ne mérite, et qu'elle croit vraiment à la présence de l'oncle Antoine.

« C' monsieur-là, nièce Catherine, c'est not' premier garde-moulin. » Ma veste de nankin rendait la supposition vraisemblable. « I' n' hait pas l' bouchon, et i' veut vous-dire qu'il aimerait mieux boire un coup qu' causer. — Dame, c'est vrai, not' femme : on s'amuse à jaser et on n'avance pas. Ah ! not' oncle, v'là vot' âne qu' Gustin ramène. »

L'âne, fatigué de courir, s'était amuser à croquer des bourgeons de vigne, et Gustin, ou Augustin, comme il vous plaira, avait enfin saisi le licou. Il avait retrouvé le bât, un peu fracassé, mais susceptible d'être rétabli ; il avait disputé et arraché au chien du neveu Jacques le reste du quartier de lard ; pour la vaisselle, il n'en rapportait que les débris. Il avait entassé le tout dans les paniers, rapetassés tant bien que mal avec des brins d'osiers destinés à fixer les ceps aux échalas.

Chacun aide à remettre l'oncle Antoine sur sa monture, et on me promet chopine du meilleur cru quand nous serons arrivés au hameau, qu'on me montre du doigt, là-bas, à mi-côte. Nous tournons le dos au château d'Ermeuil, et je ne prévois pas le moment où il nous sera permis d'y retourner. Chien d'âne ! maudit âne !

Je craignais que Catherine reprît la suite de ses interrogations, et probablement elle y était assez disposée. Je tâchai de fixer son attention sur d'autres objets, et je parlai d'un ton affecté de l'accident qui privait l'oncle Antoine de la satisfaction d'offrir à sa nièce le plus belle assortiment de faïence de Nevers. Je regardais tristement ce quartier de lard mâchonné, naguère si appétissant, et dont Jacques eût mangé une grillade avec tant de plaisir en revenant de sa vigne.

Rien ne dispose à la confiance comme un cadeau, et un cadeau de cette *importance* eût dissipé tous les doutes, si du Reynel en avait inspiré. A la vérité, tout est en pièces ; mais l'intention est évidente, et elle est toujours comptée pour quelque chose. Catherine sourit à l'intention, et la paye d'un baiser à pleines joues, dont du Reynel se serait bien passé.

Cependant, Jacques et ses trois journaliers serraient du Reynel de très-près, le premier pour lui faire amitié, les autres pour lui faire honneur. Le plus mince des quatre était de force à assommer un homme ordinaire d'un coup de poing. Je n'étais pas à mon aise. Je sentais la nécessité d'abréger cette scène en éloignant de pareils surveillants, et quelque fougueux que paraisse Jacques, je lui ferai peut-être entendre raison quand je n'aurai affaire qu'à lui seul.

Ah! la bonne, l'excellente idée! « Dites donc, not' maître, M. Gustin a rapporté bien d's affaires. Mais dans tout ça, je ne voyons pas vot' paquet. 'Ous n'aurez pas d'main eune chemise à mettre. » Personne n'avait encore pensé qu'on ne vient pas de Nevers à Beauvais sans une petite valise. On pouvait en faire l'observation, et il n'était pas maladroit de la prévenir.

« Ah! mon Dieu, reprend du Reynel, qui saisit ma pensée, mon pauvre sac-à-peau! Quatre chemises fines, nièce Catherine, un gilet d' basin, une paire d' souliers neu's, mon rasoir d'Langres, et un polichinelle de quinze sous que j'apportons à ton fieu! Envoie donc, Jacques, envoie tes gens après mon sac. I' sera tumbé dans queuque trou.

Du Reynel n'avait pas fini, que le petit garçon se débattait des bras et des jambes, et se mit à crier comme un enragé. Il voulait son polichinelle à l'instant, à la minute. Jacques en débarrassa l'oncle Antoine, qu'il incommodait beaucoup; Gustin le prit dans ses bras, les deux camarades suivirent, et tous trois reprirent le chemin de la vigne.

Je commençai à respirer, et je mesurai Jacques des yeux. Cet examen me persuadait de plus en plus du danger des voies de fait. Cependant, du Reynel ne pouvait pas toujours être meunier, et moi garde-moulin. Il fallait prendre un parti, et avant que fusse décidé à quelque chose nous entrâmes chez le cher neveu.

Il débuta par nous verser rasade. Moi, je me fais assez volontiers à tout, même au vin du cru; mais le gourmet du Reynel fit une grimace épouvantable. « Dame, not' oncle, l' vin de Beauvais ne vaut pas c'tit-là d' Nevers; mais, tel qu'il est, je vous l'offrons d' ben bon cœur. »

Dame Catherine a déjà plumé une poule et deux canards. Elle racle un demi-cent de carottes, qui vont cuire avec une tranche proprement coupée du lard que nous avons apporté. Il est clair qu'on veut fêter l'oncle Antoine, et que nous ne trouverons pas l'occasion de nous échapper. Tout cela me tourmente, me fatigue ; je veux retourner au château. Quelque violent que soit Jacques, je le calmerai probablement en lui payant dix fois la valeur de ses échalas... Oui, mais Jacques paraît à son aise : s'il tient plus à la vengeance qu'à quelques écus ?... Il y a un milieu entre tous les extrêmes ; je l'ai trouvé, et je vais le prendre.

En ma qualité de garde-moulin, je suis un homme sans conséquence, et je puis aller et venir sans être remarqué. Je sors, je prends mon crayon, j'écris à Soulanges quatre lignes assez pressantes pour le faire accourir, et assez obscures pour qu'on n'en puisse rien conclure de positif si le billet est intercepté par Jacques ou sa femme. Je vois une maison ; j'y vais, j'y entre ; j'expédie pour le château d'Ermeuil un jeune garçon que je paye bien, et à qui je fais entendre que la lettre est pour un de mes parents, valet de chambre de la comtesse d'Ermeuil.

Quel brouhaha frappe mon oreille ? Ce ne peut être Soulanges. D'après mon calcul, il s'écoulera deux heures encore avant qu'il soit ici. Ah ! c'est le cousin, le compère et compagnie qui arrivent bras dessus, bras dessous, avec leurs femmes, en chantant et en sautant. Comment donc ! ces dames sont parées, et en voilà une qui n'est pas trop mal. Elles ont toutes le bouquet au côté, et un autre à la main : encore un honneur à l'oncle Antoine.

La bande joyeuse entre, et le tonnelier, homme d'esprit, à ce qu'il croit, à ce qu'il fait croire, comme tant d'autres, sans qu'on sache pourquoi, le tonnelier adresse à l'oncle Antoine, au nom des habitants du hameau, un compliment où il ne comprend rien, ni nous non plus. L'oncle Antoine a quitté son tablier ; il s'est assis dans le grand fauteuil de bois du neveu Jacques, et il reçoit d'un air tout à fait aimable un bouquet et deux gros baisers de chacune de ces dames.

Debout derrière le fauteuil de mon meunier, je prenais gravement les bouquets qu'il me passait à mesure qu'il les recevait, et je les jetais dans une terrine de terre cuite que Catherine avait été remplir à la mare dès qu'elle avait aperçu le cortége.

« Ah ! sacrebleu ! nièce Catherine, les canards brûlent ! En disant ces mots, l'oncle Antoine se lève vivement, maladroitement. Il met un pied dans la terrine, et la défonce. L'eau boueuse roule sous le jupon de cotonnade de la tonnelière. Elle fait un saut en arrière, et tombe sur le cousin, le cousin sur la commère, la commère sur le tonnelier, le tonnelier sur Catherine, Catherine sur l'oncle Antoine, l'oncle Antoine sur Jacques, Jacques sur la chaudière aux pommes de terre; l'eau de la chaudière inonde les canards aux navets; le chien profite de la bagarre, il emporte la poule.

Les bras, les jambes se mêlent, s'embarrassent, on roule, on est roulé. Un malheureux chat se trouve sous les jupons de la tonnelière, la plus gentille de ces femmes, celle que j'ai remarquée. Il veut se dégager, et lui imprime ses quatre griffes, vous savez... La pauvre petite pousse des cris affreux. Je me tire de la mêlée, je cours à l'aide de la tonnelière, et je la délivre de son impitoyable adversaire. Le tonnelier voit mes mains agir avec activité; il s'indigne, il s'irrite Retenu lui-même sous le cousin et l'oncle Antoine, il m'allonge d'assez loin un coup de poing et un coup de pied. Le coup de poing tombe sur l'oreille de Jacques, le coup de pied dans le derrière de Catherine. Jacques enlève, écarte tout ce qui gêne ses mouvements ; le voilà debout. Il va venger sa femme et lui... Il marche sur la patte du chat, qui lui enfonce les trois autres dans le gras de la jambe. Jacques rugit de fureur ; le chat miaule d'une manière épouvantable. Pour la seconde fois, j'attaque le matou. Je le saisis à travers le corps, je l'enlève au plafond, et je l'étouffe dans mes mains, comme... comme Hercule étouffa Antée. La comparaison est riche, si elle n'est pas juste.

Jacques me serre la main en signe de reconnaissance, et la colère tombe ; on commence un sentiment doux. On s'entr'aide, on se relève, on se parle. Il devient évident que je n'ai pas attenté à l'honneur de la tonnelière, mais que je lui ai rendu un service signalé. Son mari n'en saurait douter, puisque c'est elle qui le dit, et elle me regarde du coin de l'œil. Que veut dire cette œillade ?... Elle espère peut-être qu'il y a un second chat dans la maison.

On est chiffonné, crotté, mais on rit. L'oncle Antoine seul a de l'humeur : la poule est croquée, les canards nagent dans l'eau, et il est trop tard pour refaire un dîner. « Allons, allons, not' oncle, à p'tit manger bien boire. — Oui, bien boire, ça vous est aisé à dire. — La chanson avec ça, et je ne penserons pus a rien. Pas vrai, garde-moulin ? » Et le neveu Jacques, en finissant sa phrase, m'applique d'amitié, sur l'épaule, une tape à me démonter un bras.

Chacun se mêle de la cuisine. Les uns épluchent les pommes de terre ; les autres tirent du pot les carottes et le lard. Le beurre frais, les herbes fines foisonnent partout. Une nappe bien grosse, mais bien blanche, couvre une table de dix-huit pouces de large sur deux toises de long. Les fourchettes sont de fer, mais claires comme l'acier poli. La miche de pain de seigle figure entre les deux plats. Jacques roule dans la chambre une pièce de vin, qu'il met debout, et qu'il défonce par le haut. Les pots, les bouteilles sont remplis à l'instant ; la table en est chargée. Je prévois que l'action sera chaude.

Le fauteuil est porté à la place d'honneur. L'oncle Antoine est assis, et chacun se range à son gré. Un garde-moulin doit être modeste, et je me mets au bas de la table. Mais j'y ai vu la petite tonnelière, qui, d'après la règle de la probabilité, devait m'attendre là. On pouvait lui appliquer les paroles de l'Écriture : *Nigra sum, sed formosa ;* et, ma foi ! *faute de grives, on mange des merles.*

L'oncle Antoine paraissait résigné à se contenter de deux plats simples, mais ragoûtants. La gaieté, la franchise s'établissaient de proche en proche. Je faisais des contes à ma voisine. Elle ne répondait rien, mais souriait à propos.

Le vin circulait avec abondance, et bientôt les chansons commencèrent. Le chanteur par excellence du hameau nous donna une ronde dont le refrain finissait par une embrassade, et qui avait cinquante-trois couplets. Ma voisine se prêtait de fort bonne grâce, et je commençais à trouver le jeu assez drôle, lorsque Gustin rentra, suivi de ses deux camarades, et portant toujours le petit bambin, qui criait plus haut que jamais qu'il voulait son polichinelle, qu'on n'avait pas trouvé, ainsi que vous pouvez le croire.

Trois hommes de plus ou de moins ne faisaient rien dans la circonstance présente. Mais ce qui me donna l'éveil, et d'une terrible manière, c'est que Gustin annonça un imposteur, un malintentionné, qui disait être l'oncle Antoine, et qui persistait à suivre son chemin, quoiqu'on lui eût déclaré qu'on ne serait pas sa dupe, et que le véritable oncle Antoine était au sein de sa famille.

J'avais oublié, moi, que cet oncle avait écrit qu'il arriverait le soir. Le trouble, le mouvement, les incidents multipliés ne m'avaient permis que de m'occuper du moment. Je regardai du Reynel ; il était blanc comme la nappe, et je n'étais pas plus à mon aise que lui. Je regardai Jacques : son œil étincelait. Le plus profond silence régnait dans la chambre : chacun semblait attendre la détermination du maître.

Je me rappelai la manière dont Mercure chassa Sosie de chez lui, situation retournée de toutes les manières, et que j'avais le droit de reproduire tout comme un membre de l'Institut. « Cet homme, m'écriai-je, est un fripon qui voulait s'établir chez vous pour vous voler pendant la nuit. — L'garde-moulin a raison, répondit Jacques avec un mouvement terrible. Gustin, apporte ici toutes nos longes; j' garrotterons l' voleur, et si' résiste, je lui fends la tête avec c' couperet. » Il se lève aussitôt, et chacun se dispose à le seconder. Je ne sais ce que peignait alors ma physionomie ; mais la petite tonnelière me dit à l'oreille : « Beau garde-moulin, si 'ous craignez queuque chose, esquivez-vous; pendant qu'i' s'expliqueront, suivez-moi, et j' vous cacherons dans not' grenier à foin... » Toujours des greniers à foin...! J'aurais accepté, sans doute, si j'avais été seul; mais du Reynel, ce pauvre du Reynel!....

J'entendais distinctement le roulement d'une charrette qui entrait dans la cour. Jacques ouvre la porte, le bras gauche chargé de cordes, le couperet à la main droite. « Ah! ah! il arrive en carriole! Il est calé c'voleur-là... Ouais! il a eune femme avec lui! C'est pour donner d'la confiance. — 'Ous verrez, repris-je, qu'i' va vous dire qu' c'est vot' tante. — Parbleu! mon homme, j' nous y attendons bien. J'allons l'i parler, à la tante.

Cependant le véritable oncle Antoine était descendu de sa carriole, et paraissait étonné de la manière dont on le recevait. « Voyez-vous, disais-je, voyez-vous son embarras? I' voit qu' vous êtes sur vos gardes. J' suis sûr qu'i' voudrait êt' loin. »

« Ah! mon Dieu! mon Dieu! c'est not' tante, c'est elle. J' la connaîtrons toujours, c'tel'là qui nous a élevée. » A ces mots de Catherine, mon audace m'abandonna. Je regardai autour de moi; l'orage se formait. mais je ne voyais plus du Reynel. Puisqu'il a pu s'échapper, pensé-je, je suis décidé, je vais suivre la tonnelière... Il n'était plus temps, j'étais observé.

Je me rapprochai insensiblement de la table, et le cercle se serrait autour de moi. Je saisis un grand couteau, déterminé à me défendre et à périr plutôt que de souffrir la moindre indignité. « Écoutez-moi, criai-je à Jacques. — Je n' voulons rien entendre : la justice en décidera. — Eh bien! je vous suivrai, mais libre.— Garrotté. — Jamais!

J' vous prenons tous à témoin qu'i' nous force à l'tuer. » Et il s'avance, le couperet levé. Je pouvais me fendre sur lui, et lui enfoncer le couteau dans la poitrine. Je n'en eus pas le courage, ou plutôt la cruauté. Je pris la table à deux mains, et je la lui jetai sur les deux jambes. Elle le renversa avec trois ou quatre de ceux qui me serraient de plus près. Je saute par-dessus la table; je ramasse le couperet, que Jacques a lâché en tombant; je m'élance par la fenêtre, et je me trouve dans les bras de Gustin, qui seul ose entreprendre de m'arrêter. Je lui assène un coup terrible du manche du couperet dans le creux de l'estomac, et je le jette à quatre pas de là, le derrière dans la mare. Je veux gagner la porte de la rue ; Jacques et ses amis se sont relevés, sont sortis de la maison par une issue voisine de cette porte, et me barrent le chemin. Je me retranche derrière la carriole d'Antoine, et je menace les plus intrépides du couteau et du couperet.

« La pelle et le crochet du four ! s'écrie Jacques. J' l'assommerons d' six pas, p'is qu' j' n' pouvons le prendre au corps. » Gustin, que j'ai le plus maltraité, est aussi le plus prompt à exécuter l'ordre de Jacques. Il vole, il revient. Je vois déjà le croc de fer qui menace ma tête ; mes armes me deviennent inutiles ; il ne me reste plus d'espoir.

Tout à coup je distingue le bruit de plusieurs chevaux au galop ; la vie rentre dans mon cœur flétri. « Tremblez ! m'écriai-je, il m'arrive du secours. »

Soulanges, les gardes de la comtesse, Eustache, Baptiste, André entrent ventre à terre dans la cour, et sont armés jusqu'aux dents. La scène change de face. Mes adversaires s'arrêtent, incertains, irrésolus. L'intrépide Jacques lui-même laisse tomber de ses mains le redoutable croc.

Eustache, indigné de ce qu'on ait osé menacer celui à qui il doit sa petite Claire, saute à terre, et se lance sur Jacques tête baissée. Par un mouvement de générosité louable, quoiqu'elle soit peut-être dans la nature, il avait remis ses pistolets à Baptiste : il voulait combattre sans avantage. Par un autre mouvement plus prompt que la réflexion, je me jette entre Jacques et Eustache. Je les sépare, et le proscrit prend le rôle de médiateur. Que de fois dans la vie on change de rôle et de position au moment où on s'y attend le moins !

Jacques ne comprend plus rien à ce qui s'est passé, à ce qu'il voit, à ce qu'il entend. « 'Ous n'êtes donc pas, me dit-il, deux chefs d' voleurs, et c'n'est donc pas là l' reste de vot' bande ? »

Enfin la vérité peut se dire sans danger pour personne. Je raconte ce qui est arrivé à Soulanges et à

Jacques. A mesure que je parle, les figures se dilatent, le sourire naît, les éclats se font entendre. Jacques se promet de ne plus être si violent à l'avenir, et il proteste que du Reynel et moi nous jouons la comédie d'une manière digne du théâtre de la Gaieté, où il a pleuré pendant toute une soirée.

Le véritable Antoine et la tante Antoinette sont maintenus dans tous leurs droits. Les deux partis se mêlent, se parlent affectueusement. Jacques n'invite pas Soulanges et son monde à dîner, parce que le chien a fait son profit de tout ce que j'ai renversé ; mais il proteste que de braves gens comme nous ne se quitteront pas sans trinquer ensemble. Il n'était pas possible de se refuser à cette invitation. Il fallait d'ailleurs retrouver du Reynel. On rentre dans la chaumière ; on rétablit l'ordre en quatre tours de main ; mais il ne restait d'entier à la maison que deux verres et une bouteille de grès. Jacques la prend, et va l'emplir à la pièce. Il trouve de la résistance, il regarde, et il laisse tomber sa dernière bouteille en éclatant de rire.

Il ne cessait pas ; il se tenait les côtés. Je m'approche et j'éclate à mon tour. Soulanges ne peut deviner la cause de ces éclats ; il vient à la pièce, voit et rit avec nous ; bientôt tous les spectateurs deviennent acteurs : on devait nous entendre du grand chemin. D'où vient donc ce rire inextinguible ?... Du Reynel s'est glissé dans la pièce de vin, il s'y est placé comme l'embryon dans son étui ; le poids de son corps l'a affaissé sur lui-même, il ne peut faire le moindre mouvement, et il est dans le vin jusqu'au menton.

Comme la frayeur influe sur notre organisation ! Du Reynel, de sang-froid ne descendrait dans un tonneau qu'à l'aide d'une échelle double, et il a sauté dans celui-ci lorsque le bruit de la carriole nous a tous attirés à la porte et à la fenêtre.

Il est impossible de le tirer de là. Jacques fera-t-il un dernier sacrifice ? Perdra-t-il sa pièce, fût et jus ? A son irritabilité près, c'est vraiment un excellent homme ; mais il croit qu'il vaut mieux boire le vin qu'en laver le carreau. Il était de toute justice de le dédommager. Nous lui fîmes entre nous une dizaine de louis, qui le déterminèrent tout à fait, et qui achevèrent de nous concilier son affection. Il fit sauter ses cerceaux aussi gaiement qu'il nous eût versé à boire.

On déshabille du Reynel. On le lave, on l'essuie avec du linge bien chaud : on le change de la tête aux pieds. Il est assez mal fagoté, mais très-satisfait de voir la fin de cette aventure. On le met sur son âne, on attache les arrosoirs, la bêche et le râteau à la selle du cheval d'Eustache, et nous reprenons tous ensemble le chemin du château.

J'estime Eustache. Ce qu'il a fait pour moi prouve sa reconnaissance et n'a point été raisonné, car Jacques est de force à l'étouffer aussi facilement que j'ai étranglé le matou. Age heureux, où le cœur s'ouvre naturellement à tout ce qui est bien ! Ce bon Eustache, puisse-t-il être le même dans trente ans. Il aura beaucoup souffert : la malignité, l'envie, la calomnie, besoins des âmes basses, s'attachent aux bonnes gens, parce qu'on ne les redoute point ; mais les bonnes gens sont toujours bien avec eux-mêmes, et cela console de tout.

Soulanges me conta que le billet énigmatique que je lui avais écrit avait mis tout en combustion dans le château. On nous croyait tombés dans une embuscade de brigands. Madame d'Ermeuil avait fait chercher partout des chevaux et des armes ; madame de Mirville s'était évanouie, et en revenant à elle, elle était tombée à genoux, et avait prié pour moi.

Bonne, sensible Sophie, j'abrégerai tes souffrances ; je tomberai à tes pieds, dans tes bras. Mon cœur pénétré te peindra ce qu'il éprouve. L'amant que tu crus perdu va te rendre à la vie et à l'amour. En me parlant ainsi, je poussais une rosse que Jacques m'avait prêtée, animal rebelle, qui ne partageait pas mon impatience, semblable en tout à ce coursier si célèbre qui

Galopa, dit l'histoire, une fois dans sa vie.

Pauvre cheval, cruellement mutilé, qui ne sent plus

que les coups qu'on lui porte, peut-il se donner des ailes parce que je suis amoureux ?

Je fus obligé de le laisser à ses habitudes tranquilles. Le galop, d'ailleurs, eût agi trop vivement sur une partie qui n'avait pas encore repris son état naturel. Mais le moyen d'aller au pas, joindre, calmer, rassurer ce que l'on aime ! Il était plus avantageux de courir à pied, et c'est ce que je fis. L'homme agité se fatigue moins à courir qu'à s'impatienter.

Je laisse derrière moi Soulanges et ses gens : leurs chevaux, harassés de la course qu'ils venaient de faire, n'allaient pas mieux que celui de Jacques. J'aperçus bientôt dans le lointain cinq à six ânes qui venaient à moi au grand trot, et que je me promis bien de laisser passer en paix. A mesure qu'ils approchent, je distingue un homme, une, deux, trois femmes... des femmes ! Qui peut-ce être ! Nous allons voir.

J'ai le coup d'œil sûr. Je cours toujours ; mais je sais déjà que les femmes sont bien mises, qu'elles ont de la tournure, même sur un âne. Peut-être sont-elles jolies. Courons plus vite ; je serai plus tôt auprès de Sophie, et je verrai plus tôt ces dames en passant. Est-il défendu de regarder un bel arbre, parce qu'on a un magnifique jardin ?

Eh ! mais... c'est Sophie elle-même, c'est Fanchette qui a pris le devant, c'est madame d'Ermeuil, la Roche, sa femme.....

J'ai des ailes aux talons, aux épaules, j'en ai partout. A peine touché-je le sol. Fanchette pousse un cri en me reconnaissant ; ces dames, averties, poussent le galop. Oh ! si la bienséance me permettait de répondre à l'empressement de Fanchette ! Je lui souris en passant.

« Où est Soulanges ? me demanda la comtesse. — Il arrive ; il est au plus à un demi-quart de lieue. »

On s'arrête, on s'assied sur le revers du fossé, à l'ombre d'un orme, que l'année précédente on a oublié d'ébrancher jusqu'au faîte.

J'apprends alors de la comtesse ce qui s'est passé au château depuis le départ de Soulanges. « Madame de

Mirville, en finissant sa prière, me dit : Il est écrit : *Aidez-vous, et je vous aiderai.* Je veux aller à cette taverne, l'en tirer, ou mourir avec lui. — Ma chère amie, je suis comme vous sur des aiguilles, et cependant je reste. L'opinion ne vous excuse une démarche de la nature de celle que vous vous proposez que lorsqu'elle a pour objet un époux, un frère, un père. Mais courir sur les pas d'un homme qui ne tient à vous que par les liens du cœur !... — Et ce lien-là n'est-il pas le plus cher, le premier de tous ? Que m'importe l'opinion ? N'ai-je pas pour moi ma conscience et mon cœur ? Ils se soulèveraient à l'instant, si je cédais à de vaines considérations. Je veux partir.

« Eh ! mesdames ! nous dit Fanchette en pleurant de notre peine... Elle a bien le meilleur cœur, cette Fanchette !... Mesdames, nous dit-elle, il y a un moyen de tout concilier : partez toutes les deux ; je vous accompagnerai. Prenez avec vous M. et Mme la Roche. Cinq personnes vont où elles veulent sans qu'on s'en occupe. Il n'y a pas de poste ici ; M. de Soulanges a pris tous les chevaux du village ; mais il y reste des ânes, et je vais en chercher.

« Cette proposition s'accordait beaucoup avec ma manière de sentir. Je ne sais cependant ce que j'aurais répondu à Fanchette ; mais, sans attendre ma réponse, elle est sortie, elle est descendue en quatre sauts, et je la voyais dans la cour avant que j'eusse trouvé une idée.

« Je ne connais pas d'activité égale à celle de cette aimable jeune fille. En moins d'un quart d'heure, elle s'était procuré ce qu'il fallait pour monter notre petite caravane, et elle était sous les croisées du château. La voir, sauter l'escalier comme elle, monter la première bête qui se présente, partir au galop, fut pour Mme de Mirville l'affaire d'une minute. Je cours sur ses pas ; je prends en passant la Roche et sa femme ; nous nous mettons en selle, et nous galopons après Mme de Mirville, que nous rejoignons à quelques toises du village.

« Fanchette, que le hasard avait montée beaucoup

mieux que nous, était bien loin en avant... Madame, dit la petite, moitié en riant, moitié en rougissant, quand une femme comme vous n'a pas son laquais, la femme de chambre doit aller en courrier, et je hâtais ma monture pour vous procurer un relais au prochain village. »

Bientôt nous joignîmes mes libérateurs. Soulanges et ces dames mirent pied à terre ; du Reynel dit qu'il y aurait de la folie à marcher, ayant à sa disposition une monture aussi douce. Sophie voulut absolument que je prisse la sienne ; et, ma foi, j'en avais besoin après mes anxiétés, mes combats et la course que je venais de fournir. Nous marchâmes en faisant des contes assez plaisants pour qu'aucune idée sentimentale ne pût naître. De toutes les positions, c'est la seule qui convienne à un homme toujours prêt à se déceler.

Nous arrêtâmes à la petite maison d'Eustache. Tout y était dans la désolation. M. le chef avait bu, par distraction, une bouteille de vieux vin rouge qui devait entrer dans la composition d'une matelote, et il avait laissé brûler la plus belle des volailles. Du Reynel jeta les hauts cris. Eustache essuya les larmes de sa petite Claire, tremblante pour lui et pour moi.

Nous reprîmes les travaux que l'idée de notre danger avait généralement suspendus. Chacun s'amusa à ranger quelque chose de l'ameublement des fiancés. Moi, je montai le lit, et Sophie plaça la courte-pointe d'indienne. « Ah ! Sophie, penseriez-vous comme moi ? — Je ne veux pas de ces questions-là, Monsieur. » Et un petit coup sur la joue me donna le droit de baiser sa jolie main.

Ah ! mon Dieu ! voilà du Reynel qui monte, rouge et hors d'haleine. Que lui est-il encore arrivé ? « Mon ami, la volaille est remplacée. — Je vous en félicite. — Mais la table qu'on a donnée à ces enfants convient au plus à quatre personnes, et il y en aura vingt à dîner. — Que voulez-vous que je fasse à cela ? — Quel sang-froid ! Comment ! vous ne sentez pas le désagrément de faire un quart de tour à droite ou à gauche chaque fois qu'il faut porter la fourchette à la bouche ? — En

voyez Baptiste prendre au château une table de vingt couverts. — Cruel homme que vous êtes ! elle n'entrera pas dans la maison. — Eh bien ! on s'arrangera comme on pourra. — Comme on pourra ! quelle manière de voir ! Un dîner superbe, mangé sans la moindre commodité ! Et pas une bouteille de vin au frais ! Si j'étais aussi leste que vous, j'aurais déjà fait le tour du jardin ; il me serait venu quelque idée heureuse... Mais allez donc, Monsieur, allez donc, le cas est important. — Oui... oui, puisque nous fuyons aujourd'hui les lambris dorés, soyons tout à la nature. Une fête champêtre... — Champêtre ou non ; mais qu'on soit à son aise à table. »

Ah ! ah ! il y a du monde dans ce jardin. Quelqu'un a eu la même idée que moi. Cette jolie petite Fanchette prévoit tout, la comtesse a raison. Autour d'un vieux noyer, dont les branches s'étendent au loin, elle a fait dresser une vaste table avec des planches prises çà et là ; elle a transformé des futailles en tréteaux. Le charron du village perce des trous dans le pourtour à un pied de distance du tronc de l'arbre. A mesure qu'il en fait un, le jardinier du château y cache un pot d'œillets, de myrte, de roses : nous aurons un surtout charmant, Servent, Tachard et leurs amis terminent un banc circulaire en gazon... avec son dossier, vraiment. Comment donc ! Il est décoré de guirlandes de chèvrefeuille et de lilas ! Ah ! Fanchette, Fanchette ! Allons, ne vais-je pas m'amuser à causer avec elle ? Laissons-la terminer ses apprêts... Il est pourtant essentiel que je lui dise un mot. « Fanchette, M. du Reynel aime à boire frais. » Elle me prend la main... ce n'est pas ma faute. Elle m'emmène... Où me conduit-elle ?... « Ah ! la jolie source d'eau vive qui s'échappe de la fente de ce rocher ! Une pile de bouteilles rafraîchit dans le petit bassin que le temps a creusé sous sa chute ! N'aperçois-je pas une grotte dans une des faces de la roche ? C'est là sans doute que le père Firmin retirait ses instruments de jardinage. — Peut-être, Monsieur, cette grotte a-t-elle servi quelquefois d'asile à l'amour. — Ah ! Fanchette, Fanchette ! toujours l'amour ! — Je n'ai au monde que mon cœur ; laissez-le-moi, Monsieur. »

Nous continuions de marcher ; nous approchions de cette grotte... et... on appelle Fanchette... — Ah! tant mieux! C'est monsieur le chef qui la prie de ranger les plats dans l'ordre convenu entre eux.

Un cri général d'approbation se fit entendre quand nos dames, Soulanges et du Reynel approchèrent du noyer. On allait me féliciter... Je proclamai Fanchette ; je lui laissai les honneurs de l'invention, et j'ajoutai que tout avait été fait par ses soins et sous ses yeux. Il faut être juste envers tout le monde. J'aime surtout à l'être avec Fanchette.

La journée était consacrée à Claire et à Eustache. Ils furent placés au haut bout de la table, fort contents d'eux et des autres. Les grands parents et une vingtaine de paysans et de paysannes se mêlèrent aux belles dames et aux messieurs du château. Point de morgue, point de ton de notre part ; point de familiarité déplacée de celle des villageois. Les bienfaiteurs aiment à descendre au niveau de ceux qu'ils ont obligés.

La comtesse a fort bien fait les choses ; elle n'a pas même oublié les vins de dessert. Avec eux circule la gaieté. Ils amènent la chansonnette. Ce n'est pas toujours l'esprit qui l'a dictée ; mais en faut-il pour entendre : amour et bonheur?

A la chansonnette succèdent les tapes sur l'épaule... Les tapes sur l'épaule! il est temps de quitter la table. La comtesse le sentit comme moi. Elle se leva, et nous entendîmes les ménétriers, qui semblaient n'avoir attendu que ce signal.

Oh! cette fois, Claire dansera avec son Eustache, ainsi que je le lui ai promis... Les voilà placés... ils dansent fort mal l'un et l'autre ; mais ils se regardent avec tant de plaisir, qu'on en trouve à les voir danser. Et moi aussi je danserai... une valse avec Sophie... si nos râcleurs peuvent en jouer une... Eh! ma foi, oui, c'est cela à peu près... Oh! comme elle valse, ma Sophie! quelle légèreté! quelle grâce! quel enjouement voluptueux!... Quelle danse que cette valse! Deux êtres se touchent, s'enlacent, se pressent, comptent les battements de leurs cœurs ; et comme ils battent, celui de Sophie et le mien! « Arrêtons-nous, mon ami; cette danse ne me vaut rien avec vous. » Elle m'avait parlé très-bas, je feignis de n'avoir pas entendu. Je l'entraînai à la rencontre de Soulanges et de la comtesse, ivres comme nous, cherchant comme nous à dissimuler leur ivresse, et dissimulant aussi maladroitement que nous. Sophie devina mon intention; mais l'exemple n'avait pas plus d'empire sur elle que l'opinion. Elle m'échappa, et alla se jeter sur le banc de gazon en disant très-haut qu'elle ne pouvait supporter plus longtemps la fatigue et la poussière.

Pourquoi donc Eustache a-t-il toujours quelques mots à dire à l'oreille de Claire? Au point où en sont les choses, ils ne doivent plus avoir de secrets. Peut-être avons-nous oublié quelque pièce de l'ameublement. Ils s'en aperçoivent, et craignent de nous le faire entendre. Je reverrai tout dans le plus grand détail. Ils ne formeront pas un vœu inutile : il en coûte si peu pour les satisfaire!

Ah! Fanchette a fini ses petits arrangements. La voilà qui paraît, et nos paysans ne regardent plus qu'elle. Serait-elle plus jolie que madame de Mirville, qui n'obtient pas un seul regard?... Le pauvre passe devant un château; il s'arrête à la porte d'une chaumière.

On l'invite à danser. Elle refuse avec politesse, et trouve toujours quelque raison qui ménage les amours-propres : on la quitte sans être mécontent... Claire ne danse qu'avec Eustache; peut-être Fanchette... Oh! non, non, je ne la prendrai pas. Que m'importe qu'on ait démêlé, sous ma réserve affectée, l'émotion délirante que j'éprouvais en valsant avec Sophie?... La comtesse, Soulanges, du Reynel savent notre amour, et ces bons paysans ne cherchent pas ce qu'on ne juge point à propos de leur dire. Mais si cette émotion allait se reproduire en touchant, en caressant le bras de Fanchette, en retrouvant sa main?... Oui, oui, elle se reproduira, et on tournera contre nous des circonstances attribuées jusqu'ici à un zèle qui leur est tout à fait étranger... Non, je ne la prendrai pas.

Mais une contredanse bien insignifiante, quoique bien à la mode, *en avant deux*, etc., où on danse avec toutes les femmes, excepté avec sa danseuse... Oui, mais une femme de chambre... Eh! la comtesse n'a-t-elle pas dansé avec Servent, et Soulanges avec la fille du jardinier?... Je vais prendre Fanchette... Je n'ose en vérité... et j'en ai une envie!

Sophie ne voit que moi. Elle est étrangère à tout ce qui se passe autour d'elle. « Mon ami, personne n'invite cette pauvre Fanchette, et je crois qu'elle danserait volontiers... Elle vous regarde. Quel plaisir vous lui feriez en la prenant!... Allez, mon ami, allez donc! Ayez un peu de complaisance. »

De la complaisance! comme nous nous trompons tous sur le sens des choses, sur la valeur des mots!... J'ai fait à peine quatre pas, et sa main est dans la mienne; sa figure a l'expression de l'amour heureux, du désir, de l'espérance à la fois. Que de choses expriment cette figure-là!

Nous sommes placés, et je crains de lever les yeux sur elle. Ai-je besoin de la regarder? Cette main n'est-elle pas là, toujours là, et ne dit-elle pas tout? Quelle situation que la mienne! « L'une me craint; je veux fuir l'autre, et nous sommes toujours trois! »

Je me possède autant que je le puis; mais je sens que mes yeux vont dire : amour et plaisir; et tout le monde entend ces deux mots-là, et les interprétations, et les conjectures, et l'expulsion de Fanchette, et Sophie désabusée... Il faut quitter la contredanse. Mais quel prétexte?... Je vais me donner une entorse.

Au moins j'en ai fait le semblant. Je me traîne en boitant tout bas sur le banc de gazon. Cette si bonne Sophie, qu'il faut toujours tromper parce qu'une première faute en entraîne mille autres, cette bonne Sophie remarque avec satisfaction que le pied n'enfle point; mais elle croit qu'il est indispensable que je me retire, que je prenne du repos... Oui, j'en prendrai, si le malin génie qui me poursuit, qui m'obsède, veut me laisser quelques heures à moi-même.

Sophie n'est point assez forte pour aider de son **bras**

un homme qui s'est donné une entorse. Elle fait amener l'âne du duc de Clarence, et comme il est probable que j'aurai besoin de compresses, de bandes, elle prie Fanchette de nous suivre. Me voilà encore entre elles deux! L'heureux semblant que j'ai fait là!

Deux, toujours deux, lorsqu'une seule suffit pour me faire extravaguer! Je ne veux ni compresses ni bandes. Je fais remarquer que le pied joue avec facilité, et qu'ainsi je n'ai besoin de rien. Sophie veut au moins que je me mette au lit. Elle sort avec Fanchette, et je me couche pour terminer enfin cette orageuse journée.

Pas du tout. Sophie rentre; elle tient les Oraisons funèbres de Bossuet; elle va me lire celle de Madame; mais que me font les morts quand je suis plein de vie et que j'ai près de moi ce qui peut la faire aimer? N'importe, ayons l'air d'écouter.

L'air d'écouter! et voilà Fanchette qui revient. Elle sourit, elle n'a pas cru un moment à mon entorse, et elle vient s'établir là pour me punir d'avoir voulu lui échapper. Elle a trouvé je ne sais quel ouvrage très-pressant et que l'ordonnance de la petite fête lui avait fait quitter.

Le jour est sur son déclin. J'entends rentrer la comtesse, Soulanges et du Reynel. Ils croient aussi à mon entorse; ils montent chez moi; mais ils n'y resteront pas, et Sophie et Fanchette sont clouées à leur place.

Je proteste que je n'éprouve plus la moindre douleur, que je veux me lever, que je passerai la soirée au salon. Sophie me le défend, les autres me le permettent; la majorité l'emporte. On me laisse, je m'habille, je descends, j'entre au salon en dansant. Sophie crie à l'imprudence; je lui réponds par un entrechat; elle se rassure; nous commençons un boston.

Le premier tour n'était pas encore fini, lorsque la mère Servent entra. Elle était tout en larmes. Claire était disparue; sa mère l'avait cherchée dans tout le village; elle n'espérait plus la trouver qu'au château, et cet espoir venait d'être déçu. Cette pauvre mère m'inspira de la pitié, et je cherchai à pénétrer la cause d'un événement aussi inattendu. « Où est Eustache, mère Servent? — Il a cherché sa Claire avec Tachard, avec not'homme, et n'en ayant rien appris, il est allé parcourir les vignes et les champs qui environnent le village. — Seul? — Seul. Tachard et Servent cherchent chacun de leur côté. — Il est clair que divisés ils parcourront trois fois plus de terrain. Et qui a ouvert l'avis de se séparer? — C'est Eustache. — Non, monsieur, l' dit qu' dans la vie on n' doit jamais manquer de courage. Ah! il a dit cela, Eustache! »

Je souris... je me rappelai les mots à l'oreille qui me paraissaient si déplacés, et qui commençaient à s'expliquer. « Soyez tranquille, mère Servent; Claire n'est pas perdue, et j'espère, moi, la retrouver. — Vous, monsieur? — Moi. » Je pris mon chapeau et je sortis. La mère Servent me suivit; elle engagea Baptiste et André à battre la campagne. Je ne sais ce qu'ils répondirent. J'étais déjà loin.

Je pensais qu'il ne fallait pas courir beaucoup pour retrouver Claire. J'allai droit à la maison d'Eustache.

La porte, les volets sont bien fermés; pas d'apparence de lumière. J'appelle; ils ne répondent pas : ils font bien de se taire. Moi, j'ai raison d'insister : je ne veux pas que cette pauvre mère passe le reste de la nuit dans les tourments de l'inquiétude... Décidément ls ne répondront pas. Je fais le tour de la maison, je longe les murs du jardin. La porte qui donne sur les champs est aussi exactement fermée que celle de la maison. Mais cette porte a trois barres en travers. Elles vont me servir à gagner la crête du mur; je sauterai dans le jardin, et probablement le silence ne sera pas aussi profond de ce côté que de celui de la rue.

Je monte... je touche le faîte du mur, une brique vacille sous ma main; elle va se détacher. Je m'appuie fortement des pieds et des genoux; la gâche, mal scellée, cède au poids de tout mon corps; elle se détache, la porte s'ouvre; je me laisse glisser à terre... Me voilà dans le jardin.

Je n'ai pas à craindre ici les mille et un incidents que j'ai supportés chez Jacques. Je suis connu, et je n'ai qu'à me nommer. J'avance doucement, bien doucement;

je colle mon oreille au volet de la chambre à coucher, et sans doute je vais surprendre mes petits fripons.

Oui, oui, j'entends... Qu'entends-je ? Je ne puis distinguer un mot; mais ici, que fait le mot ? L'accent est tout, et leurs accents ont une douceur!... une énergie!... Je décline mon nom, et je raisonne par le trou de la serrure. De la raison! c'est bien le moment de l'écouter et de s'y rendre !

J'avais nommé la mère Servent, et Claire commença à parler français. « Mon ami, ma mère souffre ; je ne l'avais pas prévu, car tu me fais tout oublier; mais je veux aller rassurer ma mère. — Demain, chère petite, il sera encore temps. — Comment, monsieur Eustache ! comment, demain ! A l'instant, à la minute, s'il vous plaît, ou je romps le mariage arrêté. » Le joli moyen que je trouvais là pour raccommoder la chose !

Cette menace, dont un autre eût ri, fit le plus grand effet sur le cœur tout neuf d'Eustache. Bon Eustache ! il m'ouvrit, et fut se replacer auprès de sa Claire. Il la tenait dans ses bras, et me regardait d'un air qui voulait dire : Je vous dois beaucoup, mais je ne vous dois pas ma femme, et vous ne l'emmènerez pas. Claire, confuse, très-confuse, se cachait sous le drap ; on ne lui voyait plus que le bout du nez. Pauvres enfants! ils se croyaient perdus sans retour dans mon esprit, et je devais les confirmer dans cette idée : je représentai père, mère, oncles, tantes. Le langage de la sévérité était le seul qui me convînt. En préparant ma harangue, je remarquai qu'ils avaient pris toutes les précautions possibles pour n'être pas surpris. Des bottes de paille faisaient *sourdines* aux portes et aux fenêtres qui donnaient sur la rue. La lampe était sous la table, les rayons de lumière ne montaient pas plus haut que les barres du lit. Mes espiègles n'avaient pas envie de lire, ils y voyaient assez pour *causer*.

Je commençai un long discours sur la nécessité de modérer ses passions, de maîtriser ses désirs. Je représentai à Eustache qu'il perdait de réputation sa maîtresse. Je peignis les jeunes filles du village, moins sages peut-être, et par cela seul plus rigoristes, se rassemblant, délibérant et allant signifier à sa fiancée la défense expresse de se parer du chapeau virginal, à peine de s'en voir publiquement dépouillée. Que de belles choses je dois avoir dites ! Mon auditoire attendri, subjugué, fondait en larmes. Pleurer pour avoir eu du plaisir, et devant quel prédicateur, bon Dieu !... Un libertin... si c'est l'être qu'aimer passionnément ce qu'il y a de plus aimable.

Un sermon a ses bornes, et la sensibilité a les siennes. J'exigeai enfin que Claire rentrât chez sa mère, près de qui j'allais la conduire, et dont je calmerais le ressentiment.

Je sortis, et pendant que Claire s'habillait, je pensai que la conviction de ma propre faiblesse ne m'ôtait pas le ton dur et tranchant qu'on pardonnerait à peine à la vertu. Elle est si indulgente, si douce, cette véritable vertu ! et nous lui prêtons notre langage en nous efforçant de parler le sien. La faire crier, n'est-ce pas vouloir en imposer aux autres et chercher à s'étourdir soi-même ?

Cependant je ne pouvais pas dire à ces jeunes gens : Je ne vaux pas mieux que vous, je n'ai pas le droit de vous blâmer ; ne prenez conseil que de vous-mêmes.

Claire était prête. Je lui pris le bras, et nous sortîmes. Je la menai très-vite, parce que sa mère éplorée était toujours présente à mon esprit. Je ne disais rien, je cherchais dans ma tête une tournure honnête à donner à une chose qui ne l'était pas trop, quoiqu'elle fût très-naturelle. La petite trottait en poussant quelques soupirs : regrettait-elle d'en avoir tant fait ? regrettait-elle de n'avoir pas fait davantage ?

Je contai à la mère Servent que j'avais trouvé sa fille endormie dans un champ ; et pour rendre mon récit vraisemblable, je dépeignis la prairie, où, le matin même, j'avais cherché à me cacher à Fanchette et à moi. Je décrivis jusqu'à l'arbre sous lequel je m'étais reposé, et c'est là que je prétendis avoir rencontré Claire. J'ajoutai qu'à son réveil le froid l'avait saisie, et qu'il causait ce tremblement général, qu'il fallait que j'expliquasse de quelque manière.

Une mère seule est capable de croire qu'une fiancée, dans ses atours, un jour de fête et de bonheur, échappe à son amant, à sa famille, à ses amis, pour aller dormir en plein champ. Il répugne tant à une mère de croire sa fille coupable !

La mère Servent embrassa sa fille, et la pressa contre son cœur. Claire pleura à son tour. Bon, pensé-je encore, larmes de repentir sont toujours utiles à celle qui les répand.

Je n'étais qu'à cinquante pas de la maison d'Eustache, et je me décidai à y retourner.

Je rentrai dans le jardin, et je crus entendre quelque bruit. Je prêtai l'oreille, et je fus bientôt convaincu que quelqu'un s'était introduit dans le petit domaine de mon protégé. C'est peut-être, me dis-je, quelque malheureux qui manque de pain ; je suis en train de moraliser, je ferai encore un beau discours sur le respect dû aux propriétés, je lui donnerai quelques écus, et je le renverrai chez lui. Le feuillage qu'agitait le coupable m'indiquait sa route ; je le suivis. Il allait du côté de la maison, toujours couvert par des branchages qui ne permettaient pas à la clarté argentine de la lune de pénétrer jusqu'à lui. Il se découvrit enfin, et je vis un homme en chemise... ou peut-être Claire, qui avait encore trompé la vigilance de sa mère, et qui revenait où l'appelaient l'amour et le bonheur. Je m'avance... c'est bien elle, c'est Claire qui s'approche du volet d'où je l'ai entendue, et qui sans doute va prier Eustache de lui ouvrir. Je m'élance, je lui saisis le bras. « Il est bien extraordinaire, mademoiselle... » Ah ! mon Dieu, c'est Fanchette ! N'importe, je ne reculerai pas ; je suis monté sur un ton de sagesse qui éloigne toute espèce de danger.

« Fanchette, que faites-vous ici ? — Il est si doux d'imiter ce qu'on aime dans ce qu'il fait de louable ! — Par grâce, Fanchette, ne parlons pas de ces folies-là. — N'en parlons pas, monsieur. Vous cherchez Claire, et moi aussi. J'ai pensé que fille sensible, qui n'est à minuit ni avec son père ni avec sa mère, doit être avec son amant. — Je l'ai pensé comme vous, Fanchette, j'ai trouvé Claire ici, et je l'ai rendue à ses parents. — Qu'elle est heureuse, monsieur, mille fois heureuse, puisque son bonheur est votre ouvrage! — Fanchette, ne prenez pas ce ton doux, tendre, enchanteur, qui va à l'âme, qui l'agite, qui la tourmente. — Vous ne vous apercevez pas, monsieur, que votre ton est à l'unisson du mien. — Eloignons-nous au moins de cette malheureuse maison ; qu'Eustache ignore que celui qui le prêchait, il n'y a qu'un moment, est bien plus coupable que lui. — Coupable! Et de quoi donc? — Ne discutons pas, mademoiselle, séparons-nous. »

Je m'éloignai. Fanchette me suivit. Je l'entendais soupirer derrière moi. Si vous connaissiez Fanchette, vous sauriez quel effet devaient faire sur moi ses soupirs... Un air frais les portait à mon oreille, écho d'amour les répétait dans mon cœur. N'importe, je doublai le pas : le gardien des mœurs publiques ne devait pas avoir de nouvelles faiblesses.

... J'entends toujours derrière moi ce pied léger, qui foule à peine l'herbe naissante de mai. Ce pied!... cette jambe!... mon imagination ne s'arrête pas. Si je me retourne, je suis perdu. Qu'entends-je?... un faux pas, une chute! Une maudite bouteille vide l'a fait trébucher. Refuserai-je à Fanchette ce que j'accorderais à la dernière des inconnues, et la sagesse doit-elle être poussée jusqu'à la barbarie? Elle se plaint peut-être autant de ma dureté que du mal qu'elle ressent... « Non, je ne suis pas un homme cruel. Relève-toi, appuie ton bras sur le mien... » Déjà je l'ai relevée, déjà je sens sa main sur mon cœur. Il semble que ce cœur veuille s'élancer hors de moi pour s'aller unir au sien.

Que faire? Elle marche difficilement, je ne puis la quitter. Il y a une grotte dans ce jardin, elle s'y reposera un moment ; je n'y entrerai point, je l'attendrai en dehors... J'y entrai, et il était grand jour quand nous en sortîmes.

La porte du jardin est ouverte, et peut-être les habitants ne circulent pas encore dans le village. Je lui prends la main, je l'entraîne après moi... « La porte est fermée, la gâche a été fixée par deux ou trois gros clous de charrette. Il est clair qu'Eustache est levé, qu'il a fait le tour de son jardin. Oh! Dieu! Dieu! s'il fût entré dans cette funeste grotte!... — Il y eût trouvé des êtres heureux comme lui. — Quel calme! mademoiselle, quelle indifférence! Elle peut vous convenir à vous qui n'avez rien à perdre... — Depuis que je vous connais, monsieur. — Pardon, mille fois pardon! ma conduite est celle de l'amour en délire, mes expressions sont d'un barbare. Ah! dis-moi, répète-moi que tu me pardonnes... » Elle m'embrassa.

« Fanchette, il faut pourtant sortir d'ici. — Eustache s'est levé, monsieur, tourmenté par l'inquiétude, brûlant de savoir comment la mère Servent a traité sa fille. Il est impossible qu'il soit chez lui. — Qui donc t'a appris à connaître le cœur humain? — Ne doivent-ils pas se ressembler tous? Je n'ai étudié que le mien. Aurais-je un moment de repos si je craignais pour vous?

« — Mais nous parlons, nous parlons, et le temps s'écoule... Entends-tu la cornemuse du vacher du village! Va donc, ange de délices ou de malédiction, approche-toi de cette croisée, de cette porte, écoute si tu n'entends rien, ouvre... si tu le peux. »

Le volet était poussé simplement; la croisée, la porte étaient fermées. « Monsieur, il faut casser un carreau. — Cassez-le donc, Fanchette; je me sens incapable d'agir. »

Un caillou brise la frêle barrière. Elle s'élance..... elle a ouvert la porte de la rue. « Sortez, monsieur, séparons-nous; nous rentrerons au château comme nous le pourrons, le jugement nous reviendra lorsque notre mutuel isolement lui permettra de se reproduire. »

J'étais dans des transes mortelles, et pour compléter mon supplice, je rencontre au détour d'une rue... qui? l'aimante, la vertueuse Sophie, pâle, défaite, pouvant à peine se soutenir. Elle n'a pas dormi plus que moi; mais quelle différence! inquiétude, vœux, pureté de son côté, et du mien... Je suis un misérable.

Mais renoncerai-je au cœur de la plus parfaite des

créatures en lui dévoilant l'affreuse vérité, ou descendrai-je lâchement jusqu'au mensonge ? J'ai menti avec facilité à la mère Servent ; je rassurais une mère craintive ; je conservais la réputation d'un enfant sans expérience. Ici je vais mentir parce que le vice a besoin d'un masque, et je ne suis pas assez dégradé pour être insensible à ce que ma position a d'humiliant.

« Ah ! mon ami, quelle nuit j'ai passée ! avec quelle douloureuse impatience j'attendais le jour ! Deux de ces nuits-là encore et je perdrais la vie et mon amour... Pardonnez-moi, mon Dieu, de le préférer à vous..... Mais, dites-moi donc, cruel homme que vous êtes, où vous avez passé cette nuit ? — Je sors de chez Servent. Claire est au sein de sa famille ; elle dort à côté de sa mère, qui travaille. — Où avez-vous été ? Qu'avez-vous fait ? »

Elle ignore l'escapade de Claire. Ses parents n'en ont pas de connaissance positive, et d'ailleurs ils m'estiment assez pour croire que je n'en parlerai pas même à celle... A celle que tu adores, allais-tu dire, ingrat, perfide ! Je ne dévoilerai pas la faute de Claire : mésestimer quelqu'un est un tourment pour Sophie.

Il faut pourtant répondre quelque chose... Je dirai... Que dirai-je ? « Claire était rentrée chez elle ; je retournai au château. Un bruit affreux m'étonne et m'arrête ; il partait de cette maison. » J'indique du doigt la première qui s'offre à moi. « Eh ! mon ami, c'est celle du notaire. » Qu'a ce pauvre notaire à démêler avec moi ? Je ne puis cependant me rétracter. « Le notaire se portait aux dernières violences envers sa jeune femme, qui pleurait et demandait grâce. Je frappe à coups redoublés. On ouvre ; j'entre, et je me déclare le défenseur de l'épouse infortunée. On s'emporte, et j'oppose le raisonnement au soupçon, la modération à l'aveugle fureur. On m'écoute, on parvient à s'entendre, après des discussions interminables. Le mari demande grâce à son tour ; la jeune femme pardonne du fond du cœur. Je les quitte, et j'allais rentrer, heureux d'avoir ramené la paix dans un ménage. »

Femme unique ! elle me comble d'éloges ; elle me

prend la main, elle passe un bras à mon cou, elle me sourit, elle oublie la fatigue et l'inquiétude ; elle en est trop payée par la satisfaction de trouver son amant toujours plus digne d'elle. Meurs donc, tigre, qui fais couler ses larmes, et qui n'en taris la source qu'à force de bassesse et de fausseté.

Fanchette passe à côté de nous, et Sophie lui parle avec bonté. Combien ces marques d'affection, toujours répétées, ajoutent à ce que je souffre ! Si Fanchette répond avec une certaine liberté d'esprit, je la méprise, je la déteste sans retour. Son embarras est égal au mien ; elle rougit, elle pâlit, elle balbutie, et c'est encore la femme incomparable qui la rend à elle-même. Sophie loue sa vigilance, sa prévoyance : elle porte un panier au bras... des œufs, du beurre frais, du fromage. Où a-t-elle été prendre cela ?

Elle répond aux choses flatteuses que Sophie lui adresse par une simple révérence. Elle s'éloigne et je lui vois essuyer une larme... Est-ce le repentir qui la lui arrache ? Peut-être est-ce la pitié qui la donne à celle que nous trompons tous les jours. Madame de Mirville inspirer de la pitié à Fanchette !

On était déjà levé au château. Je me jette dans mon lit, bourrelé de remords, et cependant mes yeux se ferment : J'étais excédé de toutes les manières.

A mon réveil, je me promis bien sincèrement de fuir Sophie pour échapper à Fanchette. « Je gagnerai la première poste à pied, puisque je ne peux encore monter à cheval. Là, j'attendrai une occasion pour retourner à Paris. Rendu chez moi, j'écrirai à Sophie ; je prétexterai des affaires inopinées, et peut-être m'aime-t-elle assez pour me croire sur ma parole : elle a cru... elle a bien voulu croire... Vous riez, messieurs, de mes scrupules, de mes combats. Recueillez-vous, et si ensuite vous me trouvez ridicule, la nature ne vous a donné que des sens. »

CHAPITRE IV.

Séparation. Sermon. Calomnie. Duel. Convalescence. Santé tout à fait rétablie; la tendre Sophie et Fanchette en savent quelque chose.

Je me lève, bien décidé à partir, à partir sans le moindre délai, et cette fois ma résolution est inébranlable. J'éprouve le besoin de respirer un air frais, et j'ouvre ma croisée. Plusieurs voitures entrent dans la cour. Des femmes, des hommes, des malles... Eh! mais n'aperçois-je pas Georges, ce vieux valet de chambre qui m'a élevé, et qui vaut mieux que son maître ? » Georges, me voici, monte, et dis-moi ce que tu veux. »

Il entre, il me remet une lettre de mon homme d'affaires; mes intentions sont remplies. La boutique est louée, garnie; le modeste ameublement est en place. Hélas! j'avais tout oublié près d'elle. Je ne me souvenais plus même des mesures que j'avais prises pour m'en séparer.

Une seconde femme de chambre arrive pour madame d'Ermeuil, une autre pour madame de Mirville; des effets en quantité pour toutes deux. Oh! Sophie, as-tu besoin des étoffes de l'Inde ? N'es-tu pas assez belle de ta seule beauté ?

Il y a aussi pour moi du linge, des habits, de l'argent. De l'argent! il peut servir à entretenir la paix de l'âme; il ne la fait pas recouvrer.

Comment lui apprendre qu'elle a un sort indépendant, qu'il faut qu'elle parte, qu'elle s'aille fixer rue Saint-Antoine, que je le veux, que je l'exige impérativement? Si j'annonce une éternelle séparation, elle ne voudra point partir; si je lui parle, je ne le voudrai plus.

Je vais lui écrire... Non, elle me cherchera, me trouvera, me gagnera : l'amour et le plaisir parlent, combattent pour elle. Je m'expliquerai avec Soulanges.

Homme du monde, il sera indulgent et en imposera à Fanchette par l'influence du rang... Que dis-tu ? Quand elle t'a sacrifié ce qu'elle avait de plus cher, elle a cru se confier à un homme d'honneur ; elle t'a rendu dépositaire de sa réputation. As-tu le droit de la lui ravir ?

Que ferai-je donc ? En cherchant à classer mes idées, j'étais descendu au salon. Je m'y promenais machinalement, et j'avais pris, sans envie de les lire, un paquet de journaux qui venait d'arriver et qu'un pur hasard avait fait tomber sous ma main. J'en parcourais un, en pensant à toute autre chose. Ce papier me servait de contenance, comme un éventail à une femme qui rougit ou qui veut en avoir l'air. Il m'arriva, je ne sais comment, de lire tout haut : « L'abbé Aubry prêche, demain, à dix heures du matin, dans la cathédrale de Beauvais ; » et en lisant, je ne pensais pas plus à l'abbé Aubry qu'au Grand Mogol.

« L'abbé Aubry ! le premier prédicateur de l'Europe ! Quelle est la date du journal, mon ami ? — Le 3 mai, madame. — Le 3 mai ! c'est vraiment demain que l'abbé Aubry prêche, et je ne l'ai pas encore entendu !... Vous me conduirez à Beauvais, n'est-il pas vrai ? — Oh ! avec un sensible plaisir. — Nous partirons après dîner. — De suite, si vous le voulez. — De suite, soit ; habillons-nous. Pendant le temps que nous donnerons à une toilette-négligé, Baptiste nous trouvera des chevaux. Vous nous prêterez Baptiste, n'est-il pas vrai, comtesse ? — Oh ! très-volontiers. — Mon ami, nous arriverons assez tôt pour voir le chœur de Beauvais : c'est, dit-on, une des merveilles de l'église chrétienne. — Comtesse, ce soir nous visitons la cathédrale ; demain nous entendons le sermon de l'abbé Aubry, et nous revenons à l'heure du dîner, pénétrés de l'éloquence, de l'onction de l'orateur. — Prenez garde, madame, prenez bien garde. On dîne ici à quatre heures précises, et vingt minutes de retard dessèchent un rôti ou forcent le chef à le laisser refroidir. » L'observation est de l'ex-oncle Antoine.

Je n'ai donc plus besoin de prétexte pour m'éloigner de ce château. Je vais en partir avec la seule femme qui soit au-dessus de Fanchette, qui puisse me la faire oublier... L'oublier, la fuir; oui, sans doute ! L'oublier ! jamais !

Je tâche de me monter la tête. Je m'arme de la plume cruelle qui va rompre toutes nos relations. Je cherche des expressions austères comme mes motifs. Je relis ce que je viens d'écrire... C'est l'amour qui soulève un coin de son bandeau; c'est toujours l'amour.

Je déchire, je recommence, je déchire encore. Enfin je m'en tiens à ceci : « Nous nous sommes égarés l'un et l'autre, chère Fanchette, et nous pensons trop bien tous deux pour ne pas abjurer une erreur de cette nature. Je quitte ce château, pour n'y rentrer que lorsque vous en serez sortie. Il est inutile de prendre congé de madame d'Ermeuil, d'emporter les effets que vous avez ici. Vous trouverez, dans l'asile que je vous ai fait préparer, ce qui est nécessaire aux besoins présents, et je vous ai ménagé des ressources pour l'avenir. Si elles se trouvent insuffisantes, je pourvoirai à tout.

« Mon domestique vous conduira. C'est un garçon discret, qui ne vous fera pas de questions, par cela seul que je ne lui aurai pas ordonné de vous en faire.

« Partez avec lui, aussitôt qu'il vous remettra la présente. Partez, je le veux... » Je le veux ! Oh ! quelle expression !... Pas de ménagements. Il est des circonstances où pour frapper juste il faut frapper fort. « Partez, je le veux, et vous n'avez que ce moyen de conserver mon estime. »

Mon estime ! Eh ! oui, mon estime. Comme elle a fort bien dit : entre jeunes gens il n'y a de séducteur que l'amour.

« Georges ? — Monsieur ? — Connais-tu déjà ici une femme de chambre qui se nomme Fanchette ? — Oh ! monsieur, il suffit de l'entrevoir pour s'informer de son nom. C'est la fille la plus séduisante... — Ce n'est pas de cela qu'il s'agit, Georges. Un de ses parents éloignés, mon intime ami, m'a écrit de Marseille, et me charge de lui faire parvenir des secours. Fanchette entend le commerce de mercerie, et j'ai chargé mon homme d'affaires...

« — Mon ami, mon ami ! descendez donc ! les chevaux sont mis et vous ne finissez pas. — Je descends, chère Sophie.

« Georges, voilà le bail, les quittances des fournisseurs, du receveur du droit de patente, et les clefs du nouveau domicile de Fanchette. Dès que je serai parti, vous la prendrez à l'écart, vous lui remettrez tout cela ; ensuite vous lui donnerez cette lettre. Vous la laisserez maîtresse absolue du parti qu'elle voudra prendre. Probablement, elle vous proposera de l'accompagner jusqu'à la grande route. — Je le lui proposerai, moi, monsieur. — A la bonne heure. Vous entrerez avec elle dans une auberge décente, et vous la ferez monter dans la première diligence qui passera pour Paris. Vous viendrez ensuite me trouver à Beauvais, à l'hôtel de la Tête Noire. »

Je descends ; je rencontre Sophie, qui, dans son impatience, vient au-devant de moi. Je lui présente la main ; nous descendons, nous traversons rapidement le vestibule... Fanchette est sur les degrés de la cour. Elle est partout, cette Fanchette ! Mais ma Minerve et son égide sont à côté de moi. Cependant il faut détourner les yeux, ou aller révoquer mes ordres, déchirer ma lettre, me condamner à d'interminables faiblesses. C'est au moment même où mon cœur brisé se révolte contre ma raison, que je m'arme d'un courage stoïque. Je porte Sophie dans la calèche ; je m'élance après elle ; Baptiste pique les chevaux. Je lui crie de fouetter plus fort. Je m'éloigne avec rapidité, et à chaque temps de galop je sens que j'ai laissé derrière moi la moitié de ma vie. J'ai l'autre auprès de moi.

Il n'y a que trois lieues du château d'Ermeuil à Beauvais. Nous allions d'un train à les faire en trois quarts d'heure. La rapidité de la course, le bruit des roues ne nous permettaient pas de tenir une conversation suivie, et j'avais tant de besoin de pouvoir parler à moi seul !

Nous arrivons. On nous demande si nous voulons être servis chez nous. Il y a donc dans cette auberge une table d'hôte. J'engage Sophie à descendre. Satisfait de moi-même, heureux, à ce qu'il me semble, d'avoir rompu avec Fanchette, j'éprouve cependant un certain fonds de tristesse, qui s'oppose à ce doux abandon, dont j'ai contracté l'habitude avec Sophie. Elle décide que nous dînerons dans notre appartement. Je me soumets.

Elle renvoie Caroline... Vous savez bien, cette femme de chambre arrivée ce matin. Me voilà seul avec elle. « Mon ami, me dit-elle, vous savez combien je vous aime, combien je vous estime. Je ne me défie ni de votre volonté ni de la mienne; mais la jeunesse et l'amour sont deux séducteurs devant qui disparaissent les résolutions les plus sages. Nous l'avons éprouvé, cher ami. De quoi s'en est-il fallu que nous ne devinssions coupables ? J'ai ordonné à Caroline de ne me pas quitter un moment pendant ce petit voyage. Je vous demande pardon d'avoir cru cette mesure nécessaire, et je vous prie de n'y voir qu'une preuve nouvelle du sentiment exclusif, invincible, qui m'unit à vous.

« J'ai pensé qu'il était inutile que cette courte explication se fît en présence de Caroline, faites-moi le plaisir de la rappeler. »

J'y courus, moi, qui, dans toute autre circonstance, aurais maudit cette Caroline, qui la maudirai peut-être dans deux heures... Oh! quel cœur que le mien !

Nous nous mettons à table. Elle conserve son ton doux, tendre, moelleux, ce ton qui va à l'âme et qu'elle seule sait entendre. Elle parle comme si nous étions seuls.

J'abrégeai le dîner, sous le prétexte qu'il faut voir au grand jour les détails minutieux de l'architecture gothique. Elle prit mon bras, et Caroline, soumise à ses instructions, marchait à côté d'elle. Elle a l'air étonnée, cette Caroline, et vraiment il y a de quoi l'être. Aimer avec passion, et se faire garder à vue, c'est ce qu'on ne voit pas tous les jours.

Nous passâmes deux heures au moins dans la cathédrale. Je paraissais regarder tout avec une extrême attention, et je ne voyais dans ce chœur qu'une Madeleine. Qu'elle est belle, cette Madeleine ! Elle est plus, elle est jolie... Jésus lui pardonna ; qui ne pardonnerait à Fanchette ?

Lorsque nous rentrâmes, Sophie me rappela que j'avais bien mal passé la nuit précédente... Une nuit ! hélas ! c'était la troisième ! Elle m'engagea à me retirer chez moi.

Il était temps que je me retirasse. J'étais à peine dans ma chambre, que Georges y entra. Recommander la discrétion, c'est avouer qu'on a des ménagements à garder ou quelque chose à craindre. Je n'avais ordonné le secret sur rien : aussi Georges s'approchait de moi, une lettre à la main, et il avait nommé Fanchette avant d'avoir refermé ma porte... Oh ! s'il m'eût trouvé chez Sophie !

« Eh bien, Georges ? — En vous quittant, Monsieur, j'ai entrevu Mlle Fanchette dans le bosquet qui est au bout du jardin de la comtesse. J'ai été l'y trouver. — Après ? — Elle s'était assise. Une main couvrait la plus jolie petite figure... — Pas de détails. Poursuivez. — Je lui ai remis les clefs, les papiers et votre lettre. En la lisant elle a pleuré. — Elle a pleuré, Georges ? — Oh ! monsieur, de manière à fendre un cœur de rocher. J'ignore ce qui pouvait l'affliger ainsi. — Je le sais, moi, je le sais. « Il le veut, a-t-elle dit en sanglotant ; il l'ordonne, j'obéirai. Mais trois jours, trois jours seulement !... » Et puis du galimatias où je n'ai rien compris. — Mais finissez donc ! Où est Fanchette en ce moment ? — Sur la route de Paris, monsieur. — Sur la route de Paris ! — Je lui ai fait part des instructions que vous m'avez données : elle m'a suivi sans résistance. — Vous a-t-on vu sortir du parc avec elle ? — Personne, monsieur, et nous ne connaissons personne à l'auberge où elle a attendu la diligence. J'ai voulu lui faire servir quelque chose, elle a tout refusé.

« Sur un coin de la table, où je lui avais fait mettre un couvert, elle a vu du papier, une plume et de l'encre et elle a écrit cette lettre, qu'elle m'a dix fois prié de vous rendre bien exactement. — Eh ! voyons-la donc cette lettre, homme sans pénétration ! — Eh ! Monsieur, je vous la présente depuis que je suis entré chez vous.

« Georges, retirez-vous. — Monsieur n'a pas besoin ce soir de mes services ? — Non... Hé ! Georges ? — Monsieur ? — Si demain au château d'Ermeuil vous entendez parler de Fanchette, vous ne direz rien de ce que vous savez. — J'entends, monsieur, il y a du mystère. — Vous souriez en prononçant ces mots. Vous y mettez de la malignité, je crois. — Moi, monsieur ? — Vous. Au reste, je n'ai rien à me reprocher. — J'en suis persuadé, monsieur. — C'est assez. Laissez-moi. »

Il a levé les yeux sur moi. Il a voulu me pénétrer, il y a réussi peut-être. Le coupable est toujours puni, ne fût-ce que par la crainte de l'être.

La voilà cette lettre, écrite dans un moment d'angoisse : le papier a été mouillé de ses pleurs. Je brûle de la lire ; je frissonne en l'ouvrant.

« MONSIEUR,

« Vous ne m'avez rien promis, j'en conviens. Cependant j'ai dû compter sur les égards dont un homme tel que vous ne saurait s'écarter, même avec une inconnue, et vous avez froissé, brisé sans compassion un cœur qui ne battra que pour vous. Je ne vous avais donné d'autres droits que ceux de l'amour heureux, et vous vous permettez, en y renonçant, de disposer de mon sort à venir en maître absolu ; vous m'adressez les ordres les plus durs, vous me les transmettez par votre domestique : voilà ce que je ne conçois pas.

« Vous vous persuadez que je n'ai besoin que d'une existence pour vous oublier et retrouver ma tranquillité. Ce que je vous ai donné est sans prix et ne se paye pas avec de l'argent.

« Au reste, vous m'avez bien jugée. Vous m'avez crue capable de vous sacrifier plus que ma vie, et cette idée a pour moi quelque chose de consolant. Il est consommé, ce sacrifice que vous avez exigé. Puisse-t-il assurer votre bonheur ! Puissiez-vous ne jamais me regretter ! »

Elle a raison, elle a raison. En l'abandonnant, avais-je des ordres à lui donner? devais-je charger un valet de leur exécution? Je l'ai humiliée de toutes les manières. Ma conduite me déshonore à mes propres yeux. Un vain repentir ne réparera pas les outrages que je dois lui faire oublier. Je prends la poste à l'instant. Je cours rue Saint-Antoine; je dépouille tout ce qui tient à de vaines considérations, je tombe à ses pieds, je lui demande grâce; je ne me relève qu'après lui avoir entendu prononcer le pardon... Si je la vois, je n'ai plus la force de m'en éloigner; je perds le fruit de mes combats, de mes efforts; vaincu par ses charmes, par ses pleurs, je me donne à elle sans retour; je déchire le cœur de Sophie; j'élève entre elle et moi une insurmontable barrière... Sophie!... Fanchette!... Je ne sais quelle est celle que je dois préférer; j'ignore quelle est celle que j'aime le plus.

Quoi! parce que madame de Mirville a un rang dans dans le monde, une fortune brillante... Elle a d'ailleurs tout ce qui peut assurer la félicité du plus délicat et du plus exigeant des hommes... Mais Fanchette, dépouillée du prestige du rang et de la fortune, est une femme aussi, une femme charmante, qui a tout fait pour moi, et je ne dois rien à madame de Mirville... C'en est fait, je pars.

« Georges! » Et en l'appelant, je sonne à casser sonnette et cordon. Il entre à demi déshabillé. « Mettez-moi au lit. Emportez mon habit, ma malle, tout ce qui est à mon usage. Demain de très-bonne heure, vous déploierez, vous époussetterez... et je vous demanderai ce que je voudrai mettre: ces bottes... ces bottes surtout, emportez-les. — Elles sont cirées. — Emportez-les, vous dis-je. »

Il ne me reste qu'un caleçon. Me voilà dans l'heureuse impossibilité de partir, à moins que je ne descende jusqu'à laisser voir mon extravagance à Georges, qui peut-être n'en a déjà que trop vu!

Je me jette dans mon lit. Je me tourne, je me retourne; le sommeil semble me fuir. Sophie et Fanchette m'obsèdent sans cesse. Elles sont là. Je les vois, brillantes d'attraits et d'amour... Oh! grâce! grâce! Éloignez-vous, images adorées, que je puisse reposer quelques heures, recouvrer ma raison et mon jugement.

Il est venu, ce sommeil réparateur, qui rafraîchit le sang, qui calme l'infortuné. Les douleurs de la veille sont déjà loin de moi; il n'en reste qu'un souvenir, que je m'efforce d'éloigner. Je vais entrer chez Sophie, la voir, l'entendre, lui parler, prendre de nouvelles forces, tout oublier près d'elle.

J'étais attendu. Le déjeuner est servi; je me place vis-à-vis d'elle. Qu'elle est bien dans son déshabillé du matin! Point d'ornements superflus, rien qui annonce les efforts si souvent inutiles de l'art. Elle est belle dans sa seule beauté, elle n'est comparable qu'à elle-même... Si ce n'est pourtant à F... Ne prononçons plus ce nom-là.

Elle est toute à l'amour, et cependant elle n'a pas oublié le prédicateur à la mode. Quelle figure a cet abbé Aubry? Son organe est-il pur? son geste noble? Mérite-t-il enfin sa réputation? C'est ce que nous allons voir.

Je vais écouter un sermon tout entier, un sermon en trois grands points! En eût-il six, qu'importe! je serai auprès d'elle, et l'ennui ne l'approche jamais.

Caroline lui fait observer qu'elle n'a que le temps nécessaire pour s'habiller. Il faut que je sorte, c'est tout simple. Je monte chez moi, et j'appelle Georges. Je ne suis pas connu à Beauvais; je vais conduire une femme qui fixera tous les regards; je suis bien aise de ne pas trop la déparer: je choisis ce qu'il y a de mieux dans ma garde-robe de campagne.

Nous partons. Je m'aperçois bientôt qu'on nous remarque, qu'on nous suit. Les jeunes gens de Beauvais sont connaisseurs, et je les en félicite.

« Oh! la jolie femme! dit l'un. — Charmante, céleste! » répond l'autre. Ces exclamations sont jetées à demi-voix, mais de manière que Sophie ne perde pas un mot. A Beauvais comme à Paris, un jeune homme sait qu'une jolie femme pardonne aisément à l'imagina tion qu'elle exalte. Moi, j'étais enchanté que le suffrage universel justifiât mon choix. Je cherchais à mettre dans ma démarche l'aisance d'un homme du grand monde, et je crois que j'annonçais, malgré moi, la fierté d'un conquérant.

Comment donc, les femmes s'en mêlent aussi! Elles paraissent même louer avec franchise. Des femmes rendre franchement justice à la beauté! Sophie est donc bien belle, ou les femmes de Beauvais sont faites autrement qu'ailleurs.

Et moi aussi j'obtiens ma part d'éloges! Oh! c'est bien fort. J'entends murmurer derrière nous : « Oh! le joli couple! qu'ils sont bien assortis! Quel dommage s'ils n'étaient pas amants ou époux! » Sophie rougissait jusquq'au blanc des yeux. Je sentais que je me tenais plus droit qu'à l'ordinaire.

Nous entrons à la cathédrale. Mêmes murmures, mêmes signes d'approbation. On s'écarte par un mouvement naturel et général; on nous ouvre un passage.

L'abbé Aubry paraît; il commence. Petit, maigre, sans organe, sans noblesse dans son débit, homme de beaucoup d'esprit, mais toujours au-dessous du sublime qui convient à la chaire, il me paraît valoir moins que sa réputation. Des réputations! Eh! ne s'en fait-on pas à Paris comme on veut? Voyez la belle limonadière et les Cendrillons.

Il prêche sur la continence. Et moi aussi j'ai prêché la continence à Claire : puisse l'abbé Aubry la pratiquer mieux que moi.

Il a fini; il nous a donné sa bénédiction d'un petit air assez leste.

Nous sommes remontés dans notre calèche, et je presse Baptiste d'avancer, parce qu'il faut prévenir une scène inévitable si le rôti est froid ou brûlé.

Mademoiselle Caroline est sur le devant, et je ne peux adresser un regard à Sophie qu'il ne soit intercepté. A l'auberge que nous quittons, Caroline allait et venait par la chambre; sa présence n'avait rien de trop incommode; elle est trop près ici. Elle me gêne, elle m'embarrasse; je ne sais quelle contenance prendre.

Oh! quand nous serons au château, je la ferai reléguer dans son cabinet. Il n'y a plus de robes à arranger pour Sophie, rien à faire pour la comtesse; chacun sera à sa place.

Baptiste oublie de temps en temps qu'il est cocher. Il regarde ce qui se passe dans la calèche... Non, c'est Caroline qu'il veut voir. Le coquin ne manque jamais de l'avertir du coude qu'il va se tourner; Caroline ne manque jamais de saisir le moment. Je le saisis aussi, moi; je presse la main de Sophie sur mon cœur; tout le monde est occupé. Le goût naissant de Baptiste est tout à mon avantage : je lui pardonne celui-ci.

Il faut que les yeux de Caroline aient bien du charme, car ceux de Baptiste se portent continuellement du chemin à Caroline et de Caroline au chemin... Pan! un cahot qui le fait sauter du siége sur le pavé... Crac! les chevaux qui s'effrayent, qui s'emportent... Bon! Caroline qui feint de trembler pour elle-même, qui craint pour M. Baptiste, qui s'élance et qui entraîne les rênes après elle... Que diable! n'ont-ils pas aujourd'hui, demain, après-demain pour se faire l'amour?... Il me convient bien de m'ériger en modérateur des passions!

Me voilà seul avec Sophie, et j'en suis enchanté. Si la voiture verse, je la prends dans mes bras, je m'expose à la violence de la chute... Me voilà à terre ; j'ai reçu le coup. Je me suis cassé un bras ou une jambe; mais j'ai épargné jusqu'à une meurtrissure à l'objet que j'idolâtre.

Bah! rien de tout cela. Une oie est toujours une bête, et un cheval de charrette une rosse. Nos deux mazettes, qui couraient à tout rompre, s'arrêtent tout à coup sur le revers du fossé, et se mettent à paître avec la tranquillité et la gourmandise du roussin de Sancho. Je descends : je relève les rênes, et je vois derrière nous mademoiselle Caroline et M. Baptiste bras dessus, bras dessous, tout à leurs affaires, et s'inquiétant fort peu des miennes... Ma foi, à leur place, j'en aurais fait autant.

Du Reynel était en vedette sur le balcon, tremblant sans doute pour le dîner. Il vient au-devant de nous d'un air riant; il présente la main à Sophie. « Vous aviez encore une heure, nous dit-il; mais s'il faut que quelqu'un attende, il vaut mieux que ce soit vous que le chef. »

Nous étions tous cinq assez contents de nous et des autres, et nous nous mîmes gaiement à table. Jamais je n'ai vu du Reynel d'aussi belle humeur. Il est vrai que tout était assaisonné et cuit à un degré de perfection auquel le meilleur cuisinier n'est pas sûr d'atteindre deux fois dans l'année.

« A propos, dit la comtesse, savez-vous ce qui est arrivé pendant votre voyage de Beauvais? Fanchette est partie. Elle m'a écrit de la première poste qu'elle était désespérée de me quitter, mais qu'elle y était forcée par des raisons de la plus haute importance... » J'étais sur les épines. Je sentais qu'il était impossible que je ne me décelasse point si on parlait plus longtemps de Fanchette. Sophie marqua de l'étonnement, mais en quatre mots, et Soulanges parla d'autres choses. Les grands oublient si vite les petits !

Nous allions quitter la table, lorsque la Roche apporta les journaux et les lettres du jour. Chacun prit les siennes, et je vis Sophie pâlir, rougir en parcourant rapidement celle qu'elle venait d'ouvrir. Je ne m'alarmais pas trop : je pensai simplement qu'il était arrivé quelque chose de fâcheux à quelqu'un de sa connaissance : elle est si aimante ! Bientôt elle laissa tomber la lettre sur la table; sa physionomie devint fixe; ses yeux s'attachèrent au plafond; deux ruisseaux de larmes s'ouvrirent.

Je me lève précipitamment; je cours à elle... « Sophie ! ma chère Sophie, qu'avez-vous ?... Regardez-moi; répondez-moi... Par grâce, répondez-moi. Qu'avez-vous ? » Elle montre du doigt cette malheureuse lettre : c'est m'autoriser à lire... « Les scélérats ! les monstres ! je les connaîtrai. Le châtiment sera terrible !... »

Voilà ce que lui écrit sa mère :

« Votre veuvage vous rend au fond maîtresse de vous-même; mais toutes les femmes, celles de votre âge surtout, ne sauraient mettre trop de circonspection dans leur conduite ; jamais d'ailleurs elles ne bravent impunément l'opinion. On dit partout ici que vous êtes allée vous cacher à la campagne avec un des plus beaux hommes de Paris ; que vous avez passé ensemble une nuit tout entière dans la forêt de Chantilly ; que vous avouez hautement l'inclination qu'il vous a inspirée ; que vous lui prodiguez, même en public, des caresses que réprouve la décence.

« Je me flatte que ces imputations, dont j'ai été instruite la dernière, selon l'usage, sont au moins exagérées. Cependant il est vraisemblable que vous avez fait quelque imprudence, et on veut en profiter pour vous perdre de réputation. J'ignore quels sont vos ennemis ; mais il faut leur imposer silence en reparaissant dans le monde, et en y tenant une conduite irréprochable. Il aime à croire ce qui flatte sa malignité ; mais il revient facilement sur le compte d'une jeune et jolie femme à qui on n'a rien de positif à reprocher.

« Si j'ai conservé sur vous quelque empire, si vous avez pour moi un reste d'affection, vous partirez aussitôt. Je recevrai ma fille avec indulgence si elle avoue en avoir besoin. »

Mon sang bouillonne... ma tête s'égare... je ne me connais plus. Je vais à Sophie ; je m'en éloigne à l'idée du tort que je lui ai fait, que je peux lui faire encore... Je tombe aux genoux de la comtesse ; je la supplie, je la conjure de soulager, de consoler mon amie... Je marche à grands pas ; je cherche à classer mes pensées...

Ce sont elles... Il n'y a qu'elles... Elles seules à Paris sont instruites des circonstances détaillées dans cette lettre ; elles seules sont capables de les avoir empoisonnées. Quoi ! parce que j'ai découvert leur conduite infâme, parce que je les ai crues indignes de respirer le même air que Sophie, parce que je les ai forcées à s'éloigner, elles se vengent de moi en calomniant l'innocence ; elles veulent la dégrader dans l'opinion publique, la rendre hideuse comme elles ! Il faut donc redouter le vice au point de n'oser le démasquer ! Il n'y aura donc plus de distinction de la turpitude à la pudeur? Quel sera le prix de la vertu si le monde est forcé à tout voir du même œil?... Valport, d'Allival! n'était-ce pas assez d'être viles, fallait-il vous rendre criminelles?... Je vous méprise au point de ne jamais vous adresser un reproche. Mais si un homme, quel qu'il soit, a sciemment contribué à propager ces infamies, malheur à lui! malheur à lui!

Soulanges me prend la main et me tire à l'écart : « Jamais, me dit-il, ressentiment ne fut plus juste Quoi que vous entrepreniez, comptez sur moi à la vie et à la mort.

« — Sophie, il faut partir, partir à l'instant même ; il faut nous séparer pour quelque temps... Ne plus la voir ! ne plus entendre cette voix enchanteresse !... Le pourrai-je?... Oui. Votre réputation m'est plus chère que mon amour. » Elle me serre dans ses bras ; elle me presse sur ce sein d'albâtre, asile des sentiments vertueux ; elle mouille mes joues de ses larmes... Mon cœur se gonfle ; il s'ouvre ; des pleurs répondent à ses pleurs... Des pleurs ! c'est du sang qu'il me faut,

La comtesse a donné ses ordres. « Nous partirons tous, dit-elle. Je descendrai avec madame de Mirville chez sa mère, et je la désabuserai. J'accompagnerai partout votre amie. On ne supposera pas que je voie, que je défende une femme qui ne se respecte point. Vous partirez seul, monsieur, et vous ne paraîtrez point de quelques jours. Mais vous écrirez à madame ; elle vous répondra. — Si je lui répondrai ! J'y emploierai les journées, sans pouvoir lui dire combien je l'aime. — Vous m'adresserez vos lettres, je les ferai tenir à tous deux. Comptez sur mon inaltérable amitié.

« — Sophie !... Sophie !... Non, nous ne partirons pas. Il est, pour imposer silence à la calomnie, un moyen plus certain que d'aller la braver en face. Oubliez les préventions que vous avez opposées à mes vœux. Qu'un nœud respectable et chéri efface le passé, quel qu'on puisse le supposer ; que l'amour embellisse notre jeunesse ; qu'il soit encore la consolation de nos vieux jours, qu'il ne s'éteigne qu'avec nous ! Ma chère

Sophie, rendez-vous à ma prière ; cédez à votre propre cœur ; osez être heureuse... Mes amis, secondez-moi, je vous en conjure! Tombons à ses genoux; tâchons de la fléchir! »

J'étais à ses pieds ; la comtesse lui tenait la main ; Soulanges et du Reynel se pressaient autour d'elle. Ce que le raisonnement a de plus fort, ce que la persuasion a de plus doux fut dit, répété, senti, Sophie était ébranlée; la douleur avait disparu devant l'amour; il se peignait dans ses yeux ; il agitait son sein ; il faisait battre son cœur. Une main se détachait, je la voyais, je l'attendais, elle allait tomber dans la mienne...
« Non, dit-elle avec force, cela ne sera jamais. Ce que vous appelez préventions est l'effet de la plus douloureuse expérience. Comme vous, M. de Mirville m'avait juré une éternelle fidélité. J'ai supporté son inconstance ; je ne survivrais pas à la vôtre. Votre amour est ma suprême félicité ; il est plus que ma vie ; je ne m'exposerai pas au danger de vous perdre. Partons, madame. Je ne crains pas les méchants; quoique j'aie cédé à un premier mouvement d'effroi et d'indignation, je ne daignerai pas les ménager. Mais ma mère demande, sollicite mon retour à Paris. Ma condescendance lui prouvera mon affection : voilà ce qui me détermine. Partons. »

Baptiste et Caroline restent pour faire les malles, et les expédier comme ils pourront. Le reste des gens monte dans la calèche. La comtesse prend dans son carrosse Sophie, Soulanges et du Reynel. La Roche me prête son cabriolet.

Les chevaux sont mis ; je monte ; ils m'entraînent. Je tombe dans un accablement profond. Tant mieux : le léthargique ne souffre point.

On arrête à ma porte. Je descends ; Georges me conduit. J'entends mes domestiques rire, chanter. Georges m'annonce ; le silence règne, le respect succède à la gaieté. Riez, chantez. Je n'ai droit qu'à vos services ; vous n'avez pas renoncé à celui d'être heureux.

Georges me rappelle que j'ai fait trente lieues sans me reposer, sans rien prendre. Il me donne ma robe de chambre; il fait monter un consommé, il me le fait prendre; il prépare mon lit, il me couche; je m'endors... Comment ai-je pu dormir?

J'étais à peine éveillé, que les idées de la veille se reproduisirent avec violence. Le sommeil réparateur ne m'avait redonné des forces que pour me rendre plus sensible aux indignités dont on accablait Sophie. Cependant, l'être le plus exaspéré jouit au moment du réveil d'une sorte de liberté d'esprit qui lui permet, jusqu'à un certain point, de raisonner sa position et ses démarches.

Je pensai, je réfléchis. Je m'avouai à moi-même que ce qu'on appelle le point d'honneur n'est qu'une misérable chimère; que la gloire d'un duelliste ressemble à ces météores qui éblouissent un moment, mais qui renversent l'ordre, et que la raison range au nombre des fléaux. Je sentais que le moyen le plus sûr d'achever de perdre une femme dans l'opinion des honnêtes gens est de se battre pour elle : la plus estimable est vraiment celle dont on parle le moins.

Cependant, pardonner à ceux qui attaquent Sophie dans sa réputation, et qui m'ont séparé d'elle, est un effort de prudence qui me paraît impossible.

« Georges, faites-moi donner à dîner. »

Il prévoit tout, ce bon Georges : je suis servi à la minute.

Je veux prendre une épée, et le grand costume oblige à en porter une. « Georges, donnez-moi un habit brodé, un chapeau à plumet, n'importe lesquels. »

Je vais sortir, courir dans vingt hôtels, et je me conduirai selon les circonstances.

« Mon carrosse... Chez la baronne de Quincy. » C'est là que se rassemblent de vieilles coquettes, qui se consolent du malheur de ne plus plaire en dénigrant la jeunesse, et en jugeant l'innocence d'après elles.

Le cercle est nombreux. On se lève, on me salue en souriant. On se replace, on me regarde, on se parle à l'oreille. Il est clair que je suis l'objet de l'attention générale... Trouverai-je ici ce que je cherche?

Les hommes aussi se permettent de chuchoter! Je

me sens rouge de colère. Je les fixe les uns après les autres, de manière à leur faire baisser les yeux. Que quelques femmelettes fassent ou disent des sottises, peu m'importe, après tout ! mais des hommes !... j'ai l'épée au côté !

On annonce mesdames d'Allival et de Valport. Elles passent près de moi, je ne daigne pas les apercevoir. Elles vont s'asseoir près de la baronne. Elles lui parlent bas. Elles éclatent de rire en me regardant. Les misérables !

Deux hommes s'approchent d'elles. Je ne les connais pas, mais je vois clairement que ce sont les amants d'aujourd'hui. Ils payeront cher ce triste et court honneur, si j'apprends qu'ils aient parlé de Sophie ! Le cercle se resserre autour de la baronne. Le rire se communique de proche en proche. Je ne me possède plus. Je vais faire un éclat. Il sera terrible.

La baronne se lève. Elle vient à moi, elle me conduit dans un coin du salon. « Qu'avez-vous ? vous paraissez inquiet, agité. — Je vous avoue, madame, que je trouve assez extraordinaire que tout le monde rie ici, excepté moi. Cette conduite ne s'accorde point avec les usages admis entre gens bien nés. — Convenez de bien des petites choses dont nous parlons là-bas, et ce rire qui vous offense n'aura rien que de flatteur pour vous. Etre bien, au mieux avec une des plus jolies femmes de Paris ; l'entendre dire à l'oreille dans les cercles les plus brillants ; fixer l'envie d'un sexe et la jalousie de l'autre, c'est beau, très-beau. J'avoue qu'on s'égaye un peu sur le compte de la jolie femme. Mais, que vous importe ? avec une figure comme la vôtre, on se doit à la société. On ne prend d'amour que ce qu'il en faut pour s'amuser quelques moments, et on ne s'intéresse pas bien vivement au sort à venir de l'objet du jour. — Je vous proteste que je n'entends rien à tout ce que vous me dites. Pardonnez-moi, et je suis très-sûre que ceux qui ont fait courir cette histoire ont servi votre amour-propre, et que vous leur en savez très-bon gré. — Je voudrais les connaître pour les désabuser. — Les désabuser ? Cela n'est pas possible, et je ne crois pas que ce soit réellement votre intention. Un homme à bonnes fortunes, être modeste!—Je suis pas un homme à bonnes fortunes, madame. Ce rôle-là ne s'accorde point avec ma façon de penser. — De la discrétion? fi! quel ridicule!... Heureusement pour nos plaisirs, MM. de Solignac et de Vercelles nous ont mises au courant. Ils sont vraiment vos amis; ils ont publié partout votre triomphe.

Jamais homme ne fut plus profondément blessé; jamais il n'en coûta autant à personne pour se contenir. La rage était dans mon cœur, et un sourire forcé sur mes lèvres. Je regrettais de n'être pas né dans cette classe où la colère s'exprime avec les poings : j'aurais écrasé la baronne, Solignac et Vercelles. Quels sont-ils? sans doute les amants nouveaux des d'Allival et des Valport. Peut-être les faveurs de ces créatures ont-elles été le prix de la diffamation de l'innocence. On les nommera dans la soirée, ces êtres aussi vils que leurs maîtresses. Ecoutons.

On emploie le moyen ordinaire pour se dispenser d'avoir une idée, et surtout une idée honnête : on fait venir des cartes.

J'en suis bien aise. J'aurai une contenance quelconque; je serai plus difficile à pénétrer.

On arrange une bouillotte. On m'invite à faire un boston avec la Valport, Vercelles et Solignac. On me les a nommés, je les connais.

Me faire jouer avec de pareils individus! Est-ce une nouvelle perfidie? Veut-on m'exposer au trait malin, à ces mots équivoques que saisit toujours celui qui est intéressé à bien entendre? Ne sent-on pas que c'est une tragédie qu'on prépare?... Oh! elle sera sanglante!

La partie commence. Je me possède; je montre un sang-froid dont je ne me croyais pas susceptible. Je parais être à mon jeu.

Je joue tout de travers; je perds les plus beaux coups. J'attends, pour rompre toute mesure, un léger reproche de mes partenaires. Ils payent, et se taisent... Je les ferai parler.

Je tiens en cœur avec madame de Valport. Je lui fais manquer toutes les levées, et je lui dis qu'on ne prend pas les cartes quand on joue avec aussi peu d'intelligence qu'elle. Vercelles me répond avec aigreur que ce ton est déplacé à l'égard d'une femme, et que madame de Valport joue mieux que moi. Je lui réplique très-haut qu'il en a menti.

Solignac me met la main sur la bouche : je m'écrie qu'on ne touche pas un homme comme moi au visage et je lui jette les cartes à la tête.

Un murmure d'improbation s'élève de toutes parts. Mesdames d'Allival et de Valport s'écrient qu'il est affreux de se porter à de pareils excès... Elles en ont bien d'autres à se reprocher! Solignac et Vercelles me lancent des regards foudroyants. Ils sont braves, tant mieux!

La baronne se met entre nous. Elle se plaint sans ménagement. Elle ne conçoit pas que j'aie pu manquer aux égards dus à sa maison, à sa présence. « J'avoue, madame, que je suis le plus mauvais joueur de l'Europe. Je ne suis pas maître de moi quand je perds. J'ai insulté ces messieurs d'une manière qui éloigne toute espèce d'accommodement, je le sais ; mais on sait aussi, entre hommes, comment doit se terminer une pareille affaire. » Je pris mon chapeau ; je sortis brusquement. J'attendis sous le vestibule Solignac et Vercelles : ils ne tardèrent pas à paraître.

Vercelles m'adressa quelques mots sur des procédés auxquels, disait-il, il n'était pas fait. Je lui coupai la parole. — Point d'explications, monsieur ; je ne les aime pas. — Eh bien, monsieur, demain, à six heures du matin, au bois de Vincennes. — J'y serai. Quelles sont vos armes? — L'épée. — Soit! »

Je rentrai chez moi, enchanté de la tournure que prenaient les choses. J'allais venger madame de Mirville sans que son nom eût été prononcé ; je trouve une lettre... c'est la première qu'elle m'écrit. Quel charme! quelle délicatesse! quel abandon! Elle entre dans des détails affligeants et le sentiment force à chaque ligne ; il la soutient, il la console. Sa mère est totalement désabusée ; mais le monde est fortement prévenu. Elle se repose sur madame d'Ermeuil du soin de détruire les plus fâcheuses impressions. Elle n'a de force, de courage, de volonté que pour aimer. Elle a prouvé à sa mère sa tendresse et sa soumission ; le reste lui est indifférent. Elle veut me voir, quoi qu'on en doive dire ; elle m'attend demain à midi... A midi! et à six heures du matin, peut-être... Ah! Dieu! mon Dieu! l'aurais-je vue pour la dernière fois?

Que je lui écrive. Qu'il lui reste au moins quelque chose de moi. Je me mets à mon secrétaire... que vois-je? mon portrait, peint par Augustin! Je l'avais oublié depuis longtemps. Il ne doit pas me ressembler aujourd'hui : j'étais tranquille, heureux quand on l'a fait. N'importe, il ressemblera pour Sophie : elle m'a toujours vu ce que je suis sur l'ivoire. Je mettrai ma lettre dans la boîte. Je la lui enverrai par Georges... Oh! combien ce portrait peut lui être précieux demain! Demain, peut-être, il s'effacera sous ses larmes!... Les miennes sont prêtes à couler ; je me sens faiblir. Revenons à nous ; soyons homme : il faut vaincre pour Sophie et pour moi.

J'écris : mon cœur est un volcan ; la lave roule sur le papier. J'ai dit beaucoup, et il me semble avoir tout à dire encore. Une feuille succède à l'autre ; je ne peux m'arrêter... Eh! mais... n'ai-je pas un moyen de plus pour satisfaire à mon inépuisable tendresse? Je n'ai qu'un parent, qu'un cousin éloigné, que je n'ai jamais vu... Non, je ne serai pas injuste à son égard, en me montrant généreux envers Sophie. Je lui donne le tiers de mon bien ; le reste à celle pour qui sera mon dernier soupir.

... N'est-il pas encore quelqu'un que je ne verrai plus, mais que je ne dois pas oublier en exprimant mes dernières volontés? Je n'ai pu faire son bonheur, qu'au moins je lui fasse quelque bien. Mille écus de rente à Fanchette.

Je roule mon papier. Je le passe dans l'anneau d'un des tiroirs de mon secrétaire : c'est le premier meuble qu'on ouvrira si je succombe. Si je succombe! Finir à la fleur de mon âge, au moment où l'amour me comble de ses dons les plus précieux ! Ne jamais revoir Sophie ! Oh ! mon Dieu, mon Dieu !

Un mot à Soulanges. « Je me bats demain avec messieurs de Solignac et de Vercelles. Ce sont des infâmes, que j'ai lieu cependant de croire gens de cœur. Mais comme je ne les connais absolument pas, soyez chez moi à cinq heures du matin. L'arme convenue est l'épée.

« L'affaire est de nature à ne pouvoir être arrangée. Ainsi il est inutile d'en parler à qui que ce soit. »

Il est minuit : nos amis doivent être rentrés. « Georges, vous trouverez probablement encore M. de Soulanges chez la comtesse d'Ermeuil. Portez-lui cette lettre. Remettez-la en main propre.

« Passez ensuite rue Cérutti, n° 15, chez la mère de madame de Mirville. Vous demanderez à parler à la jeune dame. Vous lui donnerez cette boîte. — Monsieur ne se couche pas ? — Je n'ai besoin de personne. Dites en sortant à mon cocher que je monte en voiture à cinq heures du matin. »

Georges est parti. Je sens la nécessité de prendre quelque repos. Je me jette sur mon lit à moitié habillé. Mon sang est en fermentation, le sommeil fuit ; et si mes yeux se ferment un moment, je ne suis pas moins agité. A chaque fois que je m'éveille, j'invoque le retour de la lumière. Je me lève avec le soleil, la tête pesante, les membres brisés. Qu'est-ce donc que je vais faire ? un action juste ou louable m'a-t-elle jamais tourmenté ?... Il n'est plus temps de rien examiner.

Soulanges paraît ; Préval le suit : ils ont leurs épées. « Il n'existe pas un doute, me dit Soulanges, sur la valeur de Solignac et de Vercelles ; mais ils affichent publiquement le mépris des mœurs, et de la dépravation au crime il n'y a souvent qu'un pas. J'ai pensé que peut-être ils ne seront pas seuls, et j'ai prié monsieur de m'accompagner. »

Préval, que je connais très-superficiellement, m'assure de son dévouement. Je crois moins à l'intérêt que je lui inspire qu'au désir d'humilier madame de Valport en la faisant connaître à son amant. Quel que soit son motif, j'accepte ses services.

« Monsieur, monsieur, me dit Georges hors de lui, il se passe quelque chose d'extraordinaire. Jamais vous ne sortez si matin. — Silence, Georges! » Le bonhomme tombe à mes pieds, il embrasse mes genoux : « Dites-moi, s'écrie-t-il en sanglotant, ce que vous voulez faire de cette épée... Ces messieurs ont la leur, et vous êtes tous trois en frac... Vous ne répondez pas! Ayez quelques égards pour mes longs services; ayez pitié de mes cheveux blancs! » Ce n'est pas assez d'être bourrelé d'amour, il faut encore souffrir par l'amitié... oui, l'amitié. Au moment où peut-être je vais perdre la vie, les distances disparaissent devant moi. Georges est mon ami; il me le prouve depuis que j'existe. Je le relève, je le presse dans mes bras... je suis obligé d'employer toutes mes forces pour me dégager des siens. Je sors, je fuis.

J'entends Georges qui m'appelle à haute voix, qui ordonne à mon suisse de refermer la porte cochère, qui défend à mon cocher de marcher. Ces bonnes gens voient nos épées. Incertains, irrésolus, ils se parlent, ils se consultent; c'est à Georges qu'ils obéissent. Je ne suis plus maître chez moi.

Bientôt un bruit effrayant se fait entendre. Je tourne la tête... Georges, en descendant précipitamment, est tombé; il a roulé les degrés, sa figure est ensanglantée. Je cours à lui, je l'enlève, je le porte chez mon suisse. « Qu'on lui prodigue les secours, et qu'on aille à l'instant appeler mon chirurgien. » La porte s'entr'ouvre, je m'échappe, je cours à pied. Soulanges et Préval sont derrière moi; ils m'appellent : je m'arrête; je tire ma montre... cinq heures et un quart! « Il est impossible, avec une voiture de louage, d'être à six heures à Vincennes. Je suis un homme déshonoré. »

Soulanges retourne à mon hôtel. Le suisse lave la plaie de Georges; mon cocher est allé chercher le chirurgien; mes domestiques sont dispersés dans la rue, sans doute pour observer la route que nous allons tenir. Soulanges ouvre la porte; il saute sur le siége, il sort, ventre à terre. Le cocher avait ouvert la portière pour me recevoir; il n'a pas eu le temps de la refermer; nous nous élançons Préval et moi; Soulanges hache mes chevaux à coups de fouet.

Bientôt nous sentons la caisse tiraillée par derrière. Je regarde... Trois de mes domestiques sont montés. Ce sont des jeunes gens qui n'ont pas eu le temps encore de s'attacher à moi; il sera facile de les contenir.

Au détour du boulevard, nous sentons une nouvelle secousse. Je sors la tête; un de mes gens est descendu. Un autre descend à la place de la Bastille; le troisième quitte la voiture au haut du faubourg Saint-Antoine. Que veulent-ils faire? Que m'importe? Je suis défait de tout surveillant importun.

Nous sommes au delà de la barrière du Trône; j'ai encore un quart d'heure à moi. J'arriverai... Etrange empressement!

Nous arrêtons devant l'auberge qui est à l'entrée du bois. Une voiture arrive au grand trot. Solignac, Vercelles, deux inconnus en descendent et viennent à nous. Je marche en avant; je m'enfonce dans le jeune taillis, à droite je m'arrête dans une clairière. Je regarde autour de moi... « Soyez tranquille, me dit Soulanges; tout se passera dans les règles. » Je jette mon frac, et je me mets en garde.

Solignac est celui que j'ai le plus grièvement insulté: il se présente le premier. Nos fers se croisent: je l'attaque; il pare, il tire; je riposte... Je le vois chanceler... Il tombe.

De ma vie je ne sentirai une angoisse semblable à celle que j'éprouvai en voyant un homme immolé, immolé par moi à un préjugé barbare. L'amour, la vengeance, le faux honneur, toutes les illusions qui nous abusent, disparurent en un instant. Je laissai aller ma tête sur ma poitrine; je m'appuyai sur le pommeau de mon épée sanglante; je tombai dans un profond accablement.

« Monsieur, me dit Vercelles, ce n'est point de la

sensibilité qu'il faut apporter ici. Voyons si vous serez aussi heureux avec moi que vous venez de l'être avec ce pauvre Solignac. — Ma foi, lui répond Préval, vous êtes bien bon de vous déclarer le chevalier de madame de Valport. Si vous connaissiez comme moi cette.... là, vous ne vous battriez que pour n'avoir rien de commun avec elle. — Je serai à vous, répliqua Vercelles, quand j'aurai fini avec monsieur. »

Il m'attaque vivement. Je ne pense plus à vaincre; je ne sais pas même si je tiens encore à la vie ; je me défends machinalement... Une fraîcheur au mamelon droit me fait juger que je suis frappé. Mes yeux se voilent ; mes idées s'éteignent ; mes genoux faiblissent ; tout disparaît devant moi.

Mes yeux se rouvrent. Je les porte autour de moi... Où suis-je? Quelle est cette chambre?... Une femme à genoux, qui paraît prier ; une autre au pied de mon lit, dans l'attitude du désespoir; un vieillard assis, la figure cachée dans ses deux mains... « Rendez-le-moi, mon Dieu, dit à demi-voix la femme qui prie. » Cette voix ne m'est pas inconnue, mais je ne puis encore fixer mes idées.

Je veux parler... Je n'ai pas la force d'articuler un son. Mais je sens que je reviens à la vie, quoique je ne reconnaisse point ceux qui sont autour de moi.

Ils craignent de voir ma figure ; ils tremblent d'y lire mon arrêt de mort. Comment modérer leurs alarmes, leur faire connaître que j'existe, lorsque je suis sans haleine, lorsque je me sens incapable du moindre mouvement?... Un profond soupir les rappelle près de moi.

« Ses yeux sont ouverts, s'écrie l'une. Espérons, madame; il vivra. — Mon Dieu, Dieu de miséricorde, s'écrie l'autre, ne décevez pas ce faible espoir ! n'abusez pas votre souffrante et soumise créature ! — Mon maître, mon cher maître!... » Tous trois m'entourent, me pressent, m'enlacent dans leurs bras. Je les fixe, les uns après les autres, d'un œil égaré, incertain sans doute... Je les reconnais. Sophie tient une de mes mains ; Fanchette a saisi l'autre. Elles les mouillent de leurs larmes. « Ah! me dit Sophie, celles-ci sont des larmes de plaisir. » Georges s'éloigne pour me cacher les siennes.

La comtesse et son ami entrent. « Que faites-vous? dit Soulanges; voulez-vous lui ravir un souffle de vie! Eloignez-vous tous trois. Passez dans la pièce voisine. Permettez que celles qui sont ici pour le servir s'approchent enfin de lui. » Georges paraissait disposé à sortir: Sophie et Fanchette n'entendaient rien. Penchées l'une et l'autre sur moi, elles cherchaient la vie dans mes yeux; leurs mains rappelaient la chaleur fugitive sur mes joues, sur mon front. Soulanges fut obligé de réitérer sa prière. Il le fit avec une fermeté qui ne leur permit pas de résister. Elles sortirent, et je vis entrer deux sœurs grises. Respectables filles, elles ne sont guidées que par le zèle de la charité, et leurs soins sont ceux de l'amour le plus tendre, ceux que m'ont sans doute rendus jusqu'à ce moment... Ah! je puis les nommer, les voir même dans l'état où je me trouve. Sophie et Fanchette ne sont pas dangereuses pour moi : ce qui me reste de sang est glacé.

« Vos médecins et vos chirurgiens, me dit Soulanges, ont expressément défendu qu'on vous laissât parler quand vous reviendriez à vous. Je lis sur votre physionomie une sorte d'anxiété qui n'est peut-être que le désir de savoir ce qui s'est passé depuis que vous êtes privé du sentiment. Je vais vous satisfaire, sous la condition que vous ne direz pas un mot. » Il était bien inutile de me recommander le silence.

« Lorsque vous êtes tombé, Vercelles a provoqué Préval, et il a eu le sort de Solignac. Cette affaire est donc absolument terminée; mais souvenez-vous, mon cher ami, qu'on n'en cherche pas quand on est aussi sensible que vous à la mort d'un homme. Vous vous êtes battu avec Vercelles comme quelqu'un qui veut se faire tuer, et il s'en est bien peu fallu que vous n'y ayez réussi.

« On s'est hâté de porter dans votre carrosse Solignac et Vercelles. Mais vous sentez dans quel embarras nous nous sommes trouvés, Préval et moi, quand nous avons jugé que vous ne pouviez supporter le mouvement d'une voiture quelconque. Nous ne cessions de proposer, et nous ne trouvions rien que d'inexécutable.

« La blessure de Georges était à peine bandée, qu'il a fait mettre un cheval à votre cabriolet. Il a pris le chemin du boulevard par un sentiment naturel à ceux qui sont en peine et qui cherchent quelqu'un : on sait qu'on découvrira de plus loin sur une route large et droite que dans une rue étranglée. Le domestique qui est descendu le premier de derrière votre voiture a conduit Georges jusqu'à la Bastille ; le second l'a mené jusqu'au haut du faubourg, et le troisième au bois de Vincennes. Ils avaient espéré voir quelqu'un de votre connaissance, quelqu'un qui a de l'empire sur vous, et qu'ils mettraient ainsi sur vos traces ; voilà les motifs de leur conduite, qui vous a paru inexplicable et à moi aussi.

« Ils sont arrivés tous quatre, et m'ont trouvé délibérant encore avec Préval sur ce que nous avions à faire. Il est inutile de vous dire dans quel état est tombé Georges quand il a pu juger du vôtre : vous le connaissez. La douleur ne lui a pas ôté le courage.. Il a couru à l'auberge qui est à l'entrée du bois ; il a fait apporter un matelas et une couverture ; vos jeunes gens avaient coupé des perches et des harts. Nous avons fait une espèce de brancard, et nous avons entrepris de vous porter à votre hôtel. Beaucoup de gens se sont offerts pour nous relayer ; mais nous avons jugé que vous éviter une secousse, c'était peut-être vous sauver la vie : un ami se prête, se ploie à tout ; l'homme salarié ne pense qu'à gagner son argent.

« Nous étions excédés tous six en arrivant à la barrière. Préval et moi surtout éprouvions dans tous nos membres un mal, une roideur, qui ne nous permettaient plus d'agir. Il a fallu arrêter.

« Il était convenu avec ceux qui accompagnaient Vercelles et Solignac qu'on répondrait aux commis qui feraient des questions : que le plafond d'une salle à manger de Saint-Maur était tombé sur sept ou huit personnes qui déjeunaient; que les deux qu'on rapportait dans le carrosse avaient été tuées sur la place, et qu'on craignait pour la vie d'une autre qu'on allait essayer de transporter.

« En nous reposant, il a fallu entrer avec les commis dans des détails qui ne se sont peut-être pas accordés avec ce qu'ont imaginé les amis de Solignac et de Vercelles sur la chute de ce plafond. Au reste, j'ai déclaré, pour éloigner tout soupçon, qu'aucun de nous n'avait été témoin de l'accident.

« Cependant vous paraissiez à chaque instant vous affaiblir davantage. Nous avons oublié la fatigue, et nous nous sommes remis au brancard. Nous sommes parvenus, avec des efforts incroyables, en face de la place de la Bastille, et là nous allions céder à un découragement absolu, lorsque Georges s'est souvenu que nous n'étions qu'à quelques pas de la boutique de Fanchette. Il nous a assuré qu'elle vous recevrait avec empressement. Nous nous sommes décidés à vous porter chez elle, dussions-nous succomber sous le faix.

« Notre espérance n'a pas été déçue. Vous devez à Fanchette les premiers secours qu'il a été possible de vous donner. Nous vous avons laissé à sa garde, après vous avoir mis dans ce lit. Préval et moi avons couru chez les chirurgiens et les médecins du quartier, Georges est allé à l'hôtel prendre du linge et bien des petites choses qui vous sont nécessaires. Il y a trouvé Mme de Mirville. Egaré encore, tremblant pour votre vie, il a annoncé comme certain le malheur que nous redoutions tous; il en a cité les principales circonstances; il a indiqué le lieu où vous étiez mourant : un quart d'heure après, Mme de Mirville est entrée dans cette chambre, d'où elle vient de sortir pour la première fois.

« Vous avez été saigné cinq fois en trente-six heures. Hier, pendant toute la journée, les gens de l'art n'ont rien pu prononcer. Ils ont commencé à espérer ce matin, et je reconnais avec une satisfaction indicible la justesse de leurs pronostics. »

Ce que je compris de ce récit, trop long pour la faiblesse de mes organes, c'est que j'avais causé bien des peines de toute espèce à mes amis, et que j'étais chez Fanchette. Je n'aurais pu rendre aucune des circonstances particulières rapportées par Soulanges, si depuis il ne me les avait répétées.

Je me rappelle pourtant que je fus étonné de la réserve avec laquelle il avait parlé de Sophie et de Fanchette, qui toutes deux avaient dû prendre à cet événement une part... et puis cette boutique, qui s'était trouvée là si à propos, qui avait été si promptement garnie, que Georges connaissait si bien !... il était plus que vraisemblable que Georges avait été mon agent, et mes motifs aux yeux d'un homme du monde ne pouvaient s'accorder avec mon amour pour Mme de Mirville. Que de circonstances propres à éclairer quelqu'un moins pénétrant que Soulanges ! et pas un mot de tout cela ! il a voulu ménager ma sensibilité, ou il a craint de s'expliquer devant Mme d'Ermeuil.

Cependant, l'attention que je lui avais donnée et cette suite de réflexions avaient épuisé ce qui me restait de forces : je retombai dans un accablement profond. Un certain mouvement, que je démêlai autour de moi, m'en tira bientôt. J'étais entouré de gens de l'art, qui consultaient sur mon état. Sophie et Fanchette, debout au pied de mon lit, gardaient un morne silence ; elles retenaient leur haleine ; leurs yeux, constamment fixés sur ceux des chirurgiens et des médecins, y cherchaient l'espérance. « Il y a de la fatigue et de l'engorgement, dit un de ces Messieurs, qui paraissait avoir de l'ascendant sur les autres. Il faut rouvrir la veine, ne point parler au malade, ne pas lui permettre de parler, et le tenir au bouillon de poulet. »

Cette crise fut la dernière. Sur le soir, il y eut un changement en bien tellement prononcé, que le chirurgien et le médecin se retirèrent, en recommandant qu'on ne s'écartât en rien du régime prescrit. Mes idées étaient encore sans suite, mais d'une netteté rassurante pour moi, pour moi seul, puisqu'il m'était défendu de les communiquer.

La comtesse se leva. Soulanges et elle me souhaitèrent une nuit tranquille. Ma physionomie leur exprima ma reconnaissance. « Il nous entend, il nous répond, dit Soulanges. Nous aurons avant huit jours la satisfaction de le voir convalescent. Mme de Mirville va sans doute se retirer avec nous. — Me retirer, Monsieur ! l'abandonner mourant, et mourant pour moi ! — Permettez-moi de vous observer que voilà deux nuits que vous passez. — J'en passerai cent. Je ne quitterai pas l'amant le plus tendre, le premier des hommes estimables. Je ne renoncerai pas au bonheur de suivre, de saisir le retour de la vie dans ses veines épuisées ; ne l'espérez pas. — Mais, ma chère amie, votre mère, le monde... — Le monde, toujours le monde, madame la comtesse ! Si mon ami l'eût apprécié comme moi, il n'aurait pas exposé sa vie, la mienne, et peut-être celle de Fanchette... Ma mère ! ma mère sait que je l'adore, que sa présence m'est nécessaire comme... comme l'air que je respire. Elle me plaint ; elle a pitié de moi. Bonsoir, mes amis. A demain. »

Je repassai dans ma tête certaines expressions de Sophie. « S'il avait connu le monde comme moi, il n'aurait pas exposé sa vie, la mienne, et peut-être celle de Fanchette ! » Elle sait l'intérêt que j'inspire à Fanchette, et je suis à ses yeux le premier des hommes estimables ! Je n'y conçois rien ; je m'y perds.

Fanchette me prépare un bouillon. Sophie le prend, me le présente ; elle remet la tasse à Fanchette en lui souriant avec affection ; Fanchette lui sourit à son tour... elles sont de la meilleure intelligence, et elles ne font pas un mouvement, elles n'ont pas une idée, qui ne soit inspiration d'amour... Tout cela s'expliquera sans doute.

Tout dormait autour de moi, à l'exception de Sophie. « Elle veille, et Fanchette dort ! » Je prononçai ces mots involontairement, mais assez haut pour être entendu. « Ah ! me répondit Sophie tressaillante de joie, laissons-la dormir. Si vous saviez ce qu'a souffert cette digne fille, les fatigues excessives qu'elle a supportées, vous la plaindriez. Moi, je l'aime de tout mon cœur, parce qu'elle vous aime, parce qu'elle s'est attachée à vous par la reconnaissance. Combien elle est digne de tout ce que vous avez fait pour elle !... A propos, je vous dois mille et mille remerciements. La tirer de l'état de domesticité, lui assurer un sort indépendant, uniquement parce qu'elle a paru me plaire ! Porter la modestie au point de la faire partir secrètement, pour vous dérober, selon votre usage, à des éloges bien mérités, et m'établir votre légataire, au moment où vous alliez mourir pour moi !... Les trésors de l'univers ne m'eussent pas consolée de ta perte ; mais cet acte de générosité ne me dit-il pas que ton dernier soupir eût été pour ta Sophie ? » Elle m'embrassa tendrement, si tendrement! « Je ne dirai plus rien à mon ami : les médecins défendent de lui parler. Mais pouvais-je résister au besoin de lui adresser quelques mots de consolation et d'amour ? »

Fanchette étendit les bras. « Il a parlé, ma chère amie ; il a parlé distinctement ! s'écria Sophie. Il vivra pour moi, pour jouir du bien qu'il vous a fait, et que vous méritez à tant de titres ! Ah ! Fanchette, comme la joie t'embellit ! il n'y a plus de traces de lassitude sur cette figure-là. »

Fanchette fit un mouvement vers mon lit et s'arrêta. « Embrasse-le aussi, bonne Fanchette : il te doit ce prix de tes soins. » Fanchette me baisa bien modestement, au front. Elle était rouge comme du corail.

Il est clair que Mlle Fanchette a fait une histoire à Sophie sur sa boutique de mercerie, et sur sa disparition subite du château d'Ermeuil. Elle a couvert les alarmes de l'amour du voile innocent de la reconnaissance... Mensonges sur mensonges !... Que je suis injuste ! A-t-il dépendu d'elle de modérer ses transports, lorsque, sans l'avoir prévenue de rien, on m'a offert mourant à ses yeux, et pouvait-elle avouer le secret de son cœur ?

Mais comment Sophie a-t-elle eu connaissance de mes dernières volontés ?... Ah ! Soulanges aura donné à Georges la clef de mon secrétaire pour y prendre de l'argent. Sophie était à l'hôtel ; le papier roulé dans l'anneau du tiroir, l'a frappée : elle l'a lu. Me voilà au courant.

Je passai trois jours encore dans mon lit, traité en véritable enfant gâté. Fanchette, enhardie, donnait à ce qu'elle appelait la reconnaissance, autant de baisers que Sophie à l'amour. Je parlais peu ; on me répondait longuement, et toujours pour me dire quelque chose de doux ou de flatteur. Mes petites sœurs elles-mêmes, bien dévotes, mais gaies comme la folie décente, remarquaient en moi certain air de langueur qui m'allait à merveille. Si elles l'avaient osé, elles m'auraient baisé aussi.

Je reçus le jour suivant une visite à laquelle je ne m'attendais pas. Je vis entrer dans ma chambre Claire, Eustache, et leurs parents. Ils me trouvèrent dans un fauteuil, et leurs figures rembrunies s'épanouirent à l'instant. Je reçus les félicitations et les embrassades de ces bonnes gens : celles-là étaient bien à la reconnaissance.

Fanchette leur avait écrit que, s'ils voulaient revoir leur bienfaiteur, ils n'avaient pas un moment à perdre : ils étaient accourus. Le mariage devait se faire le jour même. « Mais, me dit la petite Claire, il n'y a de plaisir pour personne quand on craint pour Monsieur. Nous avons remis la fête pour venir vous pleurer, ou nous réjouir près de vous. » Dites-moi, messieurs les spéculateurs, placez-vous souvent de l'argent comme cela ?

« Mes amis, votre bonheur ne sera pas différé. Mes yeux, fermés depuis plusieurs jours, se rouvrent au sourire des heureux que je vais faire. Bonne petite Fanchette, où est Georges ? il me semble qu'il y a longtemps que je ne l'ai vu. — Monsieur, il s'est mis à la tête de votre maison. Mais il vient, ou il envoie souvent savoir comment vous êtes. — Va le chercher, Eustache. C'est le moyen de l'avoir plus tôt ; un amoureux de ton âge doit avoir des ailes. »

Je demandai bien bas à Claire si elle s'était encore perdue depuis mon départ du château. Elle répondit non : ses yeux disaient oui.

Mes docteurs entrent en corps. Ils prononcent gravement que l'art m'a sauvé. Je crois que la nature a fait au moins autant que l'art. Ah! laissons-leur le petit plaisir d'annoncer partout leur cure merveilleuse.

Mon régime est changé. On me permet un riz au gras, le blanc de poulet et deux doigts de vin *généreux*. J'ajouterai quelque chose à cela de mon autorité privée : je me trouve en appétit; il y a beaucoup d'analogie entre les médecins et les confesseurs : tout-puissants sous la faux de la mort, à mesure qu'elle s'éloigne ils perdent de leur autorité; il ne leur en reste bientôt que l'espoir de la ressaisir à la première occasion.

Ah! voici Georges. « Mon vieil ami, vous allez conduire toute cette famille dans un hôtel garni, où vous les logerez convenablement. Vous irez rue Notre-Dame-des-Victoires arrêter une diligence entière pour Beauvais. Vous mettrez dans les coffres les provisions nécessaires pour un dîner de noce de campagne, et demain vous ferez partir ces braves gens-là. Ah! le lendemain du mariage, Servent, sa femme et ses enfants viendront s'établir à ma maison de la Chaussée-d'Antin. Servent ne sait pas encore ce que c'est que garder une porte; mais il ne faut pas bien du temps pour apprendre à ne rien faire, à brûler le bois et l'huile du propriétaire, et à répondre, monsieur est visible, ou il ne l'est pas...

« Et du Reynel, pourquoi donc ne l'ai-je pas vu ? — Monsieur, me répond Georges, je n'ai pas cru nécessaire de dire à tout Paris que vous êtes chez mademoiselle Fanchette; mais tout Paris s'est fait écrire à votre porte.

« — Adieu, Claire! adieu, Eustache! adieu, Tachard! adieu, père et mère Servent! adieu aussi aux petits frères!... Ah! ces pauvres enfants paraîtront-ils à la noce comme les voilà? Georges, vous les ferez habiller sur le quai de l'École. »

Vous jugez bien que je recueillis encore quelques bénédictions. Mes petites sœurs voulurent savoir pourquoi on me bénissait. Fanchette leur raconta avec beaucoup d'emphase ce que je vous ai dit très-simplement, et pendant qu'elle contait, je prenais mon potage, je croquais l'aile de poulet; une aile tout entière, ma foi!

Je dormis fort bien, quoique je fusse auprès d'une très-jolie fille. Mais je m'aperçus le matin que le diable et le vin de Beaune ne tarderaient pas à agir, et qu'il était temps de congédier les petites sœurs si je voulais me conduire en homme à principes. Je résolus de rappeler Georges : une figure de soixante ans est pour moi le plus puissant des exorcismes.

Fanchette rentra de très-bonne heure, un consommé à la main; je ne vis plus la sœur Élisabeth : qui peut-on voir auprès de Fanchette? Oh! qu'elle me paraît bien, cette Fanchette! La douleur siérait-elle aux femmes, ou reviens-je à la vie avec des organes nouveaux? Il me semble voir Fanchette pour la première fois; mes yeux ne peuvent se détacher du visage charmant. « Prenez donc garde, monsieur; votre bouillon tombe sur vos draps. » Je pense bien à mon bouillon, vraiment!

Pourquoi baisse-t-elle ses yeux noirs, elle qui aime tant à chercher dans les miens l'amour et la volupté? Les yeux baissés et un teint incarnat!... il y a contradiction. Ah! sœur Elisabeth est là; elle en impose... J'ai déjà grand besoin de la présence de Georges.

Le voilà. Qu'il soit le bienvenu. « Georges, vos soins me suffiront désormais. Donnez cent francs à la sœur Elisabeth, que je remercie du fond du cœur, et qui ira prendre sa compagne chez Mme de Mirville. — Monsieur, nous ne recevons jamais d'argent. — Non? Georges, du café, du sucre, des liqueurs... Une grande caisse bien remplie. Vous la ferez porter à la communauté. Une provision particulière pour les deux bonnes sœurs, dont j'ai tant à me louer. »

Georges part. La sœur Elisabeth se lève et me fait une révérence... un peu mondaine. Jolie petite sœur! Fanchette la retint jusqu'au retour de Georges, sous le prétexte qu'elle est obligée de veiller sur sa boutique. Elle n'y veillait pas les jours précédents. Que signifie cette fantaisie? De la légèreté, du caprice! Fanchette ne serait-elle qu'une femme comme il y en a tant?

« Sœur Elisabeth, le lit me fatigue, me déplaît, je voudrais me lever. » Sœur Elisabeth s'empresse et m'habille. Fanchette ne lui aide pas. Elle se recule, elle semble craindre de me toucher. Cette conduite est inexplicable.

Je suis piqué, très-piqué. J'ai renoncé à elle ; mais je n'entends pas qu'elle cesse de m'aimer... Voilà bien l'injustice la plus complète ! J'en conviens ; mais qu'a-t-elle ? Je veux le savoir.

Et moi aussi, j'ai des prétextes quand j'en ai besoin. « Fanchette, je voudrais voir votre petit ménage, l'arrangement de votre boutique. » Elle ne peut refuser ; elle vient à moi, elle m'offre son bras. Son visage est serein ; mais elle ne me regarde pas.

Je me promène avec elle dans la boutique, dans l'arrière-boutique, dans sa petite cuisine. Je remarque en gros l'élégance d'une propreté recherchée ; les détails m'échappent, parce que je cherche des mots qui la forcent à une explication, en éloignant tout espoir d'un rapprochement. Je ne trouve rien qui remplisse ce double but. Que diable ! je n'ai jamais passé pour un sot.

Elle s'arrête ; elle me regarde enfin ; elle paraît aussi préoccupée que moi. Elle m'avance un siége ; elle me fait asseoir ; elle se tient debout devant moi... Elle va parler, bon. Elle donnera lieu à une réponse, et une phrase en amène toujours une autre.

« Monsieur, j'ai amené, dans des circonstances bien différentes, ces moments si doux où j'épuisais dans vos bras la volupté et ma vie. Je sais comment se termine entre nous une conversation particulière, et ce n'est pas pour moi seule que je dois vous aimer. Vous n'avez pas un mouvement secret, une pensée d'amour qui m'échappent, et je veux vous sauver de vous-même. Il faut rentrer à votre hôtel. Mme de Mirville vous aime passionnément, mais sa vertu lui est plus chère que son amour ; vous serez en sûreté avec elle. Ici, vous perdrez la vie, parce que demain, ce soir, dans une heure peut-être, je n'aurai plus la force de me vaincre ; je n'aurai pas même celle de le vouloir. Partez, monsieur, emportez avec vous mon cœur et tout mon être ; emportez jusqu'au souvenir de quelques jours heureux que j'ai dus à votre présence. Mais si Mme de Mirville consent à vous donner la main ; si le charme de cette union suffit à votre cœur, souvenez-vous alors de la rue Saint-Antoine ; venez sans crainte voir quelquefois Fanchette. Elle ne vous dira pas un mot d'amour. Elle respectera le nœud qui vous liera à une autre. Jusque-là elle ne doit rien à Mme de Mirville ; et vous rendre maintenant à sa tendresse, à ses innocentes mais voluptueuses caresses, est l'effort le plus pénible que puisse faire une femme qui aime autant que moi. »

Dames du grand monde, dont on respecte la naissance et le rang, dont on recherche l'esprit, les grâces, la beauté, que celle de vous qui égale Fanchette en délicatesse, en dévouement, condamne les transports que j'éprouvai en écoutant cette fille unique. Je la presse dans mes bras ; mon cœur bat contre son cœur ; mes lèvres cherchent ses lèvres... « Laissez-moi, monsieur, par grâce laissez-moi. Ne voyez-vous pas que je brûle ? Ayez pitié de nous deux. » Elle se dégage, elle fuit. Elle va retrouver sa raison et des forces auprès de la sœur Elisabeth.

Georges rentre. Un crocheteur est à la porte ; il ploie sous la caisse de friandises : tant mieux ! mes bonnes sœurs se souviendront quelque temps de moi.

Sophie et la compagne d'Elisabeth paraissent, et il n'est que huit heures. Qu'elle est bonne, prévenante, attentive, cette chère Sophie ! « Madame, lui dit Fanchette, monsieur a résolu de retourner chez lui. Il sent qu'il est déplacé ici, et vous encore davantage. J'ai besoin à deux pas de son hôtel pour des affaires de commerce que j'ai négligées depuis douze jours. Je vais lui envoyer son carrosse. » Elle n'attend pas de réponse ; elle s'éloigne. Sans doute elle veut éviter un dernier adieu. Un dernier adieu est si cruel pour un cœur tendre !

Georges va chercher un fiacre. Il y met les deux sœurs et la caisse. Il ferme la boutique et retourne à l'hôtel, pour m'y préparer ce qu'il me faut. Me voilà seul avec Sophie. Depuis que j'ai été blessé, c'est la première fois qu'elle est seule avec moi.

Que de charme, que de grâces dans tous ses mouvements ! Quelle douce et pure volupté dans toute sa personne ! Quel tendre et entier abandon ! Quelles expressions enchanteresses ! C'est ainsi que parlait l'amour quand il avait son innocence... Laquelle des deux aimé-je le plus.

Nous avions souvent été seuls au château d'Ermeuil ; mais les portes étaient ouvertes. Sophie d'ailleurs se défiait d'elle et de moi.

Aujourd'hui, un reste de pâleur lui persuade que je ne suis pas à redouter encore. Sa confiance est entière, et je jure sur mon honneur que je ne pensais pas à en abuser.

Elle est assise sur mes genoux ; elle a un bras passé autour de moi ; l'autre main, que je couvre de baisers, ne s'échappe que pour effleurer mes yeux, mes joues, être reprise et dévorée encore. Elle oublie une longue contrainte ; elle veut prendre du bonheur pour l'époque très-prochaine où elle sera obligée de s'observer. Déjà je ne suis plus à moi, et ses lèvres fixées sur les miennes achèvent de m'égarer. Le siége que j'occupe se renverse ; le lit, auquel il touche, prévient une chute... Il en amène une autre... Lit heureux !... Lit !...

« Ne pleure pas, mon amie ; oh ! ne pleure pas. Ma fortune, ma main, mon cœur, ma vie, tout n'est-il pas à toi ? Permets que j'essuie tes larmes, que les plus tendres baisers en tarissent la source... » Elle est au désespoir ; elle me repousse ; elle fuit à l'extrémité de la chambre ; elle se jette à genoux sur le carreau ; elle demande pardon à Dieu pour elle et pour moi. En me nommant, elle se tourne, elle me regarde avec une expression qui a quelque chose de céleste. Je m'élance, je suis à genoux auprès d'elle, je prie avec elle... Le Dieu de Sophie doit être le mien.

Je l'enlève, je la reporte sur l'autel... Où donc ai-je pris tant de forces ?... Je vais les épuiser tout à fait... On frappe à coups redoublés à la porte de la rue... Je ne puis me présenter, et le moindre délai donnera des soupçons. Sophie va ouvrir, sans réfléchir au désordre... Soulanges se présente. Dans quel état il me voit !

J'avoue que je ne sus que lui dire ; Sophie, en proie au plus pénible embarras, cachait dans un coin sa rougeur, sa modeste honte : Soulanges savait tout. « Je ne suis point un rigoriste, nous dit-il; remettez-vous tous deux, et souvenez-vous à l'avenir que les plaisirs arrangés ont rarement des suites, et qu'une surprise des sens en a presque toujours. — Oh! oui, M. de Soulanges, une surprise des sens, c'est bien cela! Hélas! je bravais le monde quand j'étais innocente; qu'imaginerait-il maintenant qui aille au delà de la vérité? Que je suis malheureuse! Que d'années il me reste encore pour pleurer la faute d'un moment!

« — Madame, des larmes n'ont jamais réparé un malheur, et ce qui vient de se passer n'a rien en soi d'affligeant, mais doit amener des réflexions utiles. Ce que j'ai vu et la santé bien éprouvée de votre ami m'autorisent à vous dire clairement ce que j'ai cru devoir vous cacher jusqu'ici. Je vais vous parler raison à tous deux : écoutez-moi.

« Comment monsieur a-t-il pu se flatter que le public prendrait le change sur son affaire avec Solignac et Vercelles? L'homme le mieux élevé, le plus décent, s'est imaginé qu'on le verrait entrer dans une maison que des gens comme lui ne fréquentent pas sans lui supposer des intentions. L'homme le plus doux, le moins intéressé a cru qu'on attribuerait à la perte de quelques fiches des excès auxquels ne le porterait pas la ruine absolue de sa fortune. Personne n'a été dupe du stratagème, et le lendemain de ce combat, on a dit partout que monsieur avait pris un moyen détourné pour attacher les ennemis de sa maîtresse... Oui, madame, de sa maîtresse. On a épié vos démarches : votre disparition, votre séjour ici n'ont été un secret pour personne. Enfin je tranche le mot : votre réputation est perdue.

« Votre mère, que vous ne voyez plus, et qui a tant besoin de consolation, gémit de votre absence et des bruits affreux qui circulent dans le monde. Hier soir, elle est venue me trouver : elle m'a supplié, les larmes aux yeux, de vous ramener dans ses bras. Que je la voie, disait-elle, une heure, un moment; que je l'embrasse, et qu'elle sorte de Paris, où elle ne peut plus se montrer. Si elle le désire, je passerai avec elle le reste de ma vie; nous irons nous établir dans une de nos terres. L'absence éteindra ce funeste amour... — Jamais, M. de Soulanges, jamais. Il fait partie de mon être ; il ne dépend plus de moi de le surmonter.

« — Eh bien! madame, il est un moyen de tout concilier, d'imposer silence aux méchants, de vous rétablir dans l'estime des gens honnêtes, de rendre le repos à votre mère, d'assurer votre bonheur et celui de votre ami. Quelque éloignement que vous ayez pour le mariage, vous devez sentir qu'il est votre unique ressource et vous avez l'âme trop belle pour ne pas vouloir vous tirer de l'opprobre où des circonstances malheureuses vous ont plongée. Réfléchissez, madame, et songez que quelle que soit votre détermination, je me suis engagé à en instruire votre mère.

« — Je verrai ma mère, je la verrai aujourd'hui. Je pleurerai avec elle ; mais je ne peux ni l'épouser ni me séparer de lui. »

Je tombai à ses pieds. Je la priai, je la suppliai. Je mêlai aux expressions brûlantes de l'amour ce que le raisonnement a de plus fort; je lui rappelai ce que les bienséances ont de respectable. Sa tête était penchée sur mon épaule; elle tenait mes mains dans les siennes je sentais ses larmes couler sur ma joue, et elle ne répondait rien.

Je me relevai, et je m'avançais pour l'embrasser. « Non, mon ami, non, plus de baisers aujourd'hui; ils sont trop dangereux. Dans un mois ! dans un mois !...»

Elle se retira avec Soulanges. Je les conduisis jusqu'à leur carrosse. Le mien arriva un instant après. Georges en descendit. Je le laissai pour veiller à tout jusqu'au retour de Fanchette, et je rentrai chez moi au milieu des acclamations de mes bons domestiques.

CHAPITRE V.

Un Monsieur bien embarrassé entre deux... lettres. **Mariage au 101ᵉ arrondissement et charte conjugale permettant tout, hors faire l'amour. Une maman aussi complaisante... qu'elle est grande dame. Ruses dignes d'un iroquois à seule fin de pouvoir sortir de son propre hôtel, et comment Fanchette vient encore fort à propos. M. le Maire d'Ermeuil, sa fille et les gendres. Le parc d'Ermeuil. Chut! Ne troublons pas les amoureux.

Me voilà seul avec Georges, qui s'ingère de me tenir compagnie et de vouloir m'amuser. Il débute par une longue sortie contre les duels. Comme le sermon le plus court est toujours le meilleur, je priai Georges de finir. « Oh! monsieur, je sais de quoi il faut vous parler pour fixer votre attention. » Le rusé m'entretient de cinq ou six femmes, toutes plus jolies les unes que les autres; il arrive assez naturellement à la sœur Elisabeth, et, par une transition toute simple, il passe à Fanchette, de laquelle il parle avec complaisance! C'est là qu'il en voulait venir.

Le bonhomme me connaît bien : je m'assis et je l'écoutai avec une extrême attention. « Qu'elle est jolie cette Fanchette! Eh bien! monsieur, son cœur est au-dessus de sa figure. Quand on vous a apporté chez elle, le saisissement, la crainte, la reconnaissance l'ont fait extravaguer pendant plus d'une heure. » La reconnaissance! Le mot est bien trouvé. « Elle gémissait, elle baisait, elle suçait votre plaie; elle vous donnait les noms les plus tendres. Je ne sais où elle allait les chercher : il n'y a qu'un roman ou une tête dérangée qui s'exprime ainsi. Et puis ses larmes s'arrêtaient, ses yeux devenaient fixes, une pâleur mortelle lui couvrait le visage; ses dents se serraient, ses bras se roidissaient; je croyais qu'elle allait mourir avec vous. —

Oh! comme tu l'as fort bien observée, mon vieil ami, le saisissement, la crainte... Et Soulanges était-il présent à cette scène-là? — Comment, monsieur, s'il était présent! C'est lui qui a rendu Mlle Fanchette à elle-même; il lui a frotté les tempes et le dedans des mains avec du vinaigre, il lui a ôté ses jarretières, il a coupé le lacet de son corset... — En voilà assez, en voilà assez. Quelles que soient vos idées sur tout cela, vous voudrez bien, Georges, ne les communiquer à personne. Voyez si mon cuisinier s'occupe de moi. »

Trop aimante, trop confiante Fanchette! tu as sucé ma plaie! C'est peut-être à toi que je suis redevable de la vie, et lorsque tu fais tout pour moi seul, et rien pour toi, que tu crains que mon âme s'exhale entre tes bras, que tu maîtrises tes sens toujours agités près de moi, que tu me crois en sûreté auprès de Sophie, c'est avec elle, c'est chez toi, c'est sur ton propre... Ah! Fanchette, divine Fanchette, pardonne-moi une infidélité... Que dis-je? N'ai-je pas connu, aimé Sophie la première?... Eh! non, non, il n'y a ici ni primauté, ni distinction, ni préférence. Je ne suis infidèle à aucune; je leur suis fidèle à toutes deux.

« Monsieur, Mlle Fanchette est venue demander en bas si la voiture ne vous a pas incommodé. — Et où est-elle cette séduisante Fanchette? Allez, courez, allez donc, priez-la de monter. — Monsieur, je le lui ai proposé. Elle s'est retirée en disant que vous aviez besoin de repos. — J'ai besoin de repos! et qui lui a dit cela? J'ai besoin de la voir, de lui parler; je ne l'ai pas remerciée encore de ce qu'elle a fait pour moi. Pourquoi l'avoir laissée aller, vous qui vous piquez d'être si pénétrant? — J'apporte peut-être à monsieur de quoi le dédommager de ma maladresse. — Que m'apportez-vous qui puisse..? — Une lettre de Mme de Mirville. — De Mme de Mirville? Où est-elle cette lettre? Finissez-en donc... assieds-toi là, Georges; parle-moi de Fanchette. — Monsieur ne saurait lire et m'écouter en même temps. — Bah! César dictait à quatre secrétaires en styles différents. »

J'ouvre la lettre... Oh! ce n'est pas l'amour timide

qui a dicté celle-ci; c'est Vénus en délire appelant Adonis, l'attirant dans ses bras, brûlant de lui donner l'immortalité. O Sophie, te plaire, te posséder est plus qu'être immortel. « Elle n'est jamais si jolie que lorsqu'elle prononce votre nom. — Qui? Mme de Mirville; — Non, monsieur, Mlle Fanchette. Ses joues ressemblent à deux pêches. — Et ses yeux, Georges, et ce cou d'albâtre, et cette gorge divine!... » *Sa mère s'oppose à mon départ; mais sa résistance s'affaiblit insensiblement? et puisqu'il faut renoncer au monde, que lui importe que nous soyons trois ou deux dans ce château de Champagne? Ne gagnera-t-elle pas en affection et en soins ce que Sophie ne pourrait lui accorder si je n'étais pas avec elle? Et pour lever tous les scrupules, ne peut-elle prendre mon nom, répandre dans le village qu'un mariage récent...Eh! sans doute. Qu'il lui sera doux de le porter, ce nom Et! à moi de le lui donner.* « Avez-vous remarqué, monsieur, l'effet de ce bas de coton à jour? — Et ce pied moulé, Georges! et ce bas de jambe! Et sa main, sa main, dont tu ne parles pas... un peu fatiguée encore ; mais dans quelques semaines... — Oh! monsieur, comme cette main-là doit écrire! — Elle écrit comme elle pense, sans art, sans prétention, et ce qu'elle écrit va à l'âme. — Si monsieur avait lu la lettre de madame de Mirville... — Eh bien, que ferais-tu? — Je vous remettrais un billet que mademoiselle Fanchette m'a laissé en se retirant. — Eh! donne, bourreau, donne donc! »

Je suis au milieu de mon ottomane, la lettre de Sophie à ma droite, celle de Fanchette à ma gauche. Je les regarde l'une après l'autre, je ne sais laquelle prendre. Si une main se porte sur la lettre de Sophie, l'autre saisit celle de Fanchette, et je n'en peux lire qu'une à la fois. Celle dont j'ai lu quelques mots s'échappe et retombe auprès de moi. J'essaie de parcourir la seconde, et je reprends la première; je quitte celle-ci, je tiens celle-là... Me voici encore entre mes deux lettres.

« Vous riez, monsieur le plaisant? — Eh! monsieur, qui ne rirait pas? » Il a raison, j'extravague. Mais aussi, pourquoi m'écrire toutes les deux en même temps. « Georges, quand il t'arrivera deux lettres, tu ne me parleras de la seconde que lorsque tu seras bien sûr que j'aurai lu et relu la première. Tiens, emporte celle-ci, tu me la rapporteras quand je sonnerai... Non, rends-moi cette lettre, et prends l'autre... Par grâce, prends-en une, celle que tu voudras, et va-t'en. »

Georges ne sais que dire, que faire. Les deux lettres lui passent alternativement dans les mains. Une d'elles glisse de ses doigts engourdis par les années, et tombe dans le réchaud à l'esprit-de-vin sur lequel il a préparé mon thé. La lettre s'enflamme je veux la sauver, je ne fais qu'un saut. Je me brûle les doigts, je renverse le réchaud; l'esprit-de-vin bouillant tombe dans une de mes pantoufles. Je crie, je jure, je porte la main à mon pied; et quand je me relève, la lettre n'est plus qu'une pincée de cendres.

« Georges, laquelle des deux est brûlée ? — Monsieur, c'est celle de madame de Mirville. — Ah ! quel malheur ! — Non, monsieur, non, c'est celle de mademoiselle Fanchette. — Et je n'en ai pas lu quatre mots ! Cette perte est irréparable. — Rien de si facile à réparer, monsieur. Je vais aller chez elle, et je la prierai de refaire son billet. — Elle écrira d'elle-même, et j'aurais eu deux lettres au lieu d'une. Tu ne te doutes pas, Georges, de ce que c'est qu'une lettre de plus ou de moins. — Puisqu'elle écrira d'elle-même, il est donc donc inutile que j'aille chez elle. Comment, inutile. Eh ! savez-vous s'il n'y avait rien d'important dans ce billet, rien de pressé, rien de.,. Allez, allez vite ! Faites-vous donner le cabriolet. »

Il est parti... Où est donc l'autre lettre ? La voilà... Charmante Sophie, je peux te lire, te relire, sans craindre les distractions.

Relisons cette lettre; elle ne renferme pas un mot qui ne doive être gravé dans ma mémoire. Ecrivons à notre tour, et subissons la loi qu'elle impose. Un mois d'arrêts est bien long; mais puis-je lui refuser quelque chose, à elle qui m'a tout accordé ?

Je sonne... Philippe, portez cette lettre.

Que vais-je faire à présent? Il est midi... Dix à onze heures encore à consumer avant de penser à me mettre au lit!

« Philippe, va m'acheter un tour, et amène-moi un tourneur. » Je tournerai. Quand les bras sont occupés, la tête et le cœur sont tranquilles.

« Eh bien, Georges, tu as vu Fanchette, tu lui as parlé, elle t'a répondu. — Oui, monsieur, et comme nous vous aimons tous deux, il n'a été question que de vous. — Elle a écrit sans doute. — Elle s'y refusait d'abord. — Comment, elle s'y refusait! — Mais je lui ai tant répété que je serais mal reçu si je n'avais rien à vous remettre, qu'enfin elle s'est déterminée. Voilà son billet : »

« Je n'ai pu résister ce matin à l'impulsion de mon pauvre cœur, il était navré et incapable de rien calculer. Vous ne m'avez rien promis, je n'ai pas le droit de vous faire des reproches, et j'avais osé vous en adresser. Ce que je vous ai refusé, ce que je devais vous refuser, un autre l'a obtenu chez moi au moment même où vous veniez de me presser dans vos bras!... J'ai reconnu des traces... Je suis bien aise que vous n'ayez pas lu mon premier billet : je ne veux avoir à vos yeux d'autre tort que celui de vous aimer. »

« Ne te le disais-je pas que la perte de ce billet est irréparable? Ces tendres plaintes, qu'elle se reproche de m'avoir adressées, n'étaient-elles pas une preuve nouvelle de son amour? Gémit-on de l'infidélité d'un homme qu'on a cessé d'aimer? Ce pauvre cœur, ce cœur navré m'entretenait de sa peine, et ces soupirs sont perdus pour moi. Fanchette, chère Fanchette, je vole à tes pieds, dans tes bras! J'essuierai tes pleurs, mes baisers en tariront la source. Georges, qu'on mette les chevaux. — Y pensez-vous, monsieur? Dans l'état de faiblesse où vous êtes encore... — J'ai affligé Fanchette, je ne vois que mes torts! Ma voiture, vous dis-je! — Permettez-moi, monsieur, de vous désobéir. — Georges, vous abusez de l'affection que j'ai pour vous; ma voiture! je la veux. — Eh bien! monsieur, souffrez que je retourne chez mademoiselle

Fanchette; je lui ferai part de votre résolution, je la supplierai de vous épargner une démarche qui peut vous être funeste; elle me suivra, j'en suis sûr, et pourvu que vous la voyiez, qu'importe que ce soit chez elle ou ici. — Eh bien! je consens à l'attendre. Mais dis-lui, repète-lui que je pars si elle n'arrive à l'instant.

« Ah!... prends mon carrosse, baisse les stores... Encore un mot. Je n'y suis pour personne, pour personne, entends-tu? Qu'on dise que je repose. »

Reposer! pas de repos pour moi que je n'aie rappelé le sourire sur les lèvres de Fanchette. J'ouvre ma croisée. Je regarde les voitures qui passent et repassent. J'appelle Fanchette d'un bout de Paris à l'autre, et mon carrosse n'est pas sorti encore... Le voilà. Bon, le cocher pique ses chevaux. Il disparaît... Quand le reverrai-je?

« Monsieur, voilà le tour et le tourneur. — O! j'ai bien autre chose en tête que ton tour et ton tourneur. Mets le tour dans un coin, et le tourneur à la porte... » Qu'ai-je ordonné là? Mes expressions sont d'une duretée... « Philippe, je ne veux pas que cet homme ait été dérangé infructueusement pour lui. Qu'il établisse le tour dans cette petite pièce qui tient à la salle à manger. Qu'il apporte ensuite du bois à gâter, le bois nécessaire à un commençant. — J'avertirai monsieur quand tout sera prêt. — Non, tu prendras leçon pour moi. Tu tâcheras de profiter, entends-tu, et quand j'aurai un moment à moi, j'irai te voir travailler...

« N'entends-je pas un carrosse?... Oui, c'est le mien... Eh! non... C'est lui; les stores sont baissés; elle est dans la voiture; elle arrive, je le sens aux battements précipités de mon cœur. Va, Philippe, va tourner, et que je ne te revoie pas d'aujourd'hui. »

Je sors, je cours au devant d'elle; je suis au milieu des dégrés... Elle les monte avec la légèreté d'un oiseau; mes bras s'ouvrent: « Que faites-vous, monsieur? Allez-vous vous donner en spectacle à vos gens? » Elle arrive en deux sauts dans ma chambre à coucher; je la suis; la porte se ferme; je m'approche d'elle et je commence une explication qu'il n'est pas facile de tourner à mon avantage.

Elle m'interrompt et me prie de l'écouter. Elle va s'asseoir à l'autre extrémité de la chambre. Un air grave succède à ces traits de flamme qui s'échappent de ses yeux, au vif incarnat qui couvre ses joues quand elle est près de moi. Je remarque une robe perfide, fermée jusqu'au menton; un grand fichu, méchamment croisé par devant et noué par derrière. Ces précautions sont d'un fâcheux augure. N'importe, écoutons-la d'abord, et nous verrons ensuite. Ce ne serait pas la première fois que l'amour, placé entre nous deux, aurait fait taire la raison.

« Je ne suis venue ici, monsieur, que par la crainte de vous voir faire une démarche aussi déplacée que dangereuse. Mais j'ai résolu de mettre à ma condescendance deux conditions que vous accepterez si vous ne voulez pas que je me retire à l'instant. La première, c'est que vous ne me direz pas un mot de ce qui s'est passé ce matin chez moi. » Cet excès de générosité me confond et me ravit. Je me lève, je m'élance... « N'approchez pas d'avantage, monsieur. Retournez à votre place, je vous en prie.

« Voici ma seconde condition. Vous laisserez entre nous un intervalle tel que je n'aie rien à redouter pour vous des suites de cette entrevue. — Quoi, Fanchette, vous me croyez capable d'un tel empire sur moi-même ! — Vous aimez moins que moi, monsieur, je n'en doute pas, et cependant j'ai la force de soumettre mon faible cœur. Il souffre cruellement de la contrainte que je lui impose; mais ma raison l'emportera, et ce que je peux, vous le pouvez plus facilement encore. »

Je n'avais pas quitté mon siége, et insensiblement j'étais arrivé au milieu de ma chambre. J'avais les bras étendus vers Fanchette; je l'invoquais, je l'implorais. Ses bras aussi s'étendaient vers moi; son sein palpitait; ses paroles expiraient sur ses lèvres; elle ne balbutiait que des soupirs. Son fauteuil perdait de son immobilité... Nos mains se rencontrèrent.

« Cet état est insoutenable, dit-elle en se levant brusquement. Il faut fuir ou succomber. » Elle court se jeter dans mon cabinet; elle en ferme la porte sur elle. Le rideau qui couvre le vitrage est de mon côté. Je le lève. Je vois Fanchette assise. Ses mains couvrent son visage charmant, et son attitude tient à la fois de la douleur et de la volupté.

Quoi! il n'y a entre moi et le bonheur qu'un misérable carreau de verre, et ce frêle obstacle m'arrêterait! Je prends une raquette; je mets en pièce le carreau qui touche à la serrure; j'allonge le bras... Fanchette a fermé les deux tours; la clef est sur le parquet à l'autre bout du cabinet.

J'examine le vide qu'à laissé le carreau; je juge qu'il m'est facile de passer. Je prends un tabouret... Elle tombe à genoux devant moi; elle me supplie à son tour. Je ne réponds pas; elle insiste. Je la vois, et je la vois plus belle que jamais. Ses prières me retiennent; mais ses charmes m'attirent; je vais fondre mon cœur dans le sien. « J'ai fait tout ce que j'ai pu, s'écrie-t-elle. Mes forces sont épuisées par la résistance, il ne m'en reste que pour t'aimer. Tu le veux, je me rends. »

Elle va prendre la clef, elle ouvre la porte... Celle de ma chambre à coucher s'ouvre en même temps... C'est Soulanges.

Pourquoi est-il là? Pourquoi l'a-t-on laissé monter malgré ma défense? Je chasserai mon suisse... Soulanges me regarde d'un air embarrassé : aurait-il forcé la porte?

« Mon cher ami, me dit-il, j'avais résolu de colorer d'un prétexte quelconque mon apparition inattendue. Mais je crois que la vérité est préférable à de vains subterfuges, surtout quand elle fait honneur à quelqu'un. Georges, en allant prendre mademoiselle, est entré chez moi. Il m'a confié ce qu'elle et vous avez dit et fait aujourd'hui. La conduite de mademoiselle est d'une femme estimable, et vous êtes l'homme le plus extraordinaire qui existe. J'ai conclu du rapport de Georges que vous avez besoin d'être gardé à vue, et me voilà.

» — Quoi! Georges s'ingère de son autorité privée de régler mes actions, de me donner indirectement des lois!

» — Je m'établis chez vous. Je vais faire monter un lit dans cette chambre. Je ne vous quitterai ni le jour ni la nuit. Si vous sortez, je m'attache à vous comme votre ombre, et je ne vous rendrai à vous-même que quand vous serez aussi bien portant que moi.

» Vous êtes trop pénétrant pour ne pas sentir que je vous sacrifie quelque chose. Mais l'amitié sans dévouement est tout au plus une liaison. Pourquoi faire la mine, mon cher ami? Vous n'y gagnerez rien : mon parti est pris.

» Cependant je ne prétends pas porter mon ascendant jusqu'à la tyrannie. Il faut se relâcher un peu en faveur des enfants et des fous : j'engage mademoiselle à venir dîner tous les jours avec nous.

» — Eh! monsieur, pensez-vous à ma position, à celle de votre ami, à l'indiscrétion des domestiques? Je ne m'occupe pas de moi : j'ai tout sacrifié à l'amour, et ce sacrifice ne m'a pas coûté. Mais que dirait-on d'un homme bien né, riche, considéré, qui ferait exclusivement sa société d'une fille sans nom, sans fortune, sans état? — On dira qu'il vous doit beaucoup et que la reconnaissance vous a rapprochés. On dira que vous lui continuez vos soins. On dira ce qu'on voudra, et puisque ce n'est pas votre intérêt personnel qui vous arrête, qu'importe à monsieur qu'on le croie bien avec une des plus jolies femmes de Paris? »

Qu'elle est celle qui n'est pas flattée d'un éloge amené sans affectation? Une coquette eût répondu. Fanchette sourit légèrement, et fit une petite révérence, si drôle, si jolie!

Nous commençâmes à causer tous trois avec assez de liberté d'esprit, et nous réglâmes tout ce qui avait rapport au petit ménage que nous allions tenir.

On avait décidé d'abord que Fanchette viendrait à quatre heures, et que je la ferais reconduire à neuf. Mais je pensai qu'il était fort égal pour le public qu'elle fût ici à huit ou à quatre, et cela m'arrangeait beaucoup mieux. Cela parut aussi convenir à Fanchette, car elle rougit : c'est sa manière de répondre à une proposition qui lui plaît.

Soulanges observa que fermer sa boutique à huit heures du matin n'est pas le moyen de faire prospérer son commerce. Fanchette répondit qu'elle était établie depuis trop peu de temps pour avoir des pratiques à perdre. J'allais ajouter que je comptais bien la dédommager des pertes que j'occasionnerais. Mais je pensai que cela se fait, et qu'on n'en parle pas.

Arrêté du petit comité portant que Fanchette arrivera à huit heures.

J'observai encore que puisque Fanchette devait venir à huit heures du matin et ne s'en retourner qu'à neuf, il était indifférent au public qu'elle couchât chez moi ou ailleurs. « Cette proposition ne passera pas, dit Soulanges. Je dors comme une marmotte, et je ne suis venu ici que pour voir ce qui s'y passe. » Fanchette garda le silence ; j'insistai ; Soulanges résista avec fermeté ; il fallut me rendre.

On sent le besoin d'user le temps à quelque chose quand on ne peut l'employer à faire l'amour. Il fut réglé de mon consentement :

Qu'on déjeunerait à huit heures ;
Que de neuf à onze, Soulanges montrerait à Fanchette à dessiner des fleurs ;
Que de onze à midi, Fanchette nous ferait une lecture ;
Que de midi à trois heures, je tournerais ; que Fanchette, assise auprès du tour, s'occuperait de quelque ouvrage d'aiguille ; que Soulanges peindrait des fleurs destinées à orner la chambre de notre compagne ;
A trois heures, le dîner ;
De cinq à six la conversation ;
De six à neuf, une leçon de piquet ou de trictrac à Fanchette ;
A neuf heures, le bonsoir.

Et pour que rien ne fût changé à l'ordre convenu, Soulanges imagina quelques articles réglementaires qu'il me soumit, que je combattis, que je fis changer ou modérer, et qui enfin, malgré mes réflexions, observations, additions, suppressions, furent rédigés ainsi qu'il suit :

1º *On se regardera comme on voudra; mais on ne parlera pas directement d'amour.*

2º *On se prendra les mains quand on voudra; mais la pression ne durera pas plus de dix secondes, montre sur table.*

3º *Mademoiselle Fanchette pourra quelquefois se laisser baiser la main; mais elle ne souffrira pas qu'on y tienne les lèvres attachées plus de quatre secondes.*

4º *On pourra prendre et donner, dans le courant de la journée, six baisers sur les joues, le front ou le menton, et pas ailleurs.*

Et pour la facilité de l'exécution des articles ci-dessus,

5º *Mademoiselle Fanchette ne viendra ici qu'avec la robe qu'elle porte maintenant, ou telle autre coupée sur le même modèle.*

6º *Elle portera continuellement sur son fichu un châle qui descendra jusqu'aux pieds par devant, et jusqu'au pliant du genou par derrière.*

7º *Elle supprimera les bas fins à jour, et les souliers découverts.*

8º *Ses cheveux noirs bouclés descendront jusque sur ses yeux.*

9º *Elle ne pourra quitter ses gants que lorsqu'elle voudra prendre la main, se la laisser prendre, ou se la laisser baiser.*

Soulanges avait un air triomphant; il se croyait un Lycurgue ou un Solon. Il ne réfléchissait pas que le code le plus parfait donne toujours lieu aux interprétations. A peine une loi est-elle promulguée, que vingt avoués savent comment ils l'éluderont, et j'étais plus qu'un avoué dans ce moment-là.

Quelque défectueuses que soient des lois, on n'en fait pas une collection en une heure. La discussion et la rédaction de celles-ci nous avaient menés jusqu'au dîner : Philippe entra pour nous servir.

Comment le législateur Soulanges va-t-il nous ranger? Nous serons trois autour d'une table ronde, et je défie tous les faiseurs de lois, nés et à naître, d'empêcher que je sois à côté ou en face de Fanchette. Soulanges me place vis-à-vis d'elle : c'est tout simple ; j'en suis aussi éloigné que le permet le diamètre de la table. Mais une table de trois couverts n'est pas grande, et on a des pieds pour quelque chose... « Va tourner, Philippe ; Georges nous suffira.

» — Dînerai-je avec mes gants, demande Fanchette avec le ton modeste d'un client qui parle à son rapporteur. — Non, non, répond Soulanges, ce n'est pas l'usage. Mais j'ai tout prévu ; j'avais mes raisons pour vous éloigner l'un de l'autre. » Il n'a pas prévu que nos mains se rencontreront quand je lui passerai une carafe, quand elle me passera une aile de poulet, et nous avons aussi nos raisons pour nous passer toujours quelque chose... Soulanges sourit.

Je me lève, et je vais ranger les cheveux de Fanchette, qu'elle a religieusement placés sur les plus beaux yeux du monde. « Halte là, dit Soulanges, j'invoque l'autorité des règlements. Il est écrit, art. 8 : *Ses cheveux noirs bouclés descendront jusque sur ses yeux.* — Oui, mon ami. Mais il est écrit, article premier : *On se regardera comme on voudra*, et comment voulez-vous qu'on se regarde les yeux bouchés? Vous avez fixé des heures où Fanchette doit *lire* ou *travailler de l'aiguille.* Festonne-t-on sans y voir? — Diable, il y a contradiction entre ces deux lois-là. Il faut en rapporter une. — *L'article* 8, mon cher Soulanges. — Non, mon ami, *l'article premier.* — La majorité décidera. C'est à mademoiselle à faire pencher la balance, et l'amour l'emportera. »

L'article 8 est supprimé.

Le dîner se passa en plaisanteries, et jusqu'à un certain point Soulanges atteignait à son but : le cœur est calme quand la gaieté s'y introduit.

Je continuais ; Fanchette riait aux éclats ; Soulanges frappait du pied.

Il sauta au plafond quand je commençai à user de la

prérogative que m'accordait *l'article 4*. Je n'avais cherché ni les joues, ni le front, ni le menton. « Qu'avez-vous encore, mon cher Soulanges? Le jury prononce sur la question intentionnelle. Je déclare n'avoir pas eu l'intention de rencontrer les lèvres de Fanchette. Qu'avez-vous à me reprocher? »

Soulanges se fâche tout de bon. Il m'enlève Fanchette; il la porte dans le salon. Fanchette trouve une porte de dégagement, elle suit le couloir et rentre dans ma chambre à coucher. Soulanges se désole : il voit son code du matin déjà tombé en désuétude.

« Allons, allons, dit-il, il faut que je m'exécute de bonne foi, Je sens le vice de ma rédaction, et je supprime toutes mes lois. Mais, mademoiselle, c'est à vous que je confie ce dépôt précieux, celui d'une vie qui vous est chère. Rappelez toute votre prudence. Prévenez ces émotions, dangereuses pour mon ami et pénibles pour tous deux, lorsqu'elles demeurent sans résultat. Or, je suis ici. — Je répondrai à votre confiance, monsieur; je m'en montrerai digne. »

De quel ton auguste elle a prononcé ces effrayantes paroles! Plaisante-t-elle? Non, vraiment. Elle reprend son châle, elle remet ses gants; elle s'assied devant une table de jeu; elle ne voit plus que le tapis vert.

Oh! cela ne durera pas. Je suis assis près d'elle, et j'ai des moyens sûrs de rétablir mon empire... « Otez votre main, monsieur... Laissez mon genou... Vous me faites mal au pied. — Je me retire, mademoiselle. — Vous me ferez plaisir, monsieur. — Vous me chassez; je ne reviendrai plus. — Mon ami! — Fanchette! — Vous m'affligez. — Je vous obéis. — Revenez, par grâce, revenez. — Je reviens, mais je boude. — Mademoiselle, vous justifiez bien mal ma confiance. — Monsieur de Soulanges, regardez-le. — C'est un très-joli homme, je le sais, mademoiselle, mais ce n'est pas une raison pour le tuer. — Le tuer, monsieur de Soulanges, le tuer, moi qui donnerais ma vie pour conserver la sienne! — Je ne veux pas que vous mouriez, mademoiselle; mais si vous voulez qu'il vive, allez-vous-en, et ne revenez plus

» — Ah! Soulanges, quel ton vous prenez avec elle! — Peut-être en trouverai-je un qui me réussira. — Elle sort, mon ami. — Tant mieux. — Brouillée avec moi. — Ce n'est pas avec vous. — Rappelez-la donc. — Je m'en garderai bien. — Je cours après elle. — Quel homme! »

Je la suis, je la joins dans mon antichambre; je l'arrête, je la prends dans mes bras... Une lumière! c'est cet hypocrite Georges. « Monsieur s'expose à se blesser. — Non, monsieur, je ne m'expose pas. — Mamemoiselle ne saurait descendre sans y voir. — Il y a un reverbère sur l'escalier. — Mais pour arriver jusque-là?... Philippe! vite, un second flambeau. — Georges, je me fâcherai sérieusement. — Mademoiselle, la voiture est à vos ordres. » Elle descend sans dire un mot. Elle supporte tout pour moi, jusqu'à l'humiliation!

Je rentrai. Que pouvais-je faire de mieux? Soulanges riait à son tour à gorge déployée. « Vous l'emportez, monsieur. — J'avais tout disposé pour cela. — Sans les obligations que je vous ai... — Vous m'en aurez bien d'autres. — Je ne le crois pas. — Vous serez donc bien fin. — Peut-être autant que vous. — Mon cher ami, vous avez la fièvre chaude. — A la bonne heure, soit. — Pourquoi donc ne pas vous laisser conduire? — Eh! vous faites de moi tout ce que vous voulez. — Raisonnons un moment. — Cela vous est bien facile, homme à la glace.

» — Vous ne rêvez que folies, je vous éveille; ai-je tort? — Je ne dis pas cela. — Vous aimez deux femmes à la fois... — Mon ami, je crois que j'ai deux cœurs. — Vous vouliez d'abord en garder une ici le jour et la nuit. — J'aurais également voulu garder l'autre. — Du repos et de la sagesse, voilà ce qu'il vous faut. — Vous croyez cela? — D'ailleurs, si Fanchette fût restée ici, quand auriez-vous lu la lettre que Georges a sans doute à vous remettre? quand y auriez-vous répondu? — Une lettre de Sophie! — De Sophie, plus jolie peut-être que Fanchette; qui vous aime autant qu'elle, qui a un nom, un rang; que vous avez perdue dans le monde; à qui vous devez une réparation, et qui, à tous égards, mérite la préférence. Georges, vous avez une lettre pour monsieur? — La voilà.

» — Lisons-la ensemble, mon ami : vous savez que vous n'avez plus de secrets pour moi.

» Arrêtez-vous à cette phrase-ci, à celle-là, à cette autre. Dites-moi si Fanchette a cette facilité, cette grâce, cette abondance, cette chaleur. — Oh! Fanchette n'écrit pas mal. — Lisez, lisez, et, avant d'être à la fin de la troisième page, vous ne rêverez plus qu'à Sophie. »

Il a raison; personne ne pense, n'écrit comme cela. Mais je le devine : il veut détruire une impression par une autre. Qu'y gagnera-t-il, si l'image séduisante de Sophie remplace celle de Fanchette dans ce cœur? Pauvre cœur! et cependant trop heureux mortel!

« Georges, apprêtez-moi ce qu'il faut pour écrire. — Et pendant que vous écrirez, il m'arrangera un lit. — Ici! — Oui, ici. Je vous l'ai dit, je ne vous quitte plus. — Allons, Georges, un lit à mon garde. »

Écrivons... Ah! voilà deux lignes en *post-scriptum*, qui m'étaient échappées : « Je te dois un dédommagement de ta docilité, de tes privations, on te le remettra avec cette lettre. »

« Monsieur Georges, vous avez encore quelque chose à me donner. — Ah! pardon, monsieur : j'oubliais un très-petit paquet que j'ai mis dans la poche de ma veste. Mais comment penser à tout quand on est toujours en l'air, tout à vos mouvements, à l'inflexion de votre voix, aux signes de M. de Soulanges? — En voilà assez. Voyons le petit paquet... C'est elle, c'est bien elle! c'est ainsi qu'elle me regarde, qu'elle me sourit! Soulanges, voyez donc ce portrait. — Il est frappant de ressemblance, et jamais peintre n'a fait d'idée une aussi séduisante figure... Oh! Sophie, ma Sophie! femme adorable et adorée!... » Je couvre le portrait de baisers; je le porte à mon cœur; je le reporte à mes lèvres... Qu'est-ce que cela? Une chaîne d'or. Elle a tout prévu; elle indique tout. Je passe la chaîne à mon cou. L'image précieuse est fixée sur mon cœur...

Fixée, non. Je la prends, je la regarde, je la baise encore... « Mon ami, vous n'êtes pas raisonnable. Pensez donc à l'état où vous voilà. Faudra-t-il vous ôter jusqu'à ce portrait? — Non, Soulanges, non. Je me possède et j'écris.

» — Ces messieurs n'ont plus besoin de rien? demanda Georges. — Non, » répond Soulanges. Il congédie le vieux domestique, il ferme toutes les portes à double tour; il prend toutes les clefs; il les met sous son oreiller; il se déshabille avec la morgue d'un chef des eunuques du Grand Seigneur.

« Ah! çà! monsieur, je suis donc prisonnier chez moi? — Je vous ai dit, monsieur, que je dors profondément, et je ne veux pas que vous m'échappiez pendant mon sommeil. — J'irai courir les rues de Paris, à pied, à l'heure qu'il est, n'est-il pas vrai? — Ecrivez, écrivez, mon ami. Moi, je vous souhaite le bonsoir. »

Oh! parbleu! il m'a donné là une bonne idée. Très-certainement je lui échapperai, et aussitôt que je pourrai tromper sa surveillance et celle de mes gens, tous conjurés contre moi... Continuons d'écrire...

Il dort, ou il en fait le semblant. Sachons jusqu'à quel point je peux compter sur son sommeil. Je n'ai pas la maladresse de lui adresser la parole : il ne donnerait pas dans un piége aussi grossier. Je me parle à moi-même, et sur tous les tons. Je reprends le précieux portrait; je me laisse aller à la vivacité de mes sentiments. Exclamations, invocations, passion, tout cela est employé avec un enthousiasme vrai, parce que tout cela est senti, et il ne fait pas le moindre mouvement. Je lui passe sous les yeux une bougie allumée... Allons, c'est un homme mort jusqu'à demain matin. L'heureuse découverte!

Ai-je encore quelque chose à dire à la belle des belles, à la meilleure des femmes? Non, je ferme mon paquet, et, comme Soulanges, je vais essayer de fermer les yeux.

Fermer les yeux! Trouvez donc du repos, vous, qui avez trente ans, qui portez au cou le portrait de votre maîtresse, qui brûlez de la voir, et qui êtes agité par le souvenir du jour et l'espérance du lendemain ?

Tout s'use, tout passe, jusqu'à Mesmer, Fénaigle et Gall. Cette belle chaleur du sang s'affaiblit ; ces émotions voluptueuses se dissipent ; les plus douces, comme les plus brillantes illusions, cèdent à la voix impérieuse du besoin : l'ambitieux dort quelquefois ; les amants tous les jours... plus ou moins cependant.

Il était tard quand je m'éveillai. Soulanges était déjà dans une bergère. Il attendait mon réveil, un livre à la main. « Il me semble, mon ami, que vous ne perdez rien pour vous endormir après les autres. J'ai demandé le déjeuner. Un convalescent doit avoir appétit en ouvrant les yeux. — Supérieurement pensé, mon cher Soulanges. — Allons, je vais me lever. Georges ? — Monsieur ? — Habillez-moi... Qu'est devenu l'habit que j'avais hier ? — Mon cher ami, vous n'avez plus ici d'habits, de culottes, ni de chapeaux. Je me défie de mon sommeil, je vous l'ai déjà dit, et j'ai envoyé tout cela... — Où ? — Je vous le dirai quand je vous rendrai la liberté. — Voilà qui est un peu fort. Georges, où sont mes habits ? — Voilà, monsieur, des pantalons, des robes de chambre du meilleur goût, des bonnets de coton, des madras, des casquettes. Monsieur a de quoi choisir. — Où sont mes habits, vous dis-je ? — Je l'ignore, monsieur. — Vous mentez. — Monsieur de Soulanges m'a fait faire une malle, m'a envoyé chercher un commissionnaire ; j'ai aidé à charger la malle ; monsieur de Soulanges a glissé une adresse dans la main du porteur, il est parti. — C'est bien joué, très-bien joué, mon cher Soulanges. Mais, puisque vous attaquez, je peux me défendre. Des précautions aussi adroitement prises piquent mon amour-propre, et m'invitent à les déjouer. Nous voilà en état de guerre : tenez-vous bien.

— Oh ! c'est ce que je compte faire. Déjeunons, mon ami.

» — Ah ! mon Dieu !... mon portrait !... ce portrait chéri, qui me tenait lieu de tout... qu'en avez-vous fait ? Je ne supporterai pas cela, par exemple ! — Mon ami, vous dormez aussi bien que moi : je l'ai détaché, sans que vous ayez donné signe de vie. — J'espère, monsieur, que vous allez me le rendre. — Je vous laisse le choix entre deux partis. Vous vous contenterez d'avoir quatre fois par jour le portrait à votre disposition, et pendant cinq minutes à chaque fois, ou je le renverrai à madame de Mirville. — Vous avez une fureur de faire des règlements !... et vous savez combien de temps ils durent. — J'entends. — Quand vous tiendrez le portrait, vous ne vous en dessaisirez plus. Mais je le reprendrai demain matin, et sans pitié je le ferai disparaître pour quinze jours. — Cette menace me ferme la bouche. — Allons, je recevrai de vous le portrait quatre fois par jour, et je vous le rendrai fidèlement. Déjeunons. — Déjeunons.

» — Le portrait, mon ami. — Ce portrait et une digestion facile ne s'accordent pas. — Vous êtes un tyran, un tyran inexorable. — Pour que de grands mots produisent leur effet, il faut bien se garder de rire en les prononçant. Prenez-vous encore quelque chose ? — Le portrait, si vous voulez me le donner. — Oh ! le bel effet de lumière ! Observez donc, mon ami, ces rayons qui jouent à travers les masses de vos marronniers. — Eh ! mon ami, j'ai tant vu le soleil ! — Passons sur ce balcon. Jouissons de la fraîcheur de la matinée. — Soulanges, vous voulez me détourner de mon objet, et vous vous y prenez gauchement. Je connais tous les rébus qui entrent dans la fabrication d'une idylle, la nature, la campagne, les oiseaux, les coteaux, les troupeaux, les pipeaux. Tout cela ne vaut pas Sophie, ne vaut pas même son portrait.

» Ce jugement est un peu hasardé. Madame de Mirville est charmante, sans doute, comme la rose qui est éclose hier et qui se flétrira à midi. Madame de Mirville et cette rose seront remplacées par d'autres fleurs dont on admirera un moment l'éclat, dont on savourera un moment le parfum, et on ira ensuite cultiver la fleur nouvelle qui aura succédé à celle-ci, et qui l'aura fait oublier. Mais la nature, toujours jeune, toujours forte... — Mais le papillon qui suce le miel de la fleur vieillit et meurt avec elle. Ainsi tout est égal entre eux sous le rapport de la durée. Mon portrait !

» — Qu'appelez-vous la durée ? Le temps existe en effet pour une portion de matière organisée, d'une modification à une autre. Mais, pour l'ensemble des choses, il n'y a pas de succession. — Ah ! vous voulez m'entraîner d'objets en objets, d'une discussion à une autre. — Ce grain de sable sera peut-être verre demain ; le verre sera cassé après-demain, et il serait plaisant que le grain de sable et le verre voulussent avoir leur almanach, non d'un an, d'un mois, d'une semaine, mais un almanach à secondes, et qu'ils prétendissent mesurer le temps à l'univers, d'après leur existence d'un jour. Voilà pourtant ce que nous faisons, nous autres grains de sable, qui, semblables à la boule de neige que grossissent les enfants, roulons jusqu'à ce que le dégel restitue à la terre les parties intégrantes de cette pauvre boule, qui se croyait quelque chose, parce qu'elle était bien blanche et bien grosse relativement à une fourmi. Nous ne sommes qu'un point imperceptible, saillant ici, s'éteignant là, dans la foule innombrable de points qui meurent et qui renaissent sans interruption. — Ce que vous dites là est très-moral, pourrait être le sujet d'un sermon, et n'a rien de commun avec un portrait.

» — Ce portrait est un point, comme cette planète que vous voyez là-bas. — C'est Vénus. Croyez-vous, Soulanges, qu'on fasse l'amour dans Vénus ? — Comment, si je le crois ! On fait l'amour partout où il y a chaleur et mouvement. — On ferait là-bas l'amour comme ici ! — Comme ici précisément, cela ne me paraît pas probable. — Comme ici, ou comme là, on aime toujours bien quand on sent avec énergie. — Comme vous. — Comme moi. — Vous êtes modeste.

« — Vous m'étonnez, mon cher Soulanges ; je ne vous croyais pas si profond. — Moi, mon ami, je ne sais rien. J'ai lu quelques livres, et les idées des autres font fermenter les miennes ; c'est le coup électrique qui se communique de proche en proche. — Oh ! nous parlerons encore astronomie ; ces rêves-là en valent bien d'autres. — Ceux surtout qui échauffent le sang et la tête, et qui troublent le sommeil. — A propos de cela, Soulanges, passez-moi le portrait : il est temps de redescendre sur la terre. — Le portrait? En écoutant, en répondant, vous l'avez mis dans votre poche. — C'est parbleu vrai! Vous me faites tout oublier, rusé que vous êtes! — Ce n'est pas moi, c'est l'astronomie. Vive la science! — Oui, quand j'en aurai.

« — Ces messieurs sont servis. — Dînons, Soulanges. Il est agréable de régir l'infini le verre à la main... Cette Sophie si séduisante, si aimable si candide et si spirituelle, viendrait tout simplement d'une botte de céleri! — Ou d'une truffe élaborée : tous deux ont de la vertu. — Ce teint si frais, ces lèvres rosées seraient un composé de laitues, de concombres, de cresson! — Un brochet, quelques côtelettes d'un mouton, formés comme elle, ont peut-être arrondi cette gorge que vous aimez tant, et que je soupçonne si jolie! — Un verre de pomard là-dessus. Je le bois à Sophie. — Mon ami, c'est boire aux laitues, aux truffes, aux brochets et aux côtelettes. — Pas du tout, monsieur. En admettant qu'ils soient principes, ils le sont comme les couleurs qui entrent dans la composition d'un tableau. Je jouis quand je vois les Sabines ; la palette a disparu. A Sophie et à David! — A la comtesse! — Et à tous ceux et surtout à celles qui concourent à embellir notre existence!

« Soulanges, je fais une réflexion. Tout notre être vient de la terre, et y retournera pour être autrement modifié. Cela semblerait indiquer la fragilité des individus, mais l'éternité des espèces et des choses.

« — Sans doute, mon ami, la matière est éternelle. Si on admet un commencement, rien n'existait, et il y a eu création. S'il y a eu création, il a fallu d'abord créer l'espace ; on ne saurait meubler un boudoir avant que la maison soit bâtie. Où mettre cet espace? — Nulle part. — Cela ne se peut pas. Dans une étendue déjà existante? — L'étendue et l'espace sont la même chose, et si vous admettez l'éternité de l'étendue, vous devez admettre l'éternité de la matière. Pourquoi le tout serait-il postérieur à la partie ?

« — Georges, donnez-nous du café. — Point de café, Georges ; ce sont des calmants qu'il faut à votre maître. — Vous en prenez, Soulanges ; vous vous imposez une privation... — Qui ne me coûte rien si elle est utile à mon ami. — Voulez-vous faire un tric-trac ? — Je le veux bien... Une gorge faite avec des côtelettes !... — Six points d'école, mon cher... — Soit. Croire presser des lèvres de roses, et ne baiser que des radis rouges ou des betteraves !... — Encore une école, mon ami. — Eh ! comment voulez-vous que mon imagination se concentre dans un trictrac lorsque nous arrivons des extrémités de l'univers ? — Lorsque nous arrivons des extrémités de l'univers ! quelle tournure d'idée et de phrase ! lorsque nous venons d'errer dans l'infini.

« — Monsieur, voici une lettre de madame de Mirville. — Donne, mon bon Georges, donne... — Eh bien ! que signifient cette dilatation de physionomie, ces sauts, ces exclamations ? — Mon ami, je suis dans l'ivresse. Sa mère consent que j'aille la joindre dans sa terre de Champagne. Elle permet que nos jours ne soient qu'une suite de jouissances et de félicités. — La mère est donc aussi folle que sa fille et que son amant ? — Sophie m'annonce son départ avec les expressions de l'amour en délire. Elle emmène avec elle son architecte et son peintre décorateur. Sa mère et moi partirons à la fin du mois. Quelles sensations délicieuses l'espérance seule me fait éprouver !... Mais pourquoi attendre l'expiration de ce mois éternel ? Je me porte bien, très-bien, à merveille. Mon ami, je vais prendre la poste ; je veux la devancer. Quelle surprise je lui ménage! Elle part ; elle croit me laisser à Paris ; elle soupire en pensant à l'intervalle qui nous sépare, et qui s'agrandit à chaque instant. Elle arrive ; je cours, j'ouvre la portière. Elle me reconnaît, elle jette un cri, et se précipite dans mes bras. Je l'enlève, je la porte... Georges, envoie chercher des chevaux. — Georges, restez ici. — Par grâce, mon cher Soulanges, par pitié!... — Je suis impitoyable. — Mon ami, mon bon ami! — Vous ne partirez pas. — Je m'évaderai. — Je vous en défie. Je suis votre soleil; je vous soumets à la loi de l'attraction. — Si vous étiez immobile comme le soleil, je ne vous craindrais pas. — Le soleil immobile! Il tourne sans cesse sur lui-même. — Sans changer de place?— On le dit. — Eh bien! pirouettez ici; moi, je m'en vais en Champagne. — En robe de chambre et en bonnet de nuit? — Je m'habillerai au Palais-Royal. — Les savants ne sont pas de la même opinion sur le mouvement du soleil. — Oh! laissons là les savants. — Il en est qui croient que tous les soleils possibles marchent en tournant sur eux-mêmes, d'occident en orient, entraînant avec eux les planètes qu'ils régissent. — Cette opinion me paraît la meilleure. Comment supposer un corps céleste tournant sur lui-même à la même place, et n'étant sujet à aucune influence qui le pousse ou l'attire? Soulanges, la Champagne est pour Paris sur la route d'orient en occident; attirez-moi en Champagne. »

Soulanges reprend son cours scientifique et continue en dissertations à perte de vue sur le soleil, la lune, les planètes, et cela pendant deux longues heures.

Enfin! je l'interromps. « Ah! mon ami, quel rôle brillant vous joueriez sur cette terre régénérée! — A propos de cela, je n'ai pas répondu à Sophie, et voilà dix heures!... Vite, vite, du papier!... Ce n'est pas cela. Ce que j'écris est pauvre, insignifiant. J'ai la tête pleine de soleils qui s'éteignent, de planètes qui s'embrasent, et le cœur froid comme un habitant de Saturne. Couchons-nous, Soulanges. Je répondrai demain matin. »

Le fripon! Je l'entends dire tout bas à Georges: « Je suis enfin parvenu à le distraire pendant toute une journée. » Ah! vous y mettez de l'amour-propre, monsieur de Soulanges! Ah! vous caressez votre vanité! Demain j'aurai mon tour.

Comme il dort! et il se croit amoureux! J'avoue cependant qu'hier son rêve astronomique m'a fait oublier mon cœur. Je le rétablis dans tous ses droits : les soleils, les planètes ensemble ne valent pas un sourire de la beauté.

Soulanges n'a pas pensé à m'escamoter le portrait chéri, dont je me suis si peu occupé en écoutant son interminable bavardage. Je commence la journée en lui donnant les mille et un baisers que je lui dois : c'est ma prière du matin. L'un adresse la sienne à Brama, l'autre à Vitsnou, celui-ci à Fo, celui-là au Diable, moi à Sophie.

Je me lève ; je me mets à mon secrétaire. Ce portrait m'inspire. Oh ! comme j'écris ! Professeurs d'éloquence, enseignez à sentir, supprimez les préceptes.

Il s'éveille, tranquille et frais, comme un chanoine de 1788.

Je veux éviter les conversations prolongées. J'ai besoin d'être tout à moi pour arranger un plan d'évasion.

« Ah ! mon ami ! j'ai oublié de vous redemander le portrait. Il me semble que vous en avez joui ce matin fort au delà du temps convenu pour toute la journée. Voulez-vous bien me le rendre ? — Oh ! très-volontiers : jamais je ne manque à mes engagements. »

Une docilité apparente et une adresse réelle endorment l'argus le plus vigilant. Je serai libre ce soir, je le jure par Sophie.

« Georges, portez cette lettre, et faites-nous donner à déjeuner.

» — Je vois avec plaisir que votre incommodité ne vous a pas ôté l'appétit. — Et cet appétit me prépare une nuit excellente... Eh bien ! Soulanges, que ferons-nous aujourd'hui ! Moi, j'ai envie de tourner. — Et moi de peindre. Mais le jour est faux dans la pièce où Philippe a fait monter votre tour. — Peignez ici ; moi, je tournerai là-bas. — Non, mon ami, non : nous sommes inséparables jusqu'au jour que j'ai fixé. — Vous ne craignez pas que j'aille à midi courir les rues en robe de chambre et en pantoufles. — Vous en êtes bien capable. — Quel homme ! voulez-vous que je fasse monter le tour ici? — Cela vaudrait beaucoup mieux. »

J'appelle Philippe; je lui donne mes ordres. Il m'amène un serrurier et un maçon, Soulanges dessine ; j'ai l'air de regarder les ouvriers et je ne vois rien. Ma tête fermente. Je raisonne, je calcule, je prévois tout.

Pas un habit, pas une culotte!... Qu'importe, puisque je ne sortirai que la nuit? Les clefs qu'il fourre sous son oreiller... Je les prendrai aisément : il dort comme un loir. Mais mon coquin de suisse, qui ne me laissera pas sortir. J'aurai beau promettre, donner, menacer: il ouvrira de grands yeux, ne répondra pas un mot, et restera cloué dans sa loge. Voilà un obstacle qui me paraît insurmontable.

Descendre dans le jardin avec mes draps... Bah! je n'ai pas encore recouvré toutes mes forces ; je me casserai le cou. Et puis, où trouver des échelles pour escalader cinq à six murs qui se présenteront entre moi et la rue? Et les propriétaires de ces maisons et de ces jardins? Un amoureux et un voleur, à califourchon sur une muraille, se ressemblent beaucoup. Si ma course nocturne se terminait par un coup de fusil... Ma foi, je ne veux pas m'y exposer.

Comment! je ne trouverai pas de moyen... Voilà qui est désolant, désespérant. Je sortirai cependant, je sortirai. Ce soir, je verrai, j'embrasserai ma Sophie. Elle m'opposera ma santé et la raison. Je lui ferai une douce violence, et je lirai mon pardon dans ses yeux.

« Monsieur, une dame demande à vous voir. — Est-elle jeune, jolie? — C'est, je crois, la mère de madame de Mirville.—Soulanges, je redoute cette entrevue. — Ici, ou en Champagne, elle est inévitable. — Madame d'Elmont ne doit pas me voir avec plaisir. — Songez qu'elle attend, et laissez des réflexions qu'il fallait faire avant de vous attacher à Sophie.—Georges, faites entrer, et retirez-vous. »

Madame d'Elmont se présente avec quelque embarras. Bien plus embarrassé qu'elle, je la salue, je lui fais avancer un siège, nous nous asseyons, nous nous regardons sans nous rien dire. Il est des positions où deux individus s'observent mutuellement, et où chacun attend que l'autre le mette à son aise.

Soulanges intervint fort heureusement pour tous deux. « Madame est mère, bonne mère ; elle souffre dans ses opinions et dans son attachement pour sa fille. Je la prie d'être persuadée que le projet de se retirer en Champagne n'a pas été suggéré à madame de Mirville. Mon ami a employé, au contraire, ce que la délicatesse et l'amour ont d'entraînant et de persuasif pour la déterminer à recevoir sa main.

« — Je considère beaucoup Monsieur, et la démarche que je fais en ce moment est la preuve la plus certaine du prix que j'attache à son estime. Des circonstances impérieuses ont arraché mon acquiescement à un plan de vie que je condamne. Je viens, Monsieur, vous faire part de mes motifs, et essayer de me justifier près de vous.

« Ma fille, malheureuse par son mari, a pris la résolution de ne jamais former de nouveaux nœuds. — Je le sais, Madame. — Elle avait aussi résolu d'éviter l'amour et de chercher dans l'amitié un bonheur calme et durable. Elle vous a vu ; elle a cru trouver en vous l'ami qu'elle désirait. Elle s'est abandonnée aux sentiments que vous lui avez inspirés, elle s'y est abandonnée sans réserve, et vous savez combien, dès leur origine, ils différaient de la simple amitié. Eclairée trop tard sur la situation de son cœur, elle s'est flattée de le soumettre aux lois de la pudeur et de la bienséance. Cette espérance est la dernière illusion d'une âme pure. Aimer est pour toutes les femmes se préparer une défaite ; se confier dans ses forces, c'est l'assurer. Ma fille a succombé, et vos lettres qui la brûlent, et des sens rendus à leur impétuosité naturelle, l'empêchent de regarder en arrière. Elle ne vit plus que dans l'avenir, et son existence est attaché à votre possession.

« Vous voyez, Monsieur, que je n'ignore rien. Voici ce qu'il m'importe que vous sachiez.

« Quand madame de Mirville m'a appris où vous en

étiez ensemble, et qu'elle m'a fait part de sa résolution de... de... de vivre avec vous, Monsieur, je tranche le mot, je lui ai opposé ce que la raison, soutenue de l'amour de l'ordre, a de plus fort et de plus vrai. Elle m'a constamment répliqué : Le monde m'a condamnée innocente, que fera-t-il de plus maintenant? J'ai voulu la rappeler au sentiment de sa dignité, lui inspirer cette noble émulation qui porte à réparer une faute. J'ai vu que le dessein de les multiplier n'était pas l'effet du découragement, mais d'un besoin insurmontable d'amour et de jouissance. Je me suis flattée d'affaiblir votre influence, en rétablissant la mienne. J'ai cherché à m'insinuer dans ce cœur, où naguère j'occupais une place marquante, et je l'ai trouvé plein de vous. Sans moyens, que ceux de l'autorité, qui aliène, et ne persuade jamais, j'ai laissé parler ma douleur. Elle m'a répondu par des larmes. Elle s'est mise à mes genoux ; je l'ai relevée, et j'ai pleuré avec elle.

« Il est trop vrai, Monsieur, que par des circonstances indépendantes de votre volonté, ma fille est perdue dans l'opinion publique. Il ne lui est plus possible de se montrer dans Paris ; il faut qu'elle s'en exile, et quelque lieu qu'elle choisisse, elle doit y trouver le ciel avec vous, la mort sans vous, ce sont ses expressions.

» Qu'eussiez-vous fait à ma place, Monsieur ? répondez en homme vrai?—Mon plus cher intérêt à part, Madame, je vous proteste que je me serais conduit comme vous. — Je peux donc espérer, Monsieur, que vous ne me verrez pas d'un œil défavorable, que vous ne me confondrez pas avec ces mères faciles et même complaisantes, que le public, juste à cet égard, marque du sceau de sa réprobation? — Moi, Madame, vous jugerez par mon respect, mes soins, mes prévenances, de la force des sentiments que votre dévouement m'inspire. »

Je me levai ; je m'approchai d'elle ; je portai sa main sur mon cœur : « C'est celui d'un gendre, d'un fils ; il se partagera entre Sophie et vous... Votre gendre !... Je le serai, Madame, dans le sens le plus étendu de ce mot. Sophie est toute amour, générosité, délicatesse.

Ces sentiments s'étendront un jour sur un être innocent et aimable, auquel elle devra un nom et un état. Elle consentira à lui donner l'un et l'autre. Je prendrai sa main, je la conduirai vers vous, et je vous dirai : Ma mère, bénissez-nous tous les trois. — Etrange situation ! ne pouvoir établir d'espérances que sur les suites mêmes du désordre ! N'importe, je saisis l'idée que vous m'offrez. Puissé-je voir le passé s'effacer de la mémoire des hommes ! puisse un avenir honorable s'ouvrir enfin pour ma fille ! puisse votre commun bonheur assurer celui de mes derniers jours !

« Nous partons demain. Toutes nos dispositions sont faites, et la triste vérité cachée autant qu'il a dépendu de moi. J'ai persuadé à quelques personnes, dont la discrétion n'est pas la première qualité, que ma fille vous a donné la main au moment où on désespérait de votre vie, et que les circonstances fâcheuses pendant lesquelles la cérémonie s'est faite nous ont imposé l'obligation de la tenir secrète. De nouveaux domestiques que j'ai arrêtés dans un quartier éloigné de celui que nous habitons, et qui n'ont point paru à l'hôtel, sont partis hier. J'ai chargé le maître d'hôtel nouveau d'annoncer dans le village le mariage récent de ma fille. Elle y arrivera avec votre nom ; et si la fatalité, qui me poursuit, révèle le genre de votre union, j'aurai la force de consoler ma fille infortunée. Je lui répéterai ses propres paroles : Le monde t'a condamnée innocente, que fera-t-il de plus maintenant ? »

J'étais touché jusqu'aux larmes. Madame d'Elmont me jugea et me pressa sur son sein. « On n'est pas sensible sans être bon. Vous ne verrez dans son éloignement pour le mariage qu'une bizarrerie, qui ne nuit à aucune de ses qualités. Songez que votre estime lui est aussi nécessaire que votre amour, et que vous vous chargez du bonheur du reste de sa vie. »

Que pouvais-je répondre ? trouve-t-on des mots qui expriment des sensations dont on ne peut se rendre compte à soi-même ? J'embrassai madame d'Elmont ; mes larmes coulèrent en abondance ; elles se mêlèrent aux siennes... « Ah! me dit-elle, vous m'avez répondu. »

Je l'invitai à dîner avec nous. Elle s'excusa sur les embarras inséparables d'un départ très-prochain, et nous nous quittâmes, infiniment satisfaits l'un de l'autre.

Mon entretien avec madame d'Elmont a ajouté au désir, au besoin de voir Sophie. Besoin irrésistible et que je ne combattrai pas. Je hasarderai, je risquerai tout, ma santé, ma vie : mourir dans ses bras, c'est plus que vivre ailleurs. Je m'échapperai ce soir, je le veux. Je le veux! Et il ne m'est pas venu encore une idée satisfaisante !

Ah ! on annonce madame d'Ermeuil et du Reynel. A merveille. Ceux-là dîneront ici : il ne me sera pas difficile de déterminer la comtesse. Soulanges aura de l'occupation ; du Reynel digérera; moi je combinerai mes opérations.

« Je sais, messieurs, à quoi s'expose une jeune veuve qui rend visite à deux jeunes gens. Mais du Reynel m'a tant répété qu'il n'y a pas de différence de lui à la plus grave matrone, que je me suis enfin laissé persuader. — Pensez d'ailleurs, madame la comtesse, que visiter un pauvre malade comme moi est une œuvre méritoire, dont... — Vous êtes trop aimable pour que le ciel me sache gré de rien. »

Il est à remarquer qu'en entrant elle a salué Soulanges d'un air très-indifférent. Elle ne lui adresse pas un mot qui puisse faire soupçonner leur intelligence, et c'est pour lui seul qu'elle est venue. Voilà pourtant comment il faut se conduire dans le monde pour avoir considération et plaisir. Ah! si Sophie et moi avions été susceptibles de cette considération !... L'amour vrai, cet amour qui agite, qui transporte, qui égare, est-il capable de rien calculer ! La comtesse et Soulanges ne se doutent pas de ce que c'est qu'aimer.

« Charmant malade, voulez-vous nous donner à dîner? — J'allais vous proposer de rester, madame la comtesse : vous m'avez prévenu.

« Ce sera le dîner de noces, dit Soulanges, quoique

la mariée ne soit pas ici. — De quelles noces me parlez-vous, monsieur ? — Quoi ! vous ne savez rien, madame ? — Non, en vérité. — Ni du Reynel ? — Je ne m'en doute pas. — Madame de Mirville s'est rendue enfin. — Plaisantez-vous ? — Non, madame. Le mariage s'est fait ici ce matin, sans bruit, sans autres témoins que moi et Georges. — Ah ! j'en suis enchantée. — L'épouse de notre ami et sa mère partent demain pour la province. Monsieur les ira joindre, quand il pourra être mari tout à fait. Ils vivront pour eux pendant un an, ou dix-huit mois. La malignité se lassera ; les bruits qui circulent tomberont, et nos jeunes gens reparaîtront dans le monde avec un nouvel éclat. Si notre ami veut utiliser ses talents, il n'est point d'emploi auquel il ne puisse prétendre, et une grande fortune et une belle place mettent toujours les rieurs de notre côté. — Que je vous embrasse, monsieur le marié ! — Mille remerciements, madame, et du baiser et de l'intérêt que vous voulez bien prendre à notre félicité !

« Je n'embrasse pas, dit du Reynel, mais j'agis. Je dîne partout, et partout je dirai que cette pauvre petite Mirville, contre qui on s'est prononcé avec acharnement, est une femme tout aussi respectable qu'une autre, puisqu'elle a fini par épouser son amant. »

C'est là précisément ce que voulait Soulanges : un coup d'œil me met au fait. Bon Soulanges, comment m'acquitterai-je envers toi ?... J'en trouverai peut-être l'occasion très-incessamment.

... Je crois m'apercevoir que les pieds et les genoux ne sont pas en concordance avec l'air très-décent qui règne sur les deux physionomies. Cet air-là est sans doute le masque du sentiment. Allons, allons, quand on a la force d'en prendre un, on n'aime pas.

On boit à la mariée, au marié, à leur postérité, et voilà enfin de l'expression dans les traits de Soulanges. Le joli pied commence à produire de l'effet ; le champagne fera le reste... Il leur faut du champagne ! Oh ! les drôles de gens !

« Monsieur de Soulanges, qui m'interdit le café, permettra-t-il à madame d'en prendre ? — Oui, mon ami, pourvu que vous me promettiez de n'y pas toucher. — Pas plus qu'au champagne, mon cher Soulanges. Je sens la nécessité d'un régime modéré, et je m'y soumets pour trois semaines encore. »

Oui, compte là-dessus.

Du Reynel ne nous a pas adressé un mot. En revanche, il s'est extasié sur les talents de mon cuisinier, il a fêté tous les plats, sablé tous les vins, et fini par deux tasses de café, afin, dit-il, de ne pas s'endormir en nous écoutant. Il faudra pourtant bien qu'il dorme.

Je remarque dans le maintien, dans les mouvements de Soulanges quelque chose qui ressemble à de l'impatience... Voici le moment de m'acquitter.

« Du Reynel, passons dans mon cabinet. Je veux vous montrer quelque chose.

« — Du Reynel, je vous le confie, dit Soulanges avec un empressement !... » Je l'ai deviné.

Je tire un grand fauteuil ; j'approche une table ; je sors d'une armoire une très-belle optique, avec à peu près cent gravures, parfaitement coloriées, et je fais commencer à du Reynel un voyage autour du monde. Je lui explique très-haut et avec beaucoup de volubilité le sujet de chaque gravure. Je lui parle des mœurs, des usages des habitants avec autant de facilité que si je tenais à la main l'Histoire générale des voyages. Je soutiens son attention, en imaginant de temps en temps quelque anecdote piquante.

Je continue de parler ; sa tête se renverse sur le dossier du fauteuil ; ses bras tombent de son gros ventre à ses genoux : me voilà sûr de lui.

Ils sont occupés là-dedans ; je pourrais m'échapper si ce cabinet avait une issue. Eh ! pourquoi ne partirais-je point par ma chambre à coucher ? Je présume que Soulages n'est pas en position de courir après moi... Mais la confusion de la comtesse, et ce diable de Georges, et Philippe, et les autres, qui sont sans doute en vedette de l'antichambre au bas de l'escalier, et cette robe de chambre, ces pantoufles... Non, cela ne se peut pas.

Quel carillon !... ils ont renversé mon trépied. Adieu

ma cuvette et mon aiguière. Ils doivent être dans des transes! il faut les rassurer. « Parbleu, Soulanges, vous avez une fureur de volant qui ne ménage rien. Je dormais auprès de du Reynel, et vous m'éveillez en cassant mes meubles. » J'entends quelque chose d'un rire féminin qu'on s'efforce d'étouffer. Oh! comme elle me croit sa dupe!

« Soulanges, que s'est-il donc passé là? — Le pied a glissé à madame. — Elle est tombée peut-être? — Ah! mon Dieu, oui. — Elle ne s'est pas blessée? — Oh! pas du tout. Mais je l'engage à ne plus jouer au volant sur un parquet ciré. » Le rusé! en me parlant, il s'approche de la porte du cabinet; il lève le rideau; il passe la tête par le carreau, dont j'ai brisé le verre; il me voit tout au fond, étendant les bras, me frottant les yeux...

Cela ne lui suffit pas. Il appuie le genou et le pied contre la porte. Il craint que je rentre trop tôt... Je suis incapable d'un pareil trait. J'aime mieux passer pour un sot.

Il retire sa tête, il regarde derrière lui; il se remet à sa lucarne et me propose un piquet à écrire. Je juge que je peux paraître sans inconvénient pour personne. Je me lève, il ouvre la porte, et je trouve la comtesse une raquette à la main. Voilà de la présence d'esprit. C'est bien.

Ah! du Reynel a fini sa méridienne. Le voilà. Il nous trouve les cartes à la main. Bien certainement il ne soupçonne rien. Le bonhomme!

On annonce l'équipage de la comtesse. Ces amours-là m'ont distrait; ils m'ont ramené aux miennes; ils m'ont rappelé à mes projets, à mes espérances; j'ai joué tout de travers. Ils ont été aussi distraits que moi; ils ont joué plus mal; mais ils ont eu les *as*; ils ont gagné, je paye.

Madame d'Ermeuil m'embrasse, sans doute pour autoriser Soulanges à lui demander un baiser. Il le demande, on lui en donne deux, et on me laisse en tête-à-tête avec l'homme qui va me prêcher les privations, accablé par la satiété. Oh! comme il va dormir!

Il me rappelle que j'avais l'intention de me coucher de très-bonne heure. Je réponds en lui souhaitant le bonsoir. Il congédie Georges ; il ferme tout, prend les clefs : il les met à leur place ordinaire ; il se couche ; il s'endort.

Que vais-je, que puis-je faire ?... Rien.

Le sort en est jeté. J'exposerais dix têtes si je les avais. Je sors par la fenêtre.

Eh! mais... Oh! l'excellente idée!... Si j'osais... Eh! pourquoi pas. Ce qui peut m'arriver de pis, c'est d'être découvert, et alors nous verrons.

Je me lève doucement, bien doucement. Je retiens mon haleine ; je m'approche du lit de Soulanges. Je prends sa culotte ; je la passe... Eh! elle ne me va pas très-mal.

Je mets ses souliers, son gilet, son frac. J'enfonce son chapeau sur mes yeux... Je suis bien, fort bien. Un peu d'adresse, et mon suisse y sera pris.

Il dort, oh! il dort! Jusqu'ici tout va bien ; mais le plus difficile est à faire : il s'agit maintenant de prendre les clefs.

J'avance la main ; je la retire ; je l'avance encore ; je hasarde... Je touche le bout d'une des clefs, et je m'aperçois que le paquet est précisément sous sa tête... Impossible de les tirer de là.

Quoi ! l'amour ne m'inspirera rien !... Ah! j'y suis, j'y suis. J'ouvre mon nécessaire, je prends des ciseaux ; je fends le drap derrière le lit, tout le long du traversin. Je glisse ma main dans l'ouverture. Je tire légèrement, lentement, avec précaution. Le cœur me bat ! oh !

C'est qu'il serait si dur d'être surpris, si humiliant d'être obligé de lui rendre ses habits, d'être en butte à ses plaisanteries !... Non, non, le paquet se dégage ! il ne tient plus à rien... Le voici. Ah !

Allons, du courage. Ouvrons les portes, à présent... Si la serrure, si les gonds crient !... Je ne le crois pas Soulanges a fermé, a ouvert, et je n'ai rien entendu. Je tâtonne un peu ; la lampe de nuit est si loin ! Et je ne peux la déranger sans lui passer la lumière devant les yeux... Bon, la clef entre... La porte est ouverte.

Que vois-je! Georges est couché dans la salle à manger. Cette pièce est éclairée par un réverbère suspendu. En baissant la tête sans affectation, il est impossible qu'on distingue mes traits. Avançons. Il ne dort pas! Un peu d'audace me tirera d'affaire.

Je vais droit à lui ; je m'approche de son oreille, et je lui dis très-bas : « J'ai une affaire pressante à régler pour madame d'Ermeuil, et je ne peux trouver de moment plus favorable que celui-ci. Votre maître repose, et je serai de retour au plus tard à minuit. Cependant il pourrait s'éveiller et user contre vous de son autorité : je vais l'enfermer dans sa chambre. »

Je retourne effrontément à la porte, et je donne un double tour... J'en tiens déjà un sous la clef.

Je traverse ma salle à manger, j'ouvre l'antichambre... Ah! c'est M. Philippe qu'on a établi ici! Tudieu! comme les avenues sont gardées!

Dort-il? veille-t-il? Il est immobile, la tête appuyée sur le poêle... Donnons aussi un double tour à l'ami Georges... Et de deux.

Philippe dort, une pipe à la bouche... Oh! le vilain! Passons, et enfermons encore celui-ci... Et de trois.

Je n'ai plus à tromper que mon cerbère. Mais le drôle est entêté... comme un Suisse. Allons, il faut prendre une démarche assurée, et enfoncer le chapeau un peu plus, si cela est possible. Je descends lestement ; je m'arrête devant la porte de la loge, et je frappe au vitrage... S'il pouvait tirer le cordon tout simplement, sans se mêler de mes affaires!

Ah! parbleu! il a sa consigne comme les autres! Il ouvre sa chatière ; il va me mettre une chandelle allumée sous le nez. « Le cordon! » J'ai grasseyé à peu près comme Soulanges, et je me suis hâté de tourner le dos.

« Fous sortez, monsièr te Soulanches? — Le cordon! — Faut-il fous attendre? — Oui. Le cordon! — Foulez-fous que ch'appelle le cocher? Foulez-vous ein carrosse? — Je veux le cordon. » Je m'avance toujours vers la porte, qui reflète la lumière de la diable de chandelle que le drôle a sans doute sortie de sa loge pour faire une inspection complète de ma personne... Ah! coquin! tu ne mettras jamais un voleur dans de pareilles transes!... Bon! il a enfin rentré sa chandelle ; j'entends le bruit, tant désiré, du cordon ; le ressort a joué... Me voilà dans la rue.

Que de ruse, que d'adresse sont nécessaires pour s'échapper d'une prison, puisqu'il en faut tant pour sortir de chez soi !

Trick avait raison de me proposer un carrosse : il fait un temps affreux. N'importe, commençons par mettre une rue ou deux entre mon hôtel et moi.

Il pleut à flots. Je me donnerai la fièvre. Eh! n'ai-je pas déjà celle d'amour ? Et puis, quand Sophie me verra mouillé jusqu'aux os, elle me forcera à prendre un lit ; elle viendra causer avec moi, et le bord d'un lit est si près du milieu :

Bon! voici une place de fiacres. « Cocher, à moi!... Rue Grange-Batelière, n° 32. »

Le cocher arrête ; je descends ; j'ai la main sur le marteau... Que vais-je faire ? Me présenter à onze heures, il n'y a rien là d'extraordinaire. Mais passer la nuit ici, exposer Sophie aux réflexions de ses gens, à qui on n'a rien dit du mariage de convention, qu'on congédie, qui doivent avoir de l'humeur, et qui ne manqueront pas de répandre dans le monde... Non, non, je ne la compromettrai pas davantage... Un instant, un éclair de bonheur, et je retourne, en homme raisonnable, me moquer de tous mes gardes du corps.

Pendant que je raisonne ma conduite, la porte s'ouvre, une femme sort... C'est elle, oh! c'est elle! « Monsieur, vos habits sont trempés ; vous voulez donc mourir? — Je venais prendre congé de madame de Mirville, qui part demain. Après avoir fermé ma boutique, je suis venu voir Caroline, lui demander de vos nouvelles... Je ne sais où j'en aurai demain. — Traverser Paris à pied, par le temps qu'il fait! — Que m'importe le temps? — Mon hôtel est bien plus près... — On m'en a bannie, vous le savez.—Non, Fanchetet, non, Soulanges vous apprécie ; mais il m'aime. Il vous a fait des représentations, vous vous y êtes rendue ; il n'a pas eu la pensée cruelle de vous humilier : je ne l'aurais pas souffert... Fanchette, dans quel état vous êtes vous-même ! Tout entier au plaisir de vous voir, de vous parler, je vous laisse sous les gouttières. — Je ne m'en apercevais pas. — Montons dans ce fiacre ; nous y serons du moins à couvert.

« Monsieur, faites-vous reconduire chez vous. — Et vous laisser seule, à l'heure qu'il est, exposée à la pluie ! Cocher, rue Saint-Antoine, n° 45. »

Excellente fille ! elle m'enveloppe les jambes de son châle. « Il est mouillé, monsieur, mais il vous garantira de l'action de l'air. » Elle passe un bras autour de moi, elle m'attire contre son sein ; de l'autre main, elle prend les miennes, elle les presse, elle les échauffe de son haleine... « Ah ! Fanchette ? est-ce là que doit se porter cette haleine de roses ? — Soyons sages, monsieur. Je ne me consolerais jamais si... si... » Ce ne sont plus mes mains que son haleine réchauffe !

« Cocher, marchez donc. Nous irions plus vite à pied. — Je croyais, monsieur, qu'on oblige un couple, bien joli, bien amoureux, en le menant au pas. — Ventre à terre, et double course.

« Le froid me gagne, Fanchette. — Faites retourner le cocher. — Je ne peux me résoudre à vous quitter... Je ne te quitterai pas. » Elle me couvre le corps entier... Avec quoi ? Elle n'a ici qu'elle-même ! Nous arrivons, nous descendons. Elle fait un grand feu ; elle m'approche un fauteuil. Elle chauffe du vin et du sucre. « Je ne vous laisserai pas ces vêtements. — Que me donnerez-vous ? — Rien. Mettez-vous dans mon lit. Je vais étendre vos habits devant le feu ; ils sécheront. »

Me voilà dans ce lit où j'ai été apporté mourant, où j'ai été pleuré de Fanchette, où elle a sucé ma blessure, où elle m'a prodigué les soins les plus tendres... Jouis de mon retour à la vie ; c'est à toi que je la dois.

Elle m'apprête une rôtie, elle me la présente, comme ce restaurant à Chantilly... avec un air d'intérêt si touchant, avec une grâce si naïve, une modestie si attirante! La volupté a aussi sa pudeur.

Elle s'aperçoit qu'une douce chaleur commence à circuler dans mes veines. Elle retourne auprès du feu. Ah! reviens, reviens! Est-ce en vain que l'amour nous a réunis? — La prudence nous sépare. — Fanchette? — Monsieur? — Vous avez besoin de vous sécher comme moi. — Je le sais. — Il y a encore des chaises pour étendre votre robe, et de la place ici pour vous. — Je vais quitter ma robe, mais... mais... — Votre cœur dit-il non? — L'amour connaît-il ce mot-là? — Tu consens donc? — Je ne le peux. — Tu ne m'aimes pas. — Je vous adore. — Et tu consultes la raison! — La mienne se perd. — Un baiser seulement. — Si j'en donne un, j'en voudrai mille. »

Elle a quitté sa robe : elle ne pense pas à en prendre une autre. Elle est appuyée sur le pied de mon lit. Un bras fait au tour soutient sa tête charmante; son œil humide est fixé sur le mien... « Du vin chaud et une femme qui regarde ainsi, c'est trop de la moitié. »

Les bouts d'un fichu, légèrement jeté sur ses épaules, se plissent sur ma couverture. J'avance doucement une main; je tire doucement le fichu. Elle soupire; mais elle s'approche un peu, un peu encore, un peu davantage... Elle tombe dans mes bras. « Tu veux mourir! ah! fais que je meure avec toi. . . . .

. . . .

J'avais bien affaire de recommander d'acheter un lit si étroit! Comment faites-vous quand vous ne trouvez pas de place pour deux?... Comme nous fîmes Fanchette et moi.

« Monsieur, avez-vous dit au cocher d'attendre? — Non. Et vous! — Je n'y ai pas même pensé. — Tant mieux! il ne pourra dire à personne qu'il m'a conduit ici. La boutique est bien fermée? — Oh! de manière à soutenir un siége. — Si on frappe, nous ne répondrons pas.

« — Vous me faites faire une réflexion effrayante. — Et laquelle, Fanchette? — Quand M. de Soulanges s'apercevra de votre évasion, il se mettra sur vos traces. — Il viendra droit ici... et il me fera une scène! — Mon ami, il faut nous séparer. — Fanchette, encore une heure. — Pas une minute. »

Elle se dégage, elle s'élance, la voilà debout. « Tu me quittes, Fanchette ! — Il le faut. — Je ne me suis jamais mieux porté. — Je veux ménager cette santé-là. — Oh! reviens, reviens. — Il me semble entendre M. de Soulanges. Je vous en prie, je vous en supplie, levez-vous ! »

Elle me laisse. Elle va finir de s'habiller, je ne sais où. Certainement je me lèverai : que ferai-je ici sans elle!

Je ne peux m'empêcher de rire en reprenant les habits de Soulanges... « Fanchette, Fanchette, il ne viendra pas si matin : il n'a à sa disposition que des robes de chambre et des pantoufles, il faut qu'il envoie chez lui, et un valet de chambre n'est pas levé à six heures. »

Elle ne répond pas! la boutique est ouverte... Elle est sortie; elle m'échappe. Elle veut décidément que je me retire... Eh bien! je m'en irai, je m'en vais, piqué, outré; je ne reviendrai jamais.

Oh! j'ai pris mon parti. Me voilà déjà à l'orme Saint-Gervais... Je trouve un café ouvert, j'y entre, je me fais servir du chocolat... et je suis encore si plein de Fanchette, que je ne pense pas à m'assurer si j'ai de quoi payer. Peut-être y a-t-il de l'argent dans ces habits que j'ai pris à la hâte, et dont je n'ai pas visité les poches... Douze, quinze, vingt-cinq louis! Soulanges les reprendra dans mon secrétaire, car bien certainement je ne retournerai pas chez moi, je suis las d'être en prison.

O ma conscience, ma conscience! ne me traites-tu pas avec trop de rigueur? Ai-je cherché une seule fois l'occasion...? Fanchette elle-même... les circonstances ont tout fait.

Leur suis-je tellement soumis qu'il me soit impossible d'en amener de favorables? Ne dépend-il pas de moi de m'éloigner de l'enchanteresse, d'aller chercher un asile contre moi-même, entre les bras de Sophie;

Et quels charmes balanceront les siens, quand je ne verrai plus l'objet dangereux?...

Je n'ai que ce moyen de prévenir une chute nouvelle, puisqu'une inconcevable fatalité nous réunit toujours Fanchette et moi. Je vais partir, je pars à l'instant même; je puis être rendu au château avant Sophie; je l'y recevrai; et si Soulanges a été me chercher chez elle, elle croira que j'ai voyagé pendant toute la nuit. Ce mensonge sera le dernier qui aura souillé mes lèvres : je serai vrai avec Sophie du moment où je ne vivrai plus que pour elle.

J'ai vingt-cinq louis, c'est beaucoup plus qu'il ne me faut. « Cocher, boulevard Italien, chez Jacob, carrossier. » C'est le mien. Je prendrai une chaise de poste, et j'irai aussi vite... que mon imagination.

« C'est cela, Jacob; voilà ce qu'il me faut. Des chevaux de poste à l'instant, à la minute. Un louis à celui de vos gens qui ira me les chercher, s'ils sont ici dans un quart d'heure. Je paye les guides comme un prince, et je veux être mené en conséquence.

« Postillons, à la Ferté-sous-Jouarre. Ventre à terre, et un écu par poste aux guides! »

Me voilà parti. Oh! comme je vais! Mon postillon veut gagner son écu.

Me voilà parti, c'est fort bien. Mais je n'ai pas un habit à mettre, pas une chemise, pas un mouchoir! N'importe, j'écrirai quatre lignes de Meaux, et Georges m'apportera ce qu'il me faut.

Diable! mais si on allait courir après moi? Bah! j'aurai vingt lieues d'avance quand on recevra ma lettre. Oui, j'écrirai, par toute sorte de raisons. Je dois à ce bon Soulanges de le tirer le plus promptement possible de l'inquiétude où il doit être à présent.

« Postillon, au premier relais, vous mettrez un courrier en avant. » Je veux employer tous les moyens qui peuvent accélérer ma marche.

Je commence à sentir que les forces de cet homme, qui s'imagine en valoir trois, sont bornées comme celles d'un autre. J'éprouve dans tous mes membres une certaine lassitude... Ma tête s'appesantit... Je m'endors.

« Monsieur !... monsieur !... — Que voulez-vous ? — Vous êtes à la Ferté. — Ah ! qui donc a payé les postes ? — Ce sont les maîtres. Ils se sont payés les uns les autres jusqu'ici. — Et ils ne me connaissent pas. — Votre carrossier vous a nommé au postillon de Paris. — Et mon nom a suffi pour me faire avoir du crédit ? — On vous aurait mené ainsi jusqu'à Strasbourg si vous n'aviez dit en partant que vous alliez à la Ferté.

« — Quelle heure est-il ?... Onze heures. Quinze lieues en cinq heures, c'est bien aller. Vous êtes de braves gens. Ah ! il faut que j'écrive, et que je paye, et que je déjeune : la tasse de chocolat est déjà loin.

« Un poulet froid ! bon, c'est cela, c'est excellent. Vite, vite ! je n'ai pas un moment à perdre.

« Du papier, une plume et de l'encre sur la même table... Postillon, voilà votre argent. Des chevaux dans un quart d'heure. »

Je mange, j'écris, je bois, tout ensemble. Pauvre Soulanges ! que dira-t-il en recevant ce billet ? Que je suis incorrigible, et il aura raison. « Ah ! mon cher Soulanges, renvoyez-moi ce portrait, qui va me devenir inutile, mais auquel la bonté délicate qui me l'a offert donne un prix toujours nouveau. Joignez-y les lettres de Sophie, des habits, du linge de toute espèce et de l'argent. Adieu, l'homme... l'homme aux précautions inutiles.

« Postillon, à Montmirel. »

Me voilà reparti. Sophie est-elle passée ? est-elle derrière moi ? Le dernier postillon n'a pu me rien dire, et je n'ai pu, moi, interroger les autres en dormant. Je saurai quelque chose à la poste prochaine...

Non, il n'est pas passé ici de berline ; on n'y a pas vu de dame de toute la journée. C'est moi qui lui ferai les honneurs de son château...

J'ai dépassé Montmirel ; je vais arriver à Vatry. C'est là qu'est ce château où deux êtres, isolés du monde entier, vont se suffire à eux-mêmes, et s'oublier au sein de la plus pure félicité.

Parbleu ! il faut que j'avoue que personne ne voyage comme moi, et que j'arrive partout d'une façon extraordinaire. A Ermeuil, en veste de nankin, en culotte de peau, et perclus de tous mes membres ; ici, avec des habits escamotés à leur propriétaire, qui me vont... à peu près, et je n'ai point le moindre petit paquet. Comment serai-je reçu par des domestiques qui ne me connaissent pas ? Ils vont me prendre pour un aventurier, et, s'ils sont prudents, me mettre à la porte de chez moi... de chez moi ! ce n'est pas encore le mot propre. Il le deviendra, je l'espère, je le crois, j'en suis sûr ; je l'ai promis à madame d'Elmont, et cette promesse est si douce à remplir !

Ne l'ai-je pas dit ? le maître d'hôtel me reçoit plus mal encore que la Roche ; il me toise de l'œil, il fronce le sourcil ; il écoute, en secouant de temps en temps la tête, l'histoire assez peu vraisemblable que j'ai arrangée en route. Je suis sur les marches du vestibule ; le maître d'hôtel barre la porte vitrée, et demeure immobile. Le prendre par le collet, l'envoyer dix pas en arrière, serait le moyen de tout terminer ; mais quelle manière de prendre possession d'un château ! Et puis, ce maître d'hôtel n'est pas seul ici : je ne veux pas renouveler la scène de l'oncle Antoine et de maître Jacques. Les voies de conciliation sont toujours les plus sages, et ce sont celles que je vais employer.

« Monsieur, vous parlez très-bien ; vous avez même l'air d'un fort honnête homme, mais un honnête homme et un fripon se ressemblent beaucoup. Nous attendons madame de minute en minute ; mais madame n'a pas parlé de monsieur, et monsieur est un personnage assez marquant pour qu'on ne l'oublie pas. Monsieur, que l'usage devrait avoir placé dans la voiture de madame, arrive seul, sans domestiques, sans effets, en linge sale, habillé de façon à faire douter que ses vêtements aient été faits pour lui, et monsieur doit sentir que ces circonstances réunies ne prouvent pas en faveur de sa véracité. Je conseille à monsieur d'aller s'établir ailleurs, et, quel qu'il soit, il conviendra intérieurement que je fais mon devoir.

« — Il faut donc que j'aille m'installer dans un cabaret de village? — Pourvu que monsieur n'entre point ici, je le laisse maître absolu de ses actions. — C'est très-honnête. Voulez-vous bien au moins faire remiser ma chaise de poste? — Oh! selon les apparences, elle ne restera pas longtemps ici, et il sera tout aussi facile de la prendre dans la cour que sous la remise. »

Il tire à lui les portes en bois, met les crochets, et me laisse en effet maître absolu de mes actions.

Allons, cherchons un cabaret. Dînons-y, restons-y jusqu'au dénoûment.

J'entre dans une maison de très-mince apparence. J'y serai probablement fort mal... Ah! une heure est bientôt écoulée, et c'est tout ce que je peux avoir en avance sur Sophie.

Bon! le cabaret est en face du chemin de Montmirel. Je verrai arriver la femme charmante... Non, je courrai au-devant de la voiture, dès que je l'apercevrai. La presser sur mon cœur cinq minutes plus tôt, c'est gagner une année.

« Que veut monsieur? — A dîner. — Voulez-vous du lard salé? — Des œufs frais. — Nous avons une gibelotte de lapin. — Des œufs frais. — Une épaule de mouton bouillie. — Des œufs frais, des œufs frais. — Des œufs frais, soit! »

A la fin de ce court dialogue, je vois entrer, dans la chambre où je me suis mis, deux gendarmes, le sabre au côté et des pistolets à la ceinture. Ils viennent me regarder sous le nez. Je n'aime pas cela, et je me retire à l'autre extrémité de la chambre. Les gendarmes m'y suivent. « Dites-moi, messieurs, où avez-vous appris à vivre? — C'est nous, monsieur, qui l'enseignerons aux gens de votre espèce, et nous allons vous donner une première leçon. Voulez-vous bien nous accompagner chez monsieur le maire du lieu? — Je n'ai rien à faire chez lui. — Mais il désire vous parler. »

Ce diable de maître d'hôtel a fait quelque quiproquo.

Mes gendarmes insistent, et ce que j'ai de mieux à faire, c'est de les suivre, accompagné, selon l'usage, de toute la canaille de l'endroit.

M. le maire est un bon Champenois dans toute l'étendue du mot, et une bête en place est toujours une bête redoutable. Il est temps que Sophie arrive et me reconnaisse, ou, selon les apparences, les choses vont mal tourner.

Ah! c'est la fille du maire qui lui sert de greffier! Le procès-verbal sera bon à lire... quand je serai sorti d'ici.

« D'où êtes-vous? — De Paris. — Votre nom? — De Francheville. — Vos qualités? — Je n'en ai pas. — Votre état? — Je n'en ai pas. — Vos papiers. — Je n'en ai pas.

« — Que l'accusateur paraisse! » On fait entrer le maître d'hôtel. « Connaissez-vous ce monsieur-là? — Que trop parbleu! — Mais il ne vous connaît pas. — Oh! il me connaîtra bientôt. — En attendant, je vous envoie en prison. — En prison, moi! — Tout comme un autre.

« — Un moment, s'il vous plaît. Envoyez à Montmirel: je suis connu à la poste. » Si j'avais retenu mon postillon un instant de plus, rien de tout ceci n'arriverait. « Que j'envoie à Montmirel! La gendarmerie y va demain, elle vous y conduira, et là, vous vous expliquerez à votre aise. En prison. — Mais, monsieur le maire... — Pas de mais. — Si... — Point de si. En prison, en prison! »

Parbleu! c'était bien la peine de m'évader de celle de Paris, pour venir ici en poste me faire remettre dans une autre, qui sans doute ne vaudra pas la première!

« Où diable me fourrez-vous là? — Oh! vous n'y serez que jusqu'à demain, et une nuit est bientôt passée. » Ils m'ont logé dans le bas d'un colombier, où je peux à peine me tenir debout, et les pigeons font un carillon infernal sur ma tête. La porte est solide, et ils ont tiré deux gros verrous sur moi!... Le joli traitement qu'ils me font là! Deux bottes de paille, du pain et de l'eau. Le concierge ne me brusque pas, mais il a pris ses précautions : pendant qu'il monte mon ménage, deux grands drôles sont en faction en dehors de la porte, armés chacun d'une fourche dont les dents sont d'une longueur!...

« Monsieur le concierge, allez au château, et sachez si madame de Francheville est arrivée. » Madame de Francheville! que ce nom résonne agréablement à mon oreille!

« Elle n'est pas arrivée, dit le concierge. » Voilà qui devient inquiétant. Une roue brisée, la voiture versée dans un fossé, dans un précipice, des voleurs... que sais-je? « Mon ami, mon cher ami, retournez au château; dites au maître d'hôtel que madame devait être ici à peu près aussitôt que moi; qu'il lui est arrivé quelque accident; que je veux, que je lui ordonne de monter à cheval; que tous les domestiques y montent; qu'ils courent sur la route de Paris, et qu'ils ne reviennent que lorsqu'ils pourront me donner des nouvelles de leur maîtresse.

Le maraud me rit au nez. « J'veux, j'ordonne! N'dirait-on pas qu'c'est vraiment l'seigneur du village qui parle? » Il ferme mon guichet, et me laisse en proie aux idées les plus affligeantes.

Dix heures sonnent à l'horloge de l'église!... Je ne m'occupe plus de moi; je suis tout à Sophie. Mon imagination alarmée ne me présente que de sinistres tableaux. Attente insoutenable, cruelle anxiété! Oh! si j'étais libre, je volerais au devant d'elle, et peut-être de la plus poignante des infortunes!... Cette porte est de fer; il m'est impossible de l'ébranler.

Onze heures!...

Minuit!... Je ne me possède plus... Il faut sortir d'ici... Et comment?... Je n'ai pas observé les lieux, je suis dans les ténèbres, et dépourvu de toute espèce de ferrement.

Je me roule sur cette paille... Je me relève... je marche... J'accuse les hommes, les éléments, la fortune; j'invoque l'amour et le retour de la lumière...

Une heure sonne... Je me rejette sur ce lit de douleurs, accablé, anéanti.

Un bruit soudain me tira de l'espèce de léthargie dans laquelle j'étais tombé. Je crus apercevoir à travers quelques fentes de ma porte, des traits de lumière qui disparaissaient pour renaître l'instant d'après. Je me levai précipitamment au cri de mes verrous, inquiet et impatient de savoir ce qu'on me voulait à cette heure.

Ma porte s'ouvre. La cour, cette cour triste et fangeuse, est éclairée par cent flambeaux. Tout le village est rassemblé. Est-ce un auto-da-fé qu'on prépare?... Non, les paysans s'empressent, m'approchent. La bienveillance et la timidité sont peintes sur ces figures, si menaçantes huit ou dix heures auparavant.

Mes yeux percent la foule, et s'arrêtent sur un groupe de femmes. Une d'elles s'élance dans mon colombier : « Les cruels! comme ils l'ont traité! » Je reconnais la voix de Sophie!

Je la vois, je lui parle, je la presse sur mon cœur. Toutes mes alarmes son dissipées ; j'ai oublié la nuit de douleur qui s'est si lentement écoulée ; je renais au bonheur.

Monsieur le maire vient me faire de très-humbles excuses : j'ai bien le temps d'écouter ses sornettes! Il me prie d'observer que les apparences étaient contre moi ; il n'y a que les sots pour qui apparence et conviction soient la même chose.

Ah! voilà madame d'Elmont...

Je vais à madame d'Elmont, je la salue, je l'embrasse... Qui donc veut-elle me présenter?... Eh! c'est ce faquin de maître d'hôtel, confus, repentant, qui veut aussi me haranguer. Au fond, cet homme s'est conduit en domestique vigilant, zélé. Il faut le rassurer, le rendre à lui-même.

Que viens-je donc de lui dire? Je n'en sais rien ; mais un murmure général d'approbation s'élève autour de moi, et cela fait toujours plaisir.

Oh! encore des harangueurs! Ce sont mes deux gendarmes. « Messieurs, vous ne savez pas que j'ai plus besoin de repos que de compliments; abrégeons, s'il vous plaît. Tout le monde a fait son devoir; je n'ai pas d'humeur; je suis très-sensible à vos excuses, mais je veux sortir d'ici. »

Sophie me prend une main, j'offre un bras à madame d'Elmont. Tout le village nous suit en criant: *Vive monseigneur!* Pour me débarrasser de ce cortége incommode, je fais circuler ce qui reste d'espèces dans les goussets de Soulanges. Les acclamations augmentent. On nous accompagne jusqu'à la grille du château; on va y entrer avec nous. « Oh! ma foi, mes amis, vous n'irez pas plus loin. Je crois qu'à six heures du matin on peut se souhaiter le bonsoir. » Je ferme la grille après moi; je suis tout à Sophie.

A quoi comparer ce peuple, qui eût crié hier *bravo* si on m'eût crucifié, et qui ce matin crie vive monseigneur! Le peuple est une houle toujours prête à rouler dans tous les sens.

Sophie n'a pas soupé, j'ai fait un fort mauvais dîner, et monsieur le maître d'hôtel nous engage à nous restaurer un peu. Il a raison. Je prévois, d'ailleurs, que bientôt il faudrait nous séparer, et je suis si bien près d'elle! « Sophie, quelques moments encore à l'amour! Passons-les à table, puisqu'il faut se borner à cela. — Oh! bien certainement il le faut. N'est-il pas vrai, maman? » Voilà maman établie mon médecin consultant... Je mettrai sa vigilance en défaut.

« Chère Sophie, ce repas est délicieux après les angoisses cruelles qui l'ont précédé. — Mon ami, nous en avons tous éprouvé. — Et vous aussi, femme charmante? — J'ai cru que ma fille perdrait la raison quand Soulanges est venu savoir si vous aviez paru à l'hôtel. — Soulanges m'a cherché? — Partout où il a présumé que vous pouviez être. — Ce bon Soulanges! Et comment a-t-il fait pour sortir de chez moi?

« — Vous sentez quel a été son étonnement, lorsqu'à son réveil il ne vous a pas trouvé dans votre lit. Il s'est levé, il a fait dans l'appartement la plus exacte perquisition; plus de Francheville, et plus de clefs sous le chevet de Soulanges. Il était facile de juger que vous étiez sorti par la porte, ainsi plus d'inquiétude sur les suites d'un saut par la fenêtre.

« Soulanges a appelé Georges, et Georges est demeuré stupéfait en reconnaissant la voix d'un homme qu'il croyait loin de l'hôtel. Tous deux ont approché l'oreille du trou de la serrure ; ils se sont expliqués, et vous êtes demeuré convaincu d'avoir pris les vêtements de votre ami, de vous être donné pour lui de chambre en chambre, et d'avoir ainsi gagné la rue.

« Cependant Soulanges et Georges étaient enfermés chacun de leur côté. Philippe, que Georges a appelé, l'était du sien. Il fallait briser les portes ou les faire ouvrir par un serrurier. Soulanges, qui aime les moyens doux, s'est décidé pour le second parti.

« Mais qui pouvait aller chercher le serrurier ?... Ecoutez-moi donc, monsieur ! vous avez toute la vie pour regarder ma fille et lui sourire.—J'y suis, madame, j'y suis. — Le suisse seul était libre d'entrer et de sortir ; mais le bonhomme, à qui le prétendu Soulanges avait dit en sortant qu'il allait revenir, s'était amusé avec sa bouteille ; moyen certain pour un suisse d'abréger le temps. Il avait fini par s'endormir, et dormait si bien, que les cris de Soulanges, de Georges et de Philippe n'ont pu le réveiller.

« La patience a ses bornes comme toutes les vertus. Soulanges fait passer le mot d'ordre à Georges, qui le rend à Philippe, et ce mot le voici : Jetez par la fenêtre tout ce qui peut faire de bruit sur le pavé.

« — Ah ! mon Dieu ! mes services de porcelaine !... le poêle démonté par parties... — Tout est brisé ! — Tout. — Il valait mieux cent fois enfoncer les portes. — Ah ! médite-t-on, calcule-t-on quand on est inquiet sur le sort d'un homme comme vous ? Philippe, moins éloigné que les autres de la loge du suisse, pouvait plus aisément se faire entendre, et il a exécuté l'ordre avec une exactitude digne d'éloges.

« Le suisse bâille enfin ; il étend les bras, et parvient à se mettre sur ses jambes. Le bruit des assiettes, des terrines, qui volent en éclats, l'attire dans la cour. Il s'imagine que vous soutenez un siége, et il prend son sabre, non pour venir vous défendre, mais pour aller, avec sûreté de sa personne, chercher du renfort aux écuries et dans les dessus des remises.

« La montagne en travail enfante une souris : les exploits de vos gens se sont bornés à faire lever une heure plus tôt que de coutume un pauvre serrurier, qui n'était pour rien dans l'escapade de leur maître.

« Soulanges a parlé ; le carrosse est prêt. Il se gardera bien d'envoyer prendre des habits chez lui : il sait qu'avec vous il n'y a pas une minute à perdre. Il passe votre robe de chambre, un pantalon, des pantoufles, et il vient nous réveiller dans ce burlesque équipage.

« Un sourire de satisfaction a brillé sur la figure de ma fille quand elle a appris votre évasion. Elle l'attribuait à l'amour, à l'empressement de vous réunir à elle. Mais quand elle a su que Soulanges avait été déjà dans deux ou trois maisons, où on n'avait rien pu lui apprendre de vous, l'inquiétude a commencé à naître, la réflexion a produit les alarmes ; un nouveau duel, un assassinat nocturne pouvaient vous avoir ravi sans retour à sa tendresse. Bientôt la tête s'est perdue au point de vouloir aller elle-même vous chercher chez toutes les personnes que vous connaissez. La berline nous attendait depuis longtemps ; Soulanges nous engageait à partir ; il lui promettait de continuer ses recherches ; elle ne voulait s'en rapporter qu'à elle du soin de retrouver son époux... Oui, embrassez-la, elle le mérite : jamais on n'a aimé comme elle. Mais venez vous remettre à votre place.

« La plus grande partie de la journée s'est écoulée en plaintes, en pleurs d'une part, en consolations de l'autre. Enfin, sur les quatre heures du soir, Soulanges a paru dans ses habits ordinaires. Il tenait une lettre à la main : c'est celle que vous avez écrite de la Ferté. Le calme a reparu sur toutes les figures ; la joie est rentrée dans tous les cœurs. Ma fille a sauté les escaliers pour être plus tôt dans la berline, derrière laquelle Georges et Philippe attachaient votre malle. Nous partons.

« Elle ne cessait de presser les postillons, de répéter : Courir la poste la nuit, dans l'état de faiblesse où il est encore ! combien il mérite d'être aimé ! »

Elle me peint l'étonnement de Sophie, qui ne me voit point à son arrivée au château. Elle m'attendait à la portière de la berline ; elle me cherche des yeux dans la cour, sous le vestibule. Elle descend de voiture, elle court, elle va de chambre en chambre. Ses domestiques peuvent à peine la suivre. La rapidité de sa course éteint la moitié des flambeaux.

« Où donc est-il ? s'écrie-t-elle enfin. — Qui, madame ? — Monsieur de Francheville. — Quoi ! madame ! c'est vraiment lui qui est arrivé aujourd'hui ? — Eh ! sans doute. Où est-il ? — Malheureux ! qu'ai-je fait ! Je suis perdu. — Qu'y a-t-il donc ? Vous m'alarmez. — Madame, je n'ose vous le dire. — Vous me faites mourir. Parlez donc, cruel homme ! — Eh bien ! madame, monsieur est... il est... — Où ? — En prison. — En prison ! en prison ! dites-vous ! et qui l'a fait mettre là ? — Hélas ! c'est moi, madame. Pardonnez-moi, pardonnez-moi !...

« En un instant le château est bouleversé. On court, on s'appelle, on se presse, on ne peut arriver assez tôt chez le maire. Les reproches de ma fille, les excuses du maître d'hôtel, les murmures, les réflexions des valets, des jardiniers, l'éclat de dix flambeaux éveillent les gens du village à mesure que nous le traversons. Ils sortent, vêtus à peu près comme vos gens, armés à la hâte pour votre défense. Nous arrivons chez le maire ; il nous conduit à votre colombier ; vous savez le reste. Mais vous oubliez, et moi aussi, qu'il est sept heures du matin, que nous avons passé la nuit en voiture, vous sur la paille, et qu'il est temps de nous mettre au lit.

« — Eh ! madame, je ne demande que cela. » Je prends la main de Sophie ; elle se lève, elle me devine, elle sourit ; elle s'appuie mollement sur mon bras ; elle me suit.

« Ah ! ah ! je croyais n'en avoir qu'un à garder, et je vois qu'il en faut surveiller deux. Arrrêtez-vous, s'il vous plaît : Justine, faites conduire monsieur à son appartement. — Madame... madame... — Eh bien ! qu'est-ce ? — Vous m'avez en effet donné des ordres ;

mais j'ai osé prendre sur moi de ne pas les exécuter. — Et la raison, mademoiselle? — Comment séparer un si joli couple, qui s'aime si tendrement! Madame et monsieur paraissent avoir tant de choses à se dire! — Vous êtes connaisseuse; mais je vous prie de garder pour vous vos observations, et de vous souvenir qu'une obéissance passive est le premier de vos devoirs. Allez faire ce que je vous ai ordonné. »

On ne résiste pas à une maman aimable, quelque fâcheuse qu'elle soit d'ailleurs : je suivis Mme d'Elmont.

Elle me conduit à son appartement, et les affaires dont elle veut m'entretenir se bornent à des remontrances très-raisonnables, très-prudentes sur la nécessité de me ménager encore. Les gens froids sont insupportables : ils jugent le genre humain d'après eux.

Mme d'Elmont termine un assez long discours, que j'ai écouté avec beaucoup de docilité, en m'annonçant la résolution irrévocable de coucher dans l'appartement de sa fille, jusqu'à ce que le mois soit révolu.

A-t-on jamais rien imaginé de plus perfide?... J'allais répondre par cent arguments d'une force irrésistible... Elle sort tout d'un coup, donne deux tours à la serrure, et emporte la clef.

Oh! comme je dormais, lorsqu'une petite main m'éveilla en allant et venant légèrement sur ma couverture! « Qui est là? — C'est moi, monsieur. — Ah! c'est Justine! Et par où êtes-vous entrée ici? — Toutes les portes ont deux clefs, et il faut bien que les domestiques en aient une : si on se trouvait incommodé dans la nuit, qu'on sonnât... — Voilà qui est très-bien vu. Mais que me voulez-vous, Justine? — Il y a six heures que monsieur dort, et madame aussi. J'ai pensé qu'ils ne seraient pas fâchés de se donner le bonjour sans témoins. — Oh! tu es une fille charmante, accomplie!... Mais Mme d'Elmont? — Elle a pris la chambre à coucher de Mme de Francheville; sa fille s'est contentée de mon cabinet, et j'ai aussi la clef d'une seconde porte qui donne sur un escalier dérobé. — Ma chère amie, il est impossible d'avoir plus de pénétration, d'intelligence, et de rendre un service plus à propos.

— Mme d'Elmont s'imagine que tout le monde doit être aussi calme qu'elle et ses quarante ans. — Je ne te soupçonne pas de ce défaut-là, Justine. — Ma foi, monsieur, le plaisir fait oublier le défaut de fortune. — Voilà en quatre mots tout un traité de philosophie. — Tournez-vous donc un peu, monsieur. — Tu as peur ? — Non, mais la décence... — Tu as raison, tu as raison. Donne-moi cette culotte. — Monsieur n'en a pas besoin. — Tu as encore raison. Passe-moi cette robe de chambre. — Mais, monsieur, vous me faites faire des choses... — Et tu fais tout à merveille. Marchons, Justine.

Avec quelle adresse elle ouvre et referme cette porte !... Je m'approche d'un petit lit bien blanc... Le sommeil l'embellit encore. Tout est charme sur sa figure ; tout est volupté dans son attitude. Comme ce bras s'arrondit sous cette tête divine ! Comme ce sein se dessine, se détache et se soutient ! Pas de lacet, pas un ruban : c'est du marbre que couronne un bouton de rose... Heureux, trop heureux mortel, tout cela est à toi !

Assurons-nous que rien ne troublera les délicieux mystères. Je mets les loquets partout. Mme d'Elmont aura le grand escalier à sa disposition.

Aux transports les plus doux avait succédé un sommeil paisible. Pressés, enlacés l'un dans l'autre, nous n'avions plus qu'une âme et qu'un cœur. Les songes riants effeuillaient sur nous le pavot et la rose... Qui vient nous arracher à ce calme délectable, qu'on goûte si parfaitement, et qu'on ne peut décrire ? On frappe à la porte du cabinet. « Sophie, ma fille ! — Maman ! — Cet homme-là a perdu la raison, et nous la fera perdre à tous. — Qui, maman ? — Francheville. — Qu'a-t-il donc fait ? Il est reparti. — Je ne le crois pas, maman. — Il n'est pas chez lui, et aucun des domestiques ne l'a vu. — Il est sans doute allé prendre l'air dans le parc. — Non, les domestiques ont trouvé en bas toutes les portes fermées. Mais ouvrez-moi donc. Je n'aime pas à causer à travers une cloison. — Maman, je ne suis pas levée. — Pourquoi donc vous enfermer ainsi ?

Si vous aviez eu besoin de quelque chose, par où serait-on entré dans ce cabinet? — Oh! j'ai ici tout ce qu'il me faut. » Et à chacune de ces réponses, elle me faisait une petite mine si drôle, et chaque mine provoquait, amenait un baiser si doucement, si doucement pris et rendu!

« Sophie, il est trois heures : je vais vous envoyer Justine. — Maman, je n'ai besoin de personne. » Une mine plus comique que les autres me fit perdre mon sérieux. Un éclat de rire, que je ne retins qu'à demi, trahit tous nos secrets.

« Cela est affreux, Sophie, cela est impardonnable! vous perdrez cet homme-là. Vous êtes devenue incapable de réfléchir, de rien prévoir; vous ne pensez pas même au rôle très-inconvenant que vous me faites jouer dans ce moment-ci. — Oh! pardon, pardon! ma bonne maman. — Votre bonne maman vous abandonne à vous-même, puisque ses représentations et ses soins sont tout à fait inutiles.

« — Mon ami, maman est fâchée. — Mon ange, il faut faire notre paix. — Oui, levons-nous. Mais dis-moi donc comment tu es entré ici? »

Je lui contai tout, et il fut arrêté que nous ne dirions pas un mot de Justine, qui eût pu souffrir de l'humeur de Mme d'Elmont.

L'aimable maman nous reçut au salon avec un air froid et même un peu sévère. Je l'embrassai, je lui adressai de ces choses flatteuses qui coûtent si peu à dire quand elles sont inspirées. Et que ne m'inspire-t-elle pas, elle est la mère de Sophie!

Sophie la cajola, la caressa de son côté, et sa figure s'épanouit peu à peu. Elle voyait sur les nôtres l'expression de l'amour le plus tendre, du bonheur le plus parfait; et quelle femme peut bouder à l'aspect de l'amour heureux?

Nous déjeunâmes. L'appétit, la cordialité, la franchise égayèrent le repas. Il fallut cependant écouter quelques remontrances qu'un ton affectueux rendait très-supportables, et dont la conclusion nous plut infiniment. Mme d'Elmont termina en disant que, puisque l'amour déjoue tous les plans qu'on lui oppose, c'était à l'amour lui-même qu'elle me confiait ; que désormais Sophie me rendrait sage, puisqu'elle aimait assez pour l'être elle-même... si elle sentait la nécessité de le vouloir.

Nous ne nous quittons plus. Toujours appuyée sur mon bras, toujours charmante, toujours heureuse, elle me promène de chambre en chambre.

Nous nous enfonçons dans un parc assez mal tenu. Elle en veut faire un jardin anglais. « Oh ! laisse-nous cette nature agreste. Qu'on arrache l'ortie et le houx; ces plantes seules sont ennemies des amours. »

Nous parcourons tout le parc, nous nous arrêtons partout; partout nous trouvons un temple, nous marquons un autel. Parc solitaire et silencieux, chacune de tes retraites sera consacrée par un sacrifice.

La cloche nous rappelle ; il faut s'éloigner de la nature et entrer dans un château !... Un château ne vaut-il pas un parc pour qui y rentre avec son cœur?

CHAPITRE VI

Gens et gêneurs fort ennuyeux ; afin de leur échapper, on se couche à l'heure des poules et des coqs. Partie carrée et mariages de tous les côtés. Cas des plus rares : une belle-mère convenable et raisonnable ; quelque invraisemblable que cela paraisse, le lecteur en aura la preuve.

Visites. Usage généralement adopté, je ne sais pourquoi. Temps perdu pour ceux qui les font et les reçoivent. Ennui et souvent dégoût pour les uns et pour les autres. Des visites ici? Au village comme à la ville, on ne peut donc vivre pour soi ! Plus on est élevé, plus on est dépendant des convenances, de l'étiquette. La nature et l'amour, je ne connais, je ne veux connaître que cela.

Je ne brusquerai pas cependant ceux que Mme d'Elmont a accueillis, qu'elle a retenus à dîner. Je les examinerai, et je m'amuserai peut-être de leur originalité.

Il semble vraiment que les Parisiens seuls soient sans ridicules : en **supposer** aux autres, et s'en croire exempt, est le **premier** de tous. Jugeons ces gens-ci sans prévention.

Voilà le propriétaire d'un bien de huit à dix mille francs de revenu. Il arrondit les épaules, s'écoute parler, et parle comme un cuistre. Il dit pesamment à Sophie qu'une femme charmante est un effet de commerce, qui doit circuler pendant le jour, et que le mari est trop heureux de retrouver le soir. En conséquence de ce raisonnement, il se place à côté d'elle. Celui-là ne dînera pas souvent au château.

Le curé se félicite de notre retour aux champs; il espère reprendre avec madame ces conférences si utiles à une âme pieuse; il lui présente le dernier mandement de monseigneur et s'assied auprès d'elle. Ma femme n'est plus accessible pour moi, elle me regarde en souriant... Elle n'a pas d'humeur! elle se trouve donc bien entre ce curé et ce gros campagnard. Imbécile que je suis! je sens que je fais la mine, et elle me sourit parce qu'elle sait que mon sourire répond toujours au sien.

Sourions, soyons gai. Quelques heures de contrainte tourneront au profit de l'amour.

J'ai vis-à-vis de moi un monsieur qui se hâte de m'apprendre qu'en cherchant à doubler les produits de sa terre, il en a mangé la moitié. Il ne se décourage point; il est sûr de tirer de la soie de l'ortie, et du coton des toiles d'araignées. En conséquence, il n'a semé cette année que de l'ortie, et il ne s'occupe que de la multiplication des araignées. Il achète toutes celles qu'on lui apporte, et il a déjà cinq cents livres de miel pour attirer les mouches que mangeront ses fileuses.

A ma droite est une dame qui fait des bourses très-jolies, et qui laisse le soin de son linge à une servante qui n'y touche jamais. Elle la chasserait si monsieur ne trouvait que personne ne fait le bœuf à la mode comme Ursule. Je remarque que la dame est louche, qu'elle a une épaule un peu élevée et la poitrine rentrante. Ursule pourrait bien savoir faire autre chose qu'un bœuf à la mode.

A ma gauche est une petite mère qui a le malheur d'avoir un fils qui, à cinq ans, ne s'occupe que du jeu. Elle prévoit que ce sera un très-mauvais sujet, et c'est bien malgré elle qu'elle le met en pénitence tous les jours. Très-heureusement elle a un petit chien, très-joli, très-caressant; aussi ne mange-t-il que des gimblettes, et il couche avec elle, ce qui fait que monsieur n'y couche plus.

Près de madame d'Elmont est une autre dame, qui appelle son mari *mon cœur*, qui tient une maison *conséquente*, et qui ne manque jamais de dire *malgré que*, et *ce n'est pas qu'à lui* que telle chose arrive. Les femmes de village, qui veulent donner une certaine idée de leur érudition, affectent de parler comme le journal du département.

On pouvait, sans prévention, s'amuser un peu de tout cela, à l'exception pourtant de la dame au petit chien. Je n'ai jamais pu supporter l'oppression, et je crois que l'enfant de cinq ans est opprimé. Pauvre enfant! quel père a-t-il donc?

J'affectai de ne pas dire un mot à cette femme; je fis tomber la conversation sur les objets qui pouvaient intéresser nos autres convives, et bientôt tout le monde parla à la fois. Chacun montait insensiblement le ton, pour couvrir la voix de son voisin, et le vacarme fut porté au point qu'il n'était plus possible de saisir un mot. Je riais de bon cœur en pensant qu'à la fin de cette inintelligible conversation, je serais au même point qu'en sortant de ces beaux cercles, où on croit avoir entendu de très-jolies choses, et dont on n'emporte pas une idée.

Sophie porte involontairement un doigt à ses oreilles, et le plus profond silence règne aussitôt dans la salle. Bonnes gens, qui parlent quand on le veut, qui se taisent au premier signe, et qui ne se doutent pas que leur aveugle déférence s'adresse au château, aux équipages, aux diamants et au cuisinier ! Dépouillez le propriétaire, ils prendront le ton familier et protecteur.

Le curé saisit habilement ce moment de calme pour parler des pauvres de la paroisse. « Bravo ! lui dis-je, monsieur le curé ; tous les temps et tous les lieux sont propres à une bonne action. Madame de Francheville voudra bien faire la recette, n'est-il pas vrai, mon aimable amie ? » Je n'avais pas fini qu'elle était debout. Une jolie quêteuse fait toujours bien les affaires des pauvres en pareille circonstance ; les uns donnent pour lui être agréables, les autres par ostentation ; ceux-là par humanité, ceux-ci parce qu'ils n'osent refuser. Tout le monde a donné, et qu'importent à la famille qui met le pot-au-feu les motifs qui le lui ont procuré ?

M. le curé met l'argent dans sa poche, nous remercie par une inclination circulaire, et nous entretient des réparations à faire à l'église. J'examine nos convives, et je trouve l'inquiétude dans tous les yeux. On tremble que je ne propose de rebâtir l'édifice, et on se dit peut-être intérieurement qu'on a déjà payé son dîner assez cher. Il faut rassurer ces gens-là. « Monsieur le curé, le temple le plus agréable à la Divinité est un cœur pur, fervent et soumis, et il ne faut pas d'argent pour ouvrir ces temples-là. »

Cette opinion est la plus damnable de toutes ; car, où il n'y a pas d'églises, il n'y a pas de clergé. Le curé se pince les lèvres et n'insiste point : un seigneur de village a le droit d'être *adamite*... chez lui.

La gaieté reparaît sur toutes les physionomies, et nos dames campagnardes parlent de petits jeux : toutes y gagnent. Laides ou jolies sont embrassées ; les premières d'une manière moins prononcée ; mais le baiser le plus léger produit toujours de l'effet sur celle qui n'en obtient que de l'occasion.

J'aime aussi les petits jeux : un mois plus tôt j'aurais appuyé la proposition. Mais pour baiser et être baisé, je n'ai besoin ni du *Pigeon vole*, ni du *Corbillon*. Et puis mes gros campagnards enlaceraient de leurs bras robustes le corps aérien de Sophie ; leurs figures enluminées altéreraient la fraîcheur de son teint, et ce n'est point au vautour que sont réservés les baisers de la colombe... Non, point de petits jeux. Mais comment éloigner une idée qui semble plaire à tout le monde ?

« Madame, on vous demande. » C'est Justine qui parle à Sophie. Sophie sort ; j'en suis enchanté. Qu'on joue maintenant à ce qu'on voudra, je suis prêt à tout... pourvu cependant que Sophie ne rentre point.

« Monsieur, on vous demande. » Je me lève, je suis Justine. « Qui donc me demande ? — Moi, monsieur. — Que me veux-tu ? — Que vous alliez joindre madame. — Où est-elle ? — Dans son appartement. — Avec qui ? — Elle est seule. — Qui l'avait demandée ? — Encore moi, monsieur. — Et pourquoi ? — Pour lui éviter ces gros baisers de village, et pour procurer à tous deux un moment de plaisir. Pendant que vous causerez, madame d'Elmont fera les honneurs du salon. — Tu es une fille unique. »

Elle est sur son ottomane. Elle rêve ; je m'approche. Elle lève les yeux sur moi, et ses yeux disent amour et plaisir. Je crois saisir l'un et l'autre... Elle m'échappe, elle me rappelle la confiance de sa mère. C'est à elle que madame d'Elmont a remis le dépôt précieux. Elle veut le ménager, le conserver ; elle est sûre d'elle, elle ne cédera point de huit jours... Pauvre Sophie ! Femme qui aime est vaincue avant d'avoir cédé, et quand elle s'est rendue, que lui reste-t-il à faire ?..... Recommencer.

« Ma tendre amie, tu me vois brillant de santé... — Mon ami !... je t'en prie, accorde-moi un jour... une heure... »

Je la relève radieuse et fortunée... C'est l'Aurore qui s'échappe des bras de Tithon pour se présenter à l'admiration des mortels. Voyez-la, délirante encore, se couvrir du voile des grâces en célébrant la volupté.

« O mon ami ! cent ans d'une pareille vie ! — Mille ans, l'éternité. Viens, viens errer dans ce parc, où nous sommes tout à nous. L'amour heureux aime le silence et le recueillement. — Mon ami, recueillons-nous ici :

savons-nous si nous pourrons y rentrer ? — Je t'entends, ma Sophie, madame d'Elmont, toujours craintive, toujours prévoyante... Justine ! Justine !... Eh ! venez donc, mademoiselle ! Apportez-nous en diligence tout ce dont on peut avoir besoin depuis sept heures du soir jusqu'à huit heures du matin...

» De la pâtisserie, des confitures, bon... Du malaga et du madère, à merveille ! — Mon ami ne porte pas plus loin tes recherches. — Tu as raison : la ceinture brillante de Vénus ne doit pas toujours être vue. — Je crois, monsieur, que je peux vous remettre les doubles clefs ? — Oui, Justine. Laisse-nous.

» Ma Sophie, tu as beaucoup marché ce matin. — Et beaucoup fatigué hier. — Tu dois avoir besoin de repos. — M'en promets-tu ? — Juges-en. — Le pouls est tranquille.

» Viens, cher ami, viens reposer dans mes bras... Soyez donc sage, monsieur... Vous me l'avez promis... vous... Ah ! Francheville, tu es adorable ! »

Pan, pan ! « Qui est là ? — A-t-on jamais porté l'extravagance à ce point ! Se coucher à sept heures du soir ! — Maman, nous sommes fatigués. — Le joli moyen de vous remettre ! — Mon ami se porte à merveille, j'en suis sûre, maman. — Je désire que cela continue. — Ah ! et moi aussi, maman. — Bonsoir, mes enfants. — Bonsoir, maman. »

Avec de la ténacité on arrive à son but : nous voilà émancipés. . . . .
. . . .

« Ah ! Sophie, quel beau jour succède à une nuit délicieuse ! jouissons de celui-ci, levons-nous. Allons revoir tes lilas et tes linots. — Non, allons rendre à ces gens d'hier leur ennuyeuse visite, et n'ayons plus de rapports avec eux. Nous, mon bon ami, nous, toujours nous, rien que nous. — Le moyen le plus sûr de les empêcher de revenir, c'est de ne pas aller chez eux. — Ils nous accuseront de grossièreté ou de hauteur. Donnons un moment à l'usage, et le reste de notre vie à l'amour.

» — Laissons, puisque l'usage et toi le prescrivent,

des plaisirs et des épanchements divins, pour aller nous ennuyer à l'heure... Que dis-je ? Je te verrai, je te parlerai, je te toucherai, et l'ennui peut-il pénétrer dans le cercle magique que les grâces ont tracé autour de toi ? »

Madame d'Elmont se propose de nous accompagner. Nous déjeunons, nous nous habillons, nous partons.

C'est sans doute à celui que les hommes ont établi médiateur entre le ciel et eux que sont dues les premières marques de considération et même de respect. Nous descendons chez le curé.

Une gouvernante, très-jeune, et d'une figure assez remarquable, nous reçoit, et met tout en combustion dans le presbytère. Elle chasse de la salle à manger des poules qui paraissent avoir le privilége de sauter sur la table, sur les chaises, et d'y faire tout ce que bon leur semble. Les poules s'enfuient à l'aspect du balai, crient, courent, volent, et nous rasent, en passant, le nez et les oreilles. Une d'elles couve dans une vieille perruque de monsieur le curé. Protectrice courageuse de ses enfants à naître, elle s'élance, elle va fondre je ne sais sur qui. Ses ongles s'accrochent à la perruque : elle enlève nid et poussins ; les œufs tombent, se brisent : voilà une omelette sur le plancher. « Dix-sept poulets perdus ! dit en soupirant la petite bonne. Monsieur le curé, ajoute-t-elle en s'efforçant de sourire, n'en sera pas moins enchanté de recevoir ces dames et monsieur. »

On ne met pas des souliers blancs dans les œufs cassés. On ne se sert pas de chaises sur le siége et le dossier desquelles des poules ont fait... vous savez bien... La petite bonne nous conduit dans la chambre à coucher de monsieur le curé, qui est dans son jardin, qu'elle va appeler, et qu'elle nous invite à attendre.

Le lit de monsieur le curé n'est pas fait encore. Un oreiller est tombé à droite, un second à gauche : monsieur le curé aime à avoir la tête haute. Une aube ici, une culotte là ; un tablier de taffetas noir sur un prie-Dieu, un petit soulier vert dessous : il faut mettre quelque part sa parure des dimanches. Mais le soulier vert, l'aube, la culotte, le tablier noir ne nous permettent pas plus de nous asseoir en haut qu'en bas. Nous nous décidons à aller trouver le curé dans son jardin.

Moins magnifique que Joad, et par cela même plus modeste dans son ton et ses manières, il nous salue de cinquante pas, et s'approche, en saluant, jusque sur le bout des pieds de mesdames. C'est très-bien, pensé-je, car il est écrit : Quiconque s'abaisse sera élevé ; et, pour accomplir la prophétie, je prie le curé de se relever et de recevoir nos salutations.

« Nous vous dérangeons, monsieur le curé. — Pas du tout, monsieur. — Vous ne faisiez donc rien dans votre jardin ? — Ah ! je m'amusais. Je faisais la guerre aux hannetons, aux chenilles, et je la ferai ce soir aux cousins. — Je ne sais, monsieur le curé, si cette guerre-là est bien orthodoxe. — Comment donc, monsieur ? se défendre, soi et ses propriétés, est de droit naturel. — Monsieur le curé, il est incontestable que Noé introduisit dans l'arche, je ne sais pourquoi, j'en conviens, une paire de hannetons, de chenilles et de cousins, car depuis Adam il n'y a pas eu de création. Ainsi le droit divin, d'après lequel ces espèces existent, est ici en opposition avec le droit naturel. Si vous admettez le dernier, craignez que le cheval que vous usez, le bœuf que vous mangez, l'invoquent à leur tour. — Mais, monsieur, Dieu a fait tous les animaux pour le service ou la table de l'homme. — Comme il a fait votre tête pour porter perruque. Et puis vous avouerez qu'il y a des exceptions à votre principe très-général. Les hannetons, les chenilles et les cousins, par exemple, ne sont propres ni à votre service, ni à paraître sur votre table. Vous les tuez uniquement parce qu'ils vous gênent, et j'ai bien peur, monsieur le curé, que ce prétendu droit naturel ne soit réellement que le droit du plus fort. Ceci peut donner lieu à une longue et savante discussion, qui nous fera passer une heure de plus à table, quand vous voudrez bien venir prendre place à celle du château. »

Nous quittons le presbytère ; nous entrons chez

l'homme aux huit ou dix mille livres de revenu, au dos de carpe et aux phrases à prétention. Il nous reçoit avec des compliments interminables : le premier fourbe fut un complimenteur. Tout ce que nous entendons du galimatias de celui-ci, c'est qu'il a eu l'intention de nous dire des choses agréables et polies.

Tout est inintelligible chez cet homme-là. Il nous fait voir son jardin, c'est tout simple : à quoi servent un jardin, des bosquets qu'on sait par cœur si ce n'est pour les faire admirer aux autres ? Le propriétaire de celui-ci nous en fait remarquer la belle tenue, et en effet il ressemble à un jardin de plantes botaniques. Sur de petites plaques de fer-blanc, attachées au haut de bâtons fichés en terre, on lit ici *lactuæ*, là *asparage*, dans ce carré on lit *brassicæ*; dans celui-ci *sativæ*, dans cette plate-bande *rapæ*, dans cette autre *cærefolium*...

« Toutes ces plantes, monsieur, sont donc étrangères ? dit Sophie. — Il faut dire *exotiques*, madame. — Exotiques, soit. — Non, madame, elles sont *indigènes*. *Lactucæ* veut dire des laitues : *asparage* des asperges, *brassicæ* des choux, *sativæ* des carottes, *rapæ* des raves... — Eh ! monsieur, pourquoi ne pas appeler tout simplement les choses par leur nom connu ? — Un nom trop connu devient vulgaire, et il est démontré, madame, qu'on n'attache maintenant quelque prix à une plante qu'autant qu'elle a un nom grec ou latin. Allez, madame, allez au jardin des plantes... — De quel jardin parlez-vous, monsieur ? car je ne connais pas de jardin sans plantes. — Je parle, madame, du jardin ci-devant dit du Roi. — Au moins cette dénomination est précise.— Allez-y, madame, et vous verrez les promeneurs en admiration devant cinq cents étiquettes, par cela seul qu'ils ne les entendent pas. Ils passeraient avec dédain s'ils y lisaient *panais, betteraves, romaines*, etc. Il y a un mois, une fort belle dame s'arrêta devant *cærefolium*. Elle admirait la douceur harmonieuse de ce mot, et affirmait que la plante doit avoir la tige *amoureuse* et l'odeur *zéphyrienne*. J'ai transcrit le mot, et je l'ai fiché là. — Et qu'avez-vous semé dessous ? — Monsieur, j'y ai mis des oignons de lis, parce que je ne connais pas de plante qui ait plus de rapports avec la définition de la dame. Tige amoureuse, c'est-à-dire taille fine, svelte, élancée... — Je suis fâché pour vous, monsieur, mais c'est du cerfeuil qu'il fallait mettre là. — Quoi! monsieur, ce *cærefolium* si harmonieux... — Signifie uniquement du cerfeuil. » Ma Sophie et sa maman éclatèrent de rire; mon savant rougit, et nous prîmes congé de lui pour le tirer d'embarras.

Nous passons chez l'époux fortuné qui s'entend appeler *mon cœur*, et c'est madame qui s'empare de nous. Elle a la haute main dans la maison; et les douceurs qu'elle adresse à son mari ressemblent à la dorure qu'on applique d'une main sur des fers qu'on rive de l'autre.

Le lieu que madame soigne et affectionne particulièrement, c'est le poulailler, et c'est là qu'elle nous conduit. Encore des poules ici! J'espère qu'il n'y a pas de couveuse... Celles-ci ont les extrémités des plumes tournées vers la tête, au lieu de l'être du côté de la queue, « et rien n'est beau comme cela, parce que rien n'est plus rare. — Par la même raison, madame, un bossu est bien plus beau qu'un bel homme, car une bosse est plus rare qu'un dos uni. — Cela peut être, monsieur, mais je n'aime pas les bossus. — Ni moi les poules aux plumes retournées. — Ah! monsieur, si vous saviez ce qu'elles valent! *Malgré que* la saison ne soit pas encore très-avancée, elles me font des pontes *conséquentes*, et *ce n'est pas qu'à moi* que cela arrive. Celles que j'ai données l'an dernier à ma voisine pondent déjà très-*conséquemment*, *malgré qu'elles* n'aient encore que huit mois. Venez, mesdames, et je vous ferai admirer mes œufs, et *mon cœur*, si vous le permettez, en enverra-*t*-un demi-cent au château. — Madame a ouvert ce matin sa boîte aux T. — Non, monsieur, j'ai pris du chocolat. »

Nous voilà chez la dame à l'épaule élevée et à la poitrine rentrante. Exceller en quoi que ce soit, c'est être quelque chose : l'auteur d'un bon madrigal vaut mieux que celui d'une mauvaise tragédie. Madame fait des bourses, toujours des bourses, rien que des bourses;

mais elle les fait si jolies ! Elle en fournit l'épouse de M. le préfet, celles du secrétaire général et des conseillers de préfecture. Elle ne les a jamais vues, et peut-être ne les verra-t-elle jamais ; mais elle en reçoit des lettres très-obligeantes ; elle sait qu'on parle d'elle dans la capitale du département.

Elle me conte à l'oreille que son mari a besoin d'un protecteur pour le desséchement d'un marais, dont les eaux ne peuvent s'écouler dans l'Oise qu'en traversant les terres des voisins ; et elle ajoute finement qu'elle compte faire avec des bourses vides ce que d'autres ne savent faire qu'avec des bourses pleines. Pas trop bête !...

Du reste, madame ne se mêle de rien chez elle ; elle ne sait pas même où est son mari : moi, je m'en doute. Je sors d'après le prétexte connu... Celui-là éloigne les curieux ou les surveillants. Je fais une inspection générale des lieux ; je trouve dans une mansarde monsieur avec Ursule ; je croyais que le bœuf à la mode ne se faisait qu'à la cuisine.

Elle est fort bien, cette petite Ursule. Ses couleurs vives font ressortir ses yeux... Oh ! le feu... l'action...

Nous arrivons chez la dame affligée des déportements de son fils, de son fils qui a cinq ans, et si heureusement dédommagée par les qualités de son petit chien. Cette jeune maman est appétissante. Il est fâcheux qu'elle ait le cœur dur, ou plutôt qu'elle n'en ait pas. Le premier spectacle qui s'offre à nos yeux est celui d'un enfant, beau comme l'amour, attaché avec une corde au pied d'un lit. Il ne rit ni ne pleure. Il paraît simplement être dans une position gênante, mais habituelle. Il mange avec tranquillité un morceau de pain bis.

Fidèle dort sur un coussin auprès d'un tas de gimblettes qu'il n'a pu que mâchonner. Ce que c'est que la satiété ! Il nous entend, il se lève, il aboie et vient se jeter dans mes jambes. D'un coup de pied, je fais voler Fidèle par dessus la tête de sa maîtresse, et d'un tour de main j'ai détaché l'enfant. Je le prends dans mes bras, je le caresse; Sophie le caresse à son tour; il ne sourit pas; il paraît être insensible aux bons comme aux mauvais traitements : on en a fait un automate.

Une grosse fille de la basse-cour saisit le moment pour lui glisser un morceau de pâté, qu'il avale furtivement... Je glisse un louis à la grosse fille. « Conserve ton cœur tel qu'il est aujourd'hui. Il vaut mieux que le rang et la richesse. »

Il était inutile que personne se contraignît : madame avait relevé son Fidèle, s'était assise à terre, le tenait sur ses genoux, ne voyait que lui, pleurait sur lui, et répétait, en me regardant de travers, qu'il avait une patte cassée. J'aurais voulu que ce fût le cou.

Cette maison ne nous convenait pas : nous ne pouvions améliorer le sort de l'enfant; nous nous hâtâmes de nous retirer.

L'infortuné mari nous conduisit. Il me remercia d'avoir donné une leçon à Fidèle et à sa femme; il nous remercia de l'intérêt que nous avions marqué à son enfant. « Eh! monsieur, si vous traitiez une fois votre femme comme je viens de traiter Fidèle, vous seriez le maître chez vous, et un mari doit l'être, lorsque sa femme se conduit mal. » Le malheureux aime la sienne : il ne l'assommera pas.

« Ma chère amie, par où entrerons-nous ici ? Je ne vois pas un pouce de terrain perdu; mais les orties débordent de droite et de gauche et couvrent à peu de chose près la surface de cet étroit sentier. Comment passer là avec des bas de soie ou de coton à jour ? Ma foi, écrivons-nous sur la porte. — Monsieur, mesdames ! — Qui nous appelle ? »

C'est un espèce de laquais, qui porte je ne sais quoi... Ah! ce sont des guêtres de peau ! — Oui, monsieur, il y en a vingt-cinq paires de toutes longueurs et de toutes grosseurs; plus, des caleçons pour les dames. C'est moi qui suis chargé de les offrir aux arrivants, et voilà un pavillon divisé en deux parties, où chacun peut faire modestement sa toilette.

« — Voilà un début qui promet. Maman, entrons

dans le pavillon. — Mon gendre, passez de l'autre côté ; vous avez les yeux et les mains partout. »

Le propriétaire nous attend à l'entrée de son vestibule. « Baissez-vous, baissez-vous, nous crie-t-il, dès qu'il croit pouvoir se faire entendre. » Il était inutile de nous recommander cela.

Le vestibule, la salle à manger et les autres pièces de la maison sont garnies de branches sèches, depuis le plafond jusqu'à cinq pieds du sol. Il faut plier le dos, à peine de se prendre dans les toiles d'araignées, comme Mars dans les filets de Vulcain. « Faites attention à vos pieds. Serrez les coudes. » A terre et contre les murs sont fixées, en échelons, des ardoises, suffisamment enduites de miel, pour que les mouches puissent y manger, et la couche est ménagée de manière qu'elles ne puissent être arrêtées par les pattes. On entend partout un bourdonnement insupportable, et on est continuellement piqué au visage et au cou. « Il eût fallu joindre, monsieur, aux caleçons et aux guêtres de peau, des capuchons tombant aux extrémités des épaules.

» — Il est vrai, monsieur, que je n'ai pensé qu'à l'essentiel ; c'est que l'habitude me rend insensible à la gêne et aux piqûres. Nos colons d'Amérique supportent les moustiques et les maringouins, parce qu'ils gagnent beaucoup d'argent ; moi, je vis au milieu de mes mouches et de mes araignées, qui sont bien moins incommodes, parce que l'année prochaine je leur devrai une fortune immense. — Et celle-ci ? — Oh ! celle-ci, je fais les avances ; vous savez qu'il faut semer avant de recueillir.

» Venez, mesdames, par ici. » Nous entrons, presque ployés en deux, sous un vaste hangar, où sont déjà tous les ustensiles nécessaires à une filature. « C'est ici que je ferai mon coton et ma soie. Un fabricant de Lony va m'envoyer dix métiers et dix ouvriers du premier mérite. Je compte faire du velours de toutes couleurs, que je donnerai à dix francs l'aune, sur lesquels j'en gagnerai sept.

« Sortons par là. — Oh ! très-volontiers : je ne

saurais rester plus longtemps dans cette attitude. — Voyez-vous ce bois qui est là devant nous ? Il y a cent cinquante arpents, et j'y ai déjà mis trois millions d'araignées des champs, de celles qui font cette superbe toile blanche qui vole au gré du vent, et qu'on appelle vulgairement *fil a Jésus*, C'est du coton de la première qualité. Vous sentez que les rameaux de mes arbres empêcheront mes toiles d'aller se perdre dans la campagne ; mais, j'ai mis dans ce bois cent cinquante ouvriers occupés en ce moment à en arracher toutes les feuilles ; et comme il faut tout prévoir, j'ai acheté deux mille grelots à mulet, et je les ai fait coudre sur la veste, les culottes et les bas de mes ouvriers. — A quoi bon cette mesure ? — Vous ne le devinez pas ? — Non, en vérité. — Mes fileuses, averties par le bruit des grelots, se retirent dans les crevasses de la terre, ou dans celles de l'écorce des arbres, et évitent ainsi le pied destructeur. — Voilà, par exemple, un effort de génie. — N'est-il pas vrai ? Je vais vous étonner bien davantage. Vous sentez que mes arbres, dépouillés de leurs feuilles... — Crèveront. — Sans doute ; mais ils resteront debout vingt ans encore, et ils m'auront procuré en coton vingt mille fois ce qu'ils m'eussent rendu en fagots. Revenons. Vous sentez que mes arbres, dépouillés de leurs feuilles, laisseront un libre passage aux hirondelles, et vous savez que les hirondelles mangent les araignées. Je vais faire entourer et couvrir mon bois d'un treillage de fil de fer et à mailles serrées au point de n'y pouvoir passer le petit doigt. — Voilà une idée vraiment admirable. — Vous goûtez donc mes plans ? — J'en suis enchanté ! — Tant mieux. Vous avez du crédit, et vous m'aiderez à obtenir une brevet d'invention. »

Il nous invite à venir suivre les progrès de son établissement. Nous le quittons, bien décidés à n'avoir plus besoin de ses guêtres ni de ses caleçons.

« Bon ami, ne trouves-tu pas qu'on devrait interdire cet homme-là ! — Non, mon ange ; il se ruinera d'une manière plus originale que la plupart de ceux qui font des entreprises, voilà tout, et il ne faut pas interdire ces gens là. Ils sont très-utiles aux ouvriers qu'ils emploient; ils le sont même à la masse des citoyens, en rétablissant, autant qu'il est en eux, l'équilibre des fortunes. — Mais leurs femmes, leurs enfants?... — Travailleront à leur tour pour ceux qui les ont aidé à les ruiner, et avant la quatrième génération, leurs enfants en auront ruiné d'autres. — Tu parles de cela bien à ton aise; si on nous ruinait, nous? — On ne ruine pas les gens raisonnables et satisfaits de leur sort; mais, assez ordinairement, leurs enfants dissipent, et tout est bien.

» — Comment donc! ma fille raisonne! — Sophie fait tout, et fait tout bien. Cette bouche charmante embellit la raison, comme elle sourit aux amours. — Vous la gâtez, monsieur. — Cela n'est pas possible, madame. Te louer, ma Sophie, c'est simplement être vrai, et quelque étendue qu'on donne à l'éloge, il ne peut être exagéré. »

Une surprise agréable nous était réservée au château. Nous y fûmes reçus par la comtesse, Soulanges et du Reynel. On aime à épancher son cœur avec ceux qu'on a fait dépositaires de ses secrets. Madame d'Ermeuil et Soulanges savent les nôtres et doivent présumer que nous avons deviné le leur. Nous serons tous parfaitement à notre aise, et nous aurons toujours quelque chose à nous dire : après le sentiment du bonheur, rien de si doux que d'en parler.

Du Reynel ne sait rien, ne verra rien. Ses jouissances intellectuelles sont dans le *Cuisinier impérial*, et sa sensualité se borne aux plaisirs de la table.

La première question que font des campagnards à ceux qui arrivent de Paris a toujours pour objet la nouvelle du jour. « Eh bien! Soulanges, mon ami, qu'y a-t-il de neuf à Paris?

» — On y parle d'un mauvais sujet, qui vole ceux qui dorment et qui s'enfuit avec leurs habits et leur argent. — Bah! on n'y parle de cela! On n'y a donc rien à faire?

» — Mais en allant et venant, on recueille quelque anecdote... — Qu'on oublie le lendemain. — Vous n'avez pas oublié celle d'hier. — Non, parce que indirectement elle vous intéresse un peu. — Ah ! contez-moi cela. — Ces belles dames à qui vous devez un coup d'épée et la possession de la charmante Sophie sont grosses toutes les deux. — Et on dit que les filles ne font pas d'enfants ! — Ceux-ci se sont faits sans l'intervention des maris. D'Allival avait résolu de se battre avec son coadjuteur ; mais comme il en a eu dix ou douze depuis trois mois, il n'a su auquel se prendre, et ne pouvant tuer personne, il s'est borné à battre madame, qu'il a si bien battue que probablement il se moquera de l'axiome : *Est pater ille quem nuptiæ demonstrant.*

» Le procureur impérial, qui ne veut pas qu'on fasse d'enfants adultérins, mais qui veut encore moins qu'on les tue, prend connaissance de cette affaire, et d'Allival est allé prudemment attendre le dénouement à Londres.

» Valport s'est contenté d'appeler sa femme du nom qu'elle a si bien acquis. C'est sous ce nom qu'il la désigne à ses amis, à la société ; il rit de ce qui a si vivement affecté d'Allival, et il dit avec raison qu'il vaut mieux avoir un enfant de plus que la tête de moins.

» On croit cependant qu'il va se pourvoir en divorce pour n'être pas surchargé des résultats des distractions de madame. »

Il me tire à l'écart. « Mon ami, mon cher ami, j'ai été distrait aussi. Madame d'Ermeuil est furieuse, elle pense, elle fait en secret ce que madame de Mirville dit et avoue : leur opinion sur les suites du mariage est la même. La comtesse ne se console pas de la nécessité où elle est de finir comme nous aurions pu commencer. Je l'ai déterminée à venir de préférence ici prendre le bon air et de l'exercice, parce que j'espère que vous m'aiderez à la réconcilier avec l'hymen.

» Maintenant que je vous ai mis dans ma confidence la plus intime, je vous charge des fonctions de maréchal des logis. Vous savez comment il faut loger des époux qui ne sont pas fatigués de l'être.

» — Eh ! parbleu, mon ami, je vais tout arranger

conjugalement. Aucun de nos domestiques ne vous connaît, et la comtesse sera madame de Soulanges, comme ma charmante Sophie est madame de Francheville. — Et Baptiste que nous avons amené ? Il est observateur, causeur, railleur. — Il faut le renvoyer à Paris. — On connaît peut-être dans votre antichambre nos noms et la nature de notre intimité. — Voyons cela. » Baptiste est encore dans les écuries, il n'a pas encore été en contact avec les domestiques du château ; Soulanges le fait monter à cheval et l'envoie à Châlons. Là il apprendra qu'il n'est plus au service de madame d'Ermeuil, et on lui trouvera une place convenable.

Servons maintenant l'amitié, faisons une douce violence à l'aimable comtesse. Il est des choses qu'on ne persuade pas et qu'on obtient de la nécessité. « Justine, vous ferez préparer l'appartement vert pour M. et madame de Soulanges. » Soulanges me serre la main à son tour ; Sophie et sa maman me regardent, la comtesse se lève et vient à moi.

« Plaisantez-vous, Francheville ? perdez-vous la raison ! — Justine, vous direz au maître d'hôtel que M. et madame de Soulanges restent avec nous. — Il est bien extraordinaire que vous vous permettiez ainsi de disposer de moi. — Justine, vous direz au maître d'hôtel d'attacher à monsieur et à madame de Soulanges le plus intelligent des domestiques. Allez. — Francheville, je vais éclater. — A quoi bon ! Persuaderez-vous à cette fille que je n'aie fait qu'une plaisanterie, et une plaisanterie qui ne pourrait avoir pour objet que de vous compromettre vis-à-vis de nos gens ? Un homme bien élevé s'en permet-il de ce genre-là ? A-t-il jamais parlé devant une femme décente de la faire coucher avec un homme qui n'est pas son mari ? — C'est ce que vous venez de faire. — Et c'est ce qu'on ne croira pas. — Il est clair que ce monstre-là vous a tout dit. — Tout absolument. — La jolie manière que vous avez trouvé là, messieurs, de vous faire épouser ? — Epouser ! quelle marque plus positive d'amour et d'estime peut-on donner à une femme ? —

Je crois que je finirai par voir comme vous. — Oh ! combien je le désire ! — Vous assurerez le bonheur de mon ami, et votre exemple entraînera mon aimante et timide Sophie.

» — Bon ami, tu es d'une étourderie sans égale. — Qu'ai-je fait, chère Sophie ? — Tu maries de ton autoité privée Soulanges et la comtesse, voilà qui est ien pour nos gens. Mais du Reynel ?.., — Ah ! mon Dieu ! si Soulanges ni moi n'avons pensé au gros garçon... Madame d'Elmont, vous avez la tête calme ; par grâce, aidez-nous de vos conseils. — Le conseil le plus sage que je puisse donner à ces dames, c'est de mettre fin à ces tracasseries, à ces embarras, en se mariant toutes les deux. — Je vous supplie, ma petite maman, de ne point parler de cela. Mais du Reynel, bon ami ?

» — Soulanges, m'écriai-je, n'aurez-vous pas une idée, vous que la chose regarde si particulièrement ? — Moi, je m'en tiens à l'avis de madame d'Elmont. — Mais Soulanges, en admettant que je me décide à l'instant, que faire à l'égard de du Reynel ? — Le mettre dans la confidence. — Faites-moi rougir devant toute la terre ; vous savez combien je tiens aux bienséances, et vous voulez...

» — Parbleu, mesdames et messieurs, il est bien extraordinaire que tous mes amis s'épousent et que je n'en sache rien. » C'est du Reynel, qui arrive en trottillant, dépité autant que peut l'être un gourmand dont le dîner n'est point gâté. « Il était tout simple que Francheville marié inopinément, ne me prévînt de rien. Mais vous, Soulanges, me cacher votre mariage et même votre amour ! J'apprends tout cela, où ? à l'office.

» — Mon cher du Reynel, vous connaissez l'éloignement qu'a toujours marqué madame de Soulanges pour un second engagement. Elle a exigé que la cérémonie se fît secrètement, et que nous quittassions la ville en descendant de l'autel. C'est d'ici que nous ferons part au public de notre félicité, et, à notre retour, on aura épuisé les bonnes et mauvaises plaisan teries sur la versatilité des opinions. — Eh! qui vous empêchait de me dire tout cela en route? Est-ce en courant la poste, au bruit des roues et des fouets, qu'on parle d'un événement qui doit être annoncé avec une sorte de solennité? — Pourquoi Justine en est-elle instruite avant moi? — Il a fallu nous loger, et il n'est pas dans les convenances que les témoins de l'union la plus intime ignorent qu'elle est consacrée par la décence et les lois. Nous avions fixé pour vous mettre en confidence le moment le plus intéressant de la journée, celui du dîner. C'est le verre à la main qu'il faut apprendre un événement agréable; c'est le verre à la main qu'on chante dignement le bonheur des nouveaux époux. — Ma foi, Soulanges, vous avez raison; il faut savoir tout faire à propos. Nous trouverons l'épithalame au fond d'une bouteille de Côte-Rôtie. Je retourne làbas. Il ne faut rien négliger pour fêter un tel jour; et flatter la sensualité, c'est ajouter à l'excellence des vins. »

Le bon homme que ce gros du Reynel! Il croit tout, pour se dispenser de rien discuter. Toujours occupé de la table, il n'aime pas à se distraire de son objet essentiel.

Heureux Soulanges! il a surmonté tous les obstacles. Il a réconcilié sa Delphine avec l'hymen, et moi.., moi! j'ai trouvé comme lui la route des plaisirs, et n'y cueillerai-je que des fleurs, lorsqu'il attend le plus doux, le plus précieux des fruits?

J'allais descendre dans le parc, où l'enchanteresse m'attend. Je voyais d'une croisée Soulanges et la comtesse s'enfoncer lentement sous cet ombrage mystérieux. Quels sentiments nouveaux doivent les animer! Enfant chéri avant de naître, déjà ils s'occupent de toi. Ils croient te voir, te presser de leurs bras caressants; ils répondent à ton premier sourire... « Monsieur, voici une lettre qui éclaircit bien des choses, et que j'ai cru ne devoir remettre qu'à vous. — Pourquoi cette préférence, Justine? — Un homme aimable n'est jamais rigoriste, tout embarrasse une femme sensible. — A qui donc est adressée cette lettre? — A madame la comtesse d'Ermeuil. — Et tu l'as trouvée ?... — En rangeant les cartons de madame de Soulanges. » La friponne sourit d'un air malin.

« Cette lettre est ouverte. J'espère que tu ne l'as pas lue. — Pardonnez-moi, monsieur. — Lire une lettre qui ne t'est pas adressée ! — Monsieur la lit aussi ; je ne suis donc pas si coupable...

» — Ma chère amie, je ne me rends pas aux raisons que vous opposez à Soulanges. Vous êtes dans une position à ne pas différer d'accepter sa main, et au lieu de vous rendre à ses instances, à des réflexions que m'a dictées l'expérience, vous partez aujourd'hui même avec lui pour aller vous établir chez madame de Mirville... qui pense comme vous... se conduit comme vous... et dont les préventions soutiendront les vôtres... »

Et Justine a lu cela ! Elle sait... J'ai une envie d'éclater ! oh ! une envie ! Qu'y gagnerai-je ? Je lui donnerai de l'humeur, et il faut ménager ceux qui ont notre secret, soit que nous l'ayons confié ou qu'ils l'aient surpris. Et puis elle est fort bien, cette Justine : comment attrister cette figure-là ? Je prends cependant un air très-sérieux. « Justine surprendre le secret de ses maîtres... — Est d'une fille d'esprit. — En abuser... — Serait d'une bête. — Qu'en prétendez-vous faire ? — M'en servir. — Et comment ? — Je vais vous le dire, monsieur. Encouragée par votre gaieté, par vos manières faciles à vous faire un aveu nécessaire ; retenue cependant par la crainte d'éprouver quelque sévérité, j'ai fait, après avoir pris lecture de cette lettre, un raisonnement qui m'a tout à fait rassurée.

» Maîtres ou valets, nous avons tous nos faiblesses, et nous blâmons ouvertement dans les autres celles dont nous ne sommes pas soupçonnés. Nous avons au contraire plus que de l'indulgence pour les fredaines de ceux qui connaissent les nôtres. — Finiras-tu ! — Eh bien ! monsieur, ce que madame d'Ermeuil fait avec M. de Soulanges, ce que vous faites avec... — Tu l'as fait aussi de ton côté... — Avec le maître d'hôtel, monsieur. Nous demeurions ensemble chez le comte de Sancy avant que d'être à madame. — Eh bien que m'importe cela ? — Il m'importe à moi que vous sachiez que je n'ai plus de lacets assez longs... — Encore un enfant ! morbleu, il n'y aura donc que moi... — Vous en avez fait un aussi, monsieur. —Ah ! Justine, si tu disais vrai !... je te donnerais... — Vous n'avez pas remarqué ce cercle brun qui paraît quelquefois autour des yeux de madame ? vous n'avez pas vu ses lèvres se décolorer tout à coup ?... — Ah ! Justine, ma chère Justine ! si tu as deviné... — Que me donnerez-vous ! Ton maître d'hôtel. — Par-devant notaire ? — Et par-devant l'Eglise. — Voilà où m'a conduite la curiosité, et, quoi qu'on en dise, monsieur, elle est bonne à quelque chose.

» — Ah çà ! Justine, entendons-nous. As-tu parlé de cette lettre à quelqu'un ? — A personne, foi de fille d'honneur. — Tu n'en parleras à qui que ce soit ? — Mon intérêt vous répond de moi. — Pas même à ton maître d'hôtel ? — Il est bon de s'habituer d'avance à être discrète avec son mari. — Et tu continueras de marquer à ta maîtresse les mêmes égards, les mêmes prévenances. — Ne lui ai-je pas jusqu'à présent prodigué tout cela ? Mais jusqu'à présent tu ne savais rien. — Je savais tout. — Tu savais... tu savais... — Qu'un homme fait pour plaire ne court pas après sa femme avec des habits d'emprunt ; qu'il n'a besoin de l'entremise de personne pour coucher avec sa femme ; qu'il ne commence pas les nuits avec sa femme à sept heures du soir ; qu'il ne s'enferme pas le jour avec sa femme ; enfin qu'il n'aime pas sa femme au point de ne pas s'apercevoir qu'elle a une suivante de vingt ans, fort bien faite et très-éveillée. — Je te le répète, tu as de l'expérience. — Je vous l'ai dit, comme une veuve. — De combien de maris ? — Vous ne croyez pas que je réponde à cette question là.

» — Adieu, Justine. — Adieu, monsieur. — Discrétion et prudence. — Mariages de tous les côtés. »

La voilà, la voilà, cette femme céleste, qui d'abord ne me préférait que sa vertu et qui maintenant me préfère à tout ! la voilà, belle de sa beauté, du calme d'un cœur pur, du souvenir d'une nuit délicieuse, de l'espérance du lendemain !... Dieu, grand Dieu !... Soulanges et la comtesse la soutiennent... Je cours, je vole... je respire ! Justine a deviné. Des maux de cœur !...

» Ma tendre, ma séduisante amie, l'amour a donc comblé tous mes vœux ! Il va doubler mes sensations et mon existence. Ah ! Sophie, quelle force nouvelle donnera cet enfant au lien délicieux qui nous unit déjà ! C'est ton image, c'est une partie de toi-même que je tiendrai dans mes bras, que je mouillerai de douces larmes.

» Mais, mon amie, je te le demande à genoux, que mon enfant, le tien, ne soit pas, dès sa naissance, flétri par l'opinion ! Tu lui dois le nom, l'état de son père : ne lui donneras-tu que la vie ? Non, tu rempliras tes devoirs dans toute leur étendue ; tu auras rempli celui que je te rappelle avant de toucher au moment désiré et douloureux, qui ne laisse quelquefois à une mère que le temps de bénir le fruit de son amour, et de dire à son amant un éternel adieu... Ah ! Sophie ! quelque soit l'événement, tu ne diras pas : Il a formé un vœu que je n'ai pas écouté ; je le laisse avec son fils, et son fils n'a point de père... Lève tes yeux charmants, que ta main tombe dans la mienne, et dis-moi : Je me rends.

» — Ah ! Francheville ! ah ! mon ami, je ne croyais pas... Je ne présumais pas... Ma sécurité était entière... Attendons au moins que le temps confirme des espérances incertaines encore, attendons...

» — Le temps, dis-tu ! tu parais l'invoquer et le craindre : tu ignores que sans cesse il s'arme contre toi. Demain, on publiera dans ce village que nous bravons les bienséances et la pudeur, que, maîtres absolus de nous-mêmes, nous dédaignons la sanction que nous offre la loi. — Que-dis-tu, bon ami ! — La vérité. Justine a tout pénétré, tout jugé, et une lettre de madame de Rieulle à la comtesse, qu'elle a trouvée, qu'elle a lue, vient de l'éclairer sur les moindres détails. Elle aime le maître d'hôtel, et cache-t-on rien à ce qu'on aime ? Un secret connu de deux personnes est-il encore un secret ? On peut les renvoyer, aller chercher un autre asile ; mais ceux qui les remplaceront seront-ils moins pénétrants ? et quel serait alors l'asile où nous n'aurions point à rougir, où nous pourrions échapper à nous-mêmes ?

» Sophie, je tombe à tes pieds pour la seconde fois... Mes amis, secondez-moi : tâchons de la fléchir. Suppliez-la pour elle, pour moi, pour mon enfant. » Elle se penche mollement sur moi ; sa joue touche ma joue ; sa main cherche lentement la mienne... La voilà, je la tiens, je triomphe, Sophie est ma femme.

» Mon ami, je perdrai ton amour, je le sens, je le sais ; mais les circonstances sont impérieuses ; je ne résiste plus.

» Oui, je serai ta femme. Je sacrifie à ton fils mon bonheur et mon repos. Nourri de ma substance, il aura aspiré mes sensations avec elle. Il t'aimera comme je t'aime ; je le placerai entre nous, et quand mon amour et ma constance te paraîtront fatigants et pénibles, je lui dirai de te demander grâce pour sa mère, et tu ne le repousseras pas.

» Pars demain avec Soulanges, fais toutes les diligences nécessaires, et reviens prendre cette main et me conduire à l'autel. Hélas ! cette main, mon cœur, tout n'est-il pas à toi ? Que me reste-il à t'offrir ? »

Je m'efforce de dissiper ses craintes, de lui inspirer de la confiance. Je lui répète ce que je lui ai dit cent fois, ce qu'elle n'a pas écouté... Elle n'était pas mère alors. Je parviens à la faire sourire d'espérance... ou d'amour. J'arrondis mon bras autour d'elle ; je la soutiens, je la conduis. Je cherche l'herbe la plus fine, la plus molle. C'est moi seul qui, à mon retour de Paris, lui donnerai des soins, qui veillerai sur elle, qui en écarterai les objets, les idées même fatigantes ou pénibles, qui entretiendrai dans son âme cette joie douce qu'accompagne toujours la santé.

Nous rentrons au château : les importuns sont sortis. Nous pouvons nous livrer sans réserve à l'allégresse, à l'amour, à l'amitié. Je présente à madame d'Elmont ma femme et mon fils. Ma femme ! que je suis aise de pouvoir enfin la nommer ainsi ! J'embrasse tendrement sa bonne mère. Je lui raconte mes combats, la résistance de Sophie et ma victoire.

Madame d'Elmont me félicite : elle partage tous mes sentiments. Elle m'appelle son fils, son cher fils, le restaurateur de la réputation de sa fille bien-aimée... Elle observe cependant qu'elle ne se doutait point, il y a quelques mois, qu'il fallût employer un pareil moyen pour ramener Sophie à la raison et à l'hymen.

Il est décidé que ce jour sera un jour de fête, non de ces fêtes où on n'entend que du bruit, où l'on ne voit que du monde et des fusées, où l'on se fatigue sans s'amuser. Cette fête sera celle de toutes les affections ; elle ne sera que pour nous : l'indifférence serait déplacée ici.

Justine vient de recevoir nos ordres. Elle est ce qu'elle doit être : point de légèreté offensante, point de respect affecté. Cependant Sophie baisse les yeux : elle rougit. Justine s'approche d'elle, lui parle bas. Les yeux de Sophie se relèvent ; elle répond quelques mots : Justine sort.

« Chère amie, que t'a-t-elle donc dit ? — Que l'amour doit être une vertu dans ton cœur, qu'elle seule a besoin d'indulgence, et qu'elle me prie de la protéger. — Oui, ma Sophie, nous la protégerons : que ce jour soit pour elle aussi un jour de fête... Quelle différence inconcevable dans la manière de voir les choses ! Une femme repousse un lien respectable ; il est l'objet des vœux d'une autre. Il faut combattre, vaincre l'une ; l'autre demande appui et protection. — Bon ami, la seconde ne veut qu'être mariée ; moi, je veux te plaire toujours. Arrange ce mariage qu'elle désire tant, et puisse son lit nuptial n'être pas le tombeau de l'amour ! »

Voyons si Justine m'a tenu sa parole, si elle a été discrète, si je peux compter que, pendant mon absence, Sophie ne sera pas en butte au sarcasme, au mépris.

Je cherche, je trouve le maître d'hôtel, et, au risque de l'entendre me répondre : Monsieur en a bien fait autant, je prends le ton d'un homme indigné de l'inconduite de ses gens. Il rougit, pâlit, balbutie ; il ne sait rien. Je le presse : il avoue ce qu'il appelle son crime, mais il ne paraît pas très-disposé à le réparer : il est doux de pécher, il est dur de faire pénitence. J'éclate, je tonne. Je parle du respect dû à ma maison, de l'audace du séducteur de la femme de confiance de madame de Francheville. Je fais valoir les agréments de la petite, sa gaieté, son esprit, et j'appuie sur deux mille écus de dot que lui donne sa maîtresse... C'est un peu cher, mais il faut payer la discrétion de Justine.

Deux mille écus déridaient bien des fronts, et je m'aperçois que le maître d'hôtel préfère la dot à la femme. Il convient enfin que Justine est fort intéressante ; mais il ajoute qu'elle est excessivement sensible, qu'elle l'est depuis quelques années, et qu'il est à craindre qu'elle le soit encore longtemps. Au reste, il s'expose volontiers à tout pour prouver à madame et à moi sa soumission et son respect.

Du Reynel ne conçoit rien à la gaieté qui nous anime tous. Il remarque que Justine elle-même fait tout en riant, en chantant, en sautant. Soulanges et moi lui faisons cent contes, et il rit sans savoir de quoi. Il rit parce que Sophie, la comtesse, madame d'Elmont rient. Elles s'amusent des à-propos, des mots à double sens que le gros garçon voudrait avoir l'air d'entendre. Que de gens sont mystifiés et ne s'en doutent pas !

Du Reynel ne rit plus quand il apprend que Soulanges et moi partons demain. Il devient rêveur lorsqu'il sait que le maître d'hôtel a des affaires urgentes qui l'appellent à Paris. Il ne conçoit pas qu'une maison puisse être tenue sans un maître d'hôtel, et il ne peut exister que dans une maison montée. C'est un très-bon garçon que du Reynel ; mais il n'est jamais l'ami du maître ; il est toujours celui du château. Il nous propose de le prendre avec nous. Nous le prendrons : nos dames n'auront rien à dissimuler ; elles s'occuperont librement de nous, de nos projets, de notre retour.

Je m'arrache des bras de Sophie au lever de l'aurore. Je n'ai pas dormi un instant : le bonheur vaut mieux que le sommeil. Je m'élance dans la berline ; je franchis l'espace ; je m'éloigne d'elle : c'est pour la retrouver bientôt et ne la quitter jamais.

Je crois n'avoir rien oublié. J'ai sa procuration ; je l'ai priée d'ouvrir mes lettres, et de me renvoyer à Paris celles qui seront de quelque importance.

Du Reynel nous gêne beaucoup. Nous ne pouvons dire un mot de l'affaire essentielle ; mais nous parlons amour, nous en parlons encore, et ici amour veut dire mariage, félicité inaltérable.

Je ne fais qu'un somme de Montmirel à la Ferté. Soulanges me secoue, m'éveille. Du Reynel est déjà à la cuisine : qu'il épouse une casserole.

Nous déjeunons, nous repartons. Je reparle amour : le flegmatique Soulanges ne répond plus que par oui et par non. Du Reynel digère en silence : il jouit. Je me rendors. Il y a des gens qui ne dorment que dans leur lit ; je ne dors plus qu'en courant la poste.

Je suis étonné de me trouver à ma porte. Mon suisse me reçoit avec un visage à la glace. Le drôle est rancuneux : il se souvient que je l'ai attrapé. Mon bon Georges ne sait que m'aimer et m'accueillir. Il ne m'offre pas ses services : il prévoit tout, et il agit.

Nous convenons, Soulanges et moi, que nous vivrons, que nous logerons ensemble, que nous ne nous quitterons pas, et que nous ne cesserons de nous occuper de notre affaire.

Dès le premier jour, notre mariage est affiché à la maison municipale ; le notaire a reçu ses instructions, la marchande de modes ses ordres. C'est d'elles que nous aurions dû nous occuper tout d'abord : je demande pardon aux dames d'avoir cru qu'il est quelque chose de plus important que des modes.

Le lendemain, M. le maire nous promet de nous unir à cinq heures du matin : c'est un aimable homme que M. le maire. Le curé sera prêt à six heures : on le payera un peu plus cher.

« Eh bien ! Soulanges, que nous reste-il à faire ? — Mais rien, je crois. — Ah ! des billets imprimés à cinq cents, à cinq mille. J'en enverrai à toute la France. Je veux que tout le monde connaisse et envie **mon** bonheur. Eh! bon Dieu! j'oubliais... — Quoi donc ? — L'essentiel, les diamants. — Elles en ont déjà beaucoup. — J'en couvrirai Sophie.

» Georges, amène-moi le joaillier de la cour. Nous jaserons en l'attendant. » Soulanges trouve tant de luxe inutile. « Une jolie femme, dit-il, n'est jamais mieux qu'en bonnet de nuit. — Oui, pour nous, mon ami. Mais nous ne promènerons pas nos femmes en bonnets de nuit, et le monde est si bête! il admire, il respecte si exclusivement ce qui brille! La considération des sots est peu de chose, je le sais; mais les neuf dixièmes de la société se composent de ces gens-là, et malheur au mérite modeste, sans art et sans entourage!

» Ah! voyons, monsieur, ce collier... Il fera valoir une gorge divine, et ne la cachera point. Ces boucles d'oreilles... elles ne nuiront pas à l'effet d'une figure enchanteresse.

» Un diadème... Oui, oui. Celle qui règne sur mon cœur doit porter les attributs de la toute-puissance. — Mais voyez donc, Francheville, dans quelle dépense vous me jetez. — Moi, mon ami, je ne vous engage à rien. — Je suis perdu si la comtesse a un diamant de moins que madame de Mirville. — Cher Soulanges, vous ne perdrez pas. Satisfaire les goûts d'une épouse chérie, n'est-ce pas tout faire pour soi? Choisissez, réglons : monsieur finira avec nos gens d'affaires.

» Nous avons tout préparé, tout arrangé, ce me semble. — Et en deux jours ; c'est employer le temps. — Georges, des chevaux de poste. — Quoi! déjà? — Sophie m'attend, je ne peux vivre sans elle, je compte les minutes, je n'en perdrai pas une. — Courir la nuit! Nous dormirons le jour. — Arriver fatigués, harassés! — Je suis infatigable. — Moi, je ne le suis pas. — Eh bien! je partirai seul. — Bon Dieu! que dirait la comtesse si vous arriviez une heure avant moi! — Mon ami, je désire pour elle et pour vous que nous habitions longtemps ensemble. — Vous croyez être toujours amant. — J'en suis sûr. Georges, des chevaux, des chevaux à l'instant ! Va, cours !... Georges, mon bon Georges, reste, envoie Philippe, et qu'il vole ! »

Toutes les observations de Soulanges sont perdues, sa résistance inutile : nous voilà partis. Je croyais qu'un mariage à arranger est une chose interminable, et j'ai prié Sophie d'ouvrir mes lettres... Si elle m'en a renvoyé quelques-unes à Paris... eh bien ! elles reviendront en Champagne.

Montmirel est derrière nous ; j'aperçois le clocher du village ; encore une heure, et je serai dans ses bras. Avec quelle légèreté elle franchira les degrés, le péristyle, quand elle entendra, quand elle verra la voiture ! Que je vais la trouver belle de quarante-huit heures d'absence, d'amour et de désir !

Nous sommes dans l'avenue... Presse tes chevaux, fais donc résonner ton fouet !... Encore ! encore ! toujours !... On doit nous entendre, on nous entend sans doute, et Sophie ne paraît point. « Soulanges, qu'y a-t-il ? Que peut-il être arrivé pendant notre courte absence ?... » La comtesse vient au-devant de nous, et elle est seule !

J'éprouve un serrement de cœur affreux.

» Par grâce, madame la comtesse, tirez-moi de la plus cruelle incertitude. Où est-elle ? que fait-elle ?... — Elle est au château ; sa santé n'est point altérée. — Sa santé n'est point altérée, et je ne la vois pas ? Quel motif l'arrête, la retient ? — Je voudrais... je ne sais... — Vous savez tout, madame, et vous êtes sans pitié. — Depuis hier, elle est profondément affectée. — Qu'a-t-elle ! au nom de Dieu ! qu'a-t-elle ? — Une lettre qui vous est adressée, qu'elle a lue... — La calomnie s'arme-t-elle aussi contre moi ? je vais la combattre, en détruire les effets... » Je ne me possède plus, je cours, j'arrive, j'entre.

Elle est couchée sur son ottomane. Elle m'entend, elle me voit, elle ne se lève point ; ses bras restent fermés ! On m'a perdu, on a voulu me perdre dans son esprit, dans son cœur ; mais ce cœur est à moi, et je suis fort de son innocence.

« Sophie, qu'a-t-on pu écrire, qu'as-tu pu croire,

lorsque tu sais que tout mon être t'appartient exclusivement, que je n'ai pas une pensée qui ne soit inspiration d'amour, qui ne se rapporte à toi ?... Sophie, injuste Sophie, tu reçois mes baisers, tu ne me les rends plus ! Explique-toi, je t'en supplie ; ne me laisse pas en proie à cette affreuse anxiété ! »

Elle essuie une larme furtive ; elle prend un air solennel. « Monsieur... me dit-elle. — Monsieur, moi !... Je ne suis donc plus pour toi qu'un homme ordinaire ? Tu brises donc les liens charmants qui nous unissaient ?... Tu crois pouvoir survivre à cette rupture !

« — Dans la position où je suis, je m'occupe peu de ce que je deviendrai, et cependant je ne suis pas étonnée du malheur qui m'accable : une femme sensible est perdue au moment où elle suppose qu'il peut exister un homme de bonne foi. — Sophie, tu te fais un jeu cruel de froisser, de déchirer mon cœur ! Que signifient ces inculpations vagues, ces réticences qui n'éclaircissent rien, et qui à chaque seconde ajoutent à ce que je souffre ? Je le répète, je suis innocent, et pourtant je suis à tes pieds ; je mouille tes mains de mes larmes, et tu te tais ! Parle, cruelle, parle donc, ou je meurs de ta peine !..., Tu veux en vain la dissimuler... Je la vois, je la sens... Tes pleurs se mêlent aux miens...

De dessous un des coussins de l'ottomane, elle tire une lettre... elle me la présente... J'ai vu la signature, j'ai frissonné, j'ai pâli. Je tombe dans un état où les secours de Sophie me deviennent indispensables. Elle daigne me les prodiguer des mêmes mains qui ont mis dans la mienne la preuve irrécusable de ma faute ! Avec quelle amertume je me la suis reprochée ! Quels remords l'ont suivie !... Ah ! je le vois, le remords n'est pas une expiation.

Ma tête est penchée sur ses genoux ; elle la soutient ; j'ai cru sentir sa joue effleurer la mienne... Elle ne me hait donc pas !

« Monsieur,

» Le bonheur a fui loin de moi, et il est toujours présent à ma pensée. Les époques s'éloignent, et il vous sera facile de les oublier au sein des jouissances. Il est pour moi de la plus haute importance que vous n'ayez pas plus tard un doute à former. Je dois vous rappeler que vous seul pouviez me rendre mère; je veux que vous sachiez que j'ai la certitude de le devenir.

» Je ne demande rien, je ne prétends rien que la justice que vous devez à mon dévouement absolu.

» Je tiens de votre générosité une aisance à laquelle j'étais loin de prétendre : j'élèverai mon enfant, il ne passera pas aux mains d'une étrangère.

» Le premier mot qu'il prononcera sera votre nom. Le premier sentiment qui animera son cœur sera l'amour de son père.

» Vous aurez d'autres enfants peut-être, qui, par l'effet des institutions sociales, vous toucheront de plus près. Puissent-ils ne pas vous rendre les caresses de celui-ci désirables, nécessaires ! Puissiez-vous n'avoir jamais besoin de son appui et des consolations de sa mère !

» Je me suis engagée à respecter le nœud qui vous lie : cette lettre est la dernière que je vous écrirai. Je ne vous verrai plus : l'éternité, qui rompt tous les liens, a commencé pour moi.

» FANCHETTE. »

Je restai anéanti et silencieux. Qu'alléguer contre un fait avéré? Je n'osais lever les yeux sur elle ; j'attendais qu'elle me parlât : elle se taisait ; elle attendait elle-même. C'était à moi de me justifier. Peut-être elle espérait que je pourrais le faire ; peut-être elle se flattait que j'opposerais au moins des circonstances atténuantes à une accusation positive ; peut-être m'estimait-elle encore assez pour ne pas douter qu'un déni formel et fondé... Oui, je peux nier, et je serai cru. Mais Fanchette a conservé toutes les qualités indépendantes d'une faiblesse ; elle possède encore une sorte d'honneur : je n'ai pas le droit de l'en dépouiller, je n'en ai pas la volonté.

Quoi ! pour recouvrer la confiance de Sophie, je lui

présenterais celle que j'ai tant aimée comme une femme sans retenue, qui cherche avec impudeur un père au fruit du libertinage ! Jamais, jamais ! Je ne dégraderai pas l'autel où j'ai sacrifié. J'avouerai ma faute ; j'en solliciterai le pardon ; je l'obtendrai. Ma grâce est dans son sein.

» Sophie, m'écriai-je, ma Sophie !... — Je ne suis plus la Sophie de personne... » Deux ruisseaux de larmes s'ouvrirent à l'instant. Elle voulut les cacher et fuir ; je me traînai après elle. Je la suivais sur mes genoux ; je l'arrêtais par une main qui m'échappait, je saisissais le bas de sa robe, un pied dont je baisais la poussière. « Laissez-moi, monsieur, laissez-moi... Avec quelle facilité vous vous êtes joué de ma bonne foi ! Avec quelle cruauté vous avez triomphé peut-être !... Hélas ! toute à vous, pouvais-je rien soupçonner ? Douter de vous m'eût paru un crime. Et vous, témoin de mon aveugle confiance, vous n'avez rien accordé à ma candeur ; vous n'avez pas même pensé qu'un retour sur vous-même me fût dû. Les vertus dont vous vous pariez n'étaient qu'un masque qui cachait la plus cruelle, la plus inexcusable perfidie !

» Et cette fille dont je louais le zèle, l'intelligence, le dévouement, affectait tout pour saisir la moindre circonstance, la tourner à son avantage, faire naître celle dont elle avait besoin. Elle recevait les marques de ma crédule affection sans honte, sans rougir. Je les lui accordais peut-être au moment même où elle sortait de vos bras.

» J'avais tort de craindre, d'éviter le mariage ! Les raisonnements les plus solides n'étaient à vos yeux que des préventions. Répondez-moi, homme pervers et dissimulé, quelle sera maintenant la garantie de votre épouse ? Amant infidèle, que lui réservez-vous ? Les perfidies, l'abandon, les mauvais procédés peut-être, voilà ce que je prévois, ce qui m'attend et ce que je ne peux éviter : chaque jour, chaque moment ajoute à la certitude que j'avais d'être mère. J'ai fait à cet enfant le sacrifice de ma vie, je ne le révoquerai pas.

» — Ah ! Sophie, comme vous me traitez ! votre

ressentiment est juste, mais il vous égare. Non, je ne suis pas l'homme que vous dépeignez ; j'ai été faible, coupable, sans doute, je ne serai jamais un monstre. Et cette bonne, cette sensible Fanchette que vous écrasez du poids... — Il ne vous reste plus qu'à la défendre. — Je l'oserai. Fanchette, libertine, avilie, n'eût jamais été dangereuse pour moi.

« — Il la défend, le cruel ! et peut-être pendant son séjour à Paris, il la cherchait, la trouvait, m'outrageait avec elle ! — Soulanges !... mon ami !... Soulanges, venez, entrez, écoutez, et rendez-nous justice à tous.

» Vous avez mes secrets les plus intimes : ma liaison avec Fanchette a-t-elle été la suite d'un plan, d'une intrigue, d'une volonté déterminée ? Le hasard, des circonstances imprévues, et un tempéramment de feu, n'ont-ils pas tout amené ? Sophie, je suis repentant, affligé, désolé. Par pitié pour tous deux, pardonnez, oubliez... — Je vous ai aimé, c'est un malheur, je vous aimerai toujours, c'en est un plus grand encore. L'amour se plaint, il ne sait pas punir. Pardonner est facile ; mais oublier ! L'indifférence seule oublie.

» Je crois à la sincérité de vos regrets : mais ils ne peuvent effacer le passé ni me rassurer sur l'avenir. Il ne dépend plus de vous de me rendre heureuse. »

Elle retombe accablée sur cette ottomane où elle avait déjà mouillé de ses larmes cette lettre fatale qui a détruit son bonheur. Je la reprends, cette lettre ! je la présente à Soulanges : « Lisez, mon ami, lisez, et dites si ces sentiments sont d'une femme méprisable. »

Soulanges lit et prend la parole. Il s'exprime en homme désintéressé, il blâme ma faiblesse, mais il soutient que les circonstances ont tout fait. Il remarque que Fanchette, revenue de son ivresse, respecte madame de Mirville et ses droits. « Que peut faire de plus une femme qui s'est oubliée, et comment une jeune fille, indépendante de tout, même de l'opinion, qui n'a jamais aimé, qui rencontre Francheville, peut-elle s'occuper de la raison ou du devoir ?

» — Hélas ! je ne méprise point Fanchette ; elle a comme moi des yeux et un cœur, et comme elle j'ai été faible. Cependant elle connaissait mon amour, je l'ai laissé éclater devant elle, et elle a consenti à un partage humiliant. Non, elle n'est point exempte de reproches, je ne lui en fais pas, je n'en ferai à personne. Je me flattai d'être aimée uniquement, je devais le croire, et cet homme est incapable de se fixer. »

Je ne prolonge plus une inutile défense, je ne parle plus à son jugement. C'est son cœur, ce cœur, foyer précieux des plus tendres, des plus purs sentiments, que j'attaque, que je presse. C'est l'amour que j'invoque, c'est lui qui s'exprime par ma bouche; j'ai ses expressions rapides et brûlantes. Sophie se tait, mais elle écoute. Je reprends sa main, elle ne pense plus à la retirer. Le sourire reparaît sur ses lèvres, mais ce sourire est mélancolique et froid. « Quel empire il a sur moi! dit-elle; avec quel art il sait tromper!... Par grâce, permettez que je me recueille, que je revienne de l'émotion, du trouble où cette scène m'a jetée. Vous-même avez besoin de vous remettre; votre tête est fatiguée. — Ma tête, madame, ma tête! — Ah! si vous êtes vrai, que de peines dans deux cœurs, qui n'auraient dû connaître que le plaisir! »

D'une voix timide, je demande un baiser, elle me repousse doucement, mollement. J'insiste. Soulanges me prend, m'entraîne : « Ne forcez point ce cœur qui brûle de revenir à vous; laissez à l'amour-propre quelques heures de résistance. »

Je sors, je m'enfonce dans ce parc, naguère l'asile des plus délicieux mystères; je n'y exhale que les soupirs de la douleur.

Justine me cherche, elle m'apporte une lettre qu'elle a cru devoir soustraire, après avoir vu l'effet de la première. « Ah! Justine, ce n'est pas celle-ci qu'il fallait lui cacher. »

Justine veut causer; elle croit la gaieté toute-puissante : la gaieté blesse l'être qui souffre. Je ne réponds pas; Justine s'éloigne.

De qui peut être cette lettre ?... Ah! c'est Eustache qui m'écrit, je l'ai marié, il me doit son bonheur et la satisfaction d'être bientôt père. Je mettrai le comble à mes bienfaits, je nommerai l'enfant de sa petite Claire.

Toujours des enfants ! Partout des enfants ! Là, on se félicite, on se réjouit; on attend avec impatience le présent de l'amour. Ailleurs, on gémit d'avoir été heureux. Si on l'osait, on imputerait à l'enfant même le mal qu'il a fait avant de naître. Et pourquoi lui rien imputer ? Pourquoi souffrirait-il plus tard des fautes de son père ? Qu'importe qu'une vaine cérémonie ait précédé ou non sa naissance ? N'y avait-il pas des hommes avant le mariage, et ceux-là repoussaient-ils les fruits de leur amour ?

Et sa mère, sa bonne, son aimante, j'ose trancher le mot, sa vertueuse mère, m'appellera en vain au milieu de ses douleurs. Isolée, ou environnée d'êtres indifférents, elle n'aura personne pour la plaindre, l'aider à souffrir, recueillir avec elle le premier cri de l'enfant !... Je l'entends, ce cri qui doit retentir au fond du cœur d'un père; je vois Fanchette porter sur moi un œil calme et satisfait. Elle me présente mon fils, je le prends, je le presse sur mon sein, et elle oublie ce qu'elle a souffert.

Préjugés, institutions des hommes, disparaissez devant la nature. Non, je ne me condamnerai pas à l'abandon, à l'oubli d'une fille charmante, qui n'est coupable que de m'avoir trop aimé. Quelle femme est plus vraie, plus sensible, plus dévouée, plus séduisante ? Quelle autre a répandu sur moi une plus grande masse de bonheur ? Ses droits ne sont-ils pas plus anciens, et aussi respectables que ceux ?... Et parce qu'elle est sans famille, sans considération, sans fortune, je lui préfère...

Oh ! le monde ! le monde ! on le méprise, et on le craint; on croit le braver, et on fait tout pour lui.

Je serai homme dans toute l'acception du mot, je romprai les barrières que l'ordre social a élevées entre l'équité et moi, je serai juste envers tout le monde, et Fanchette, ma Fanchette...

Qu'ai-je dit ? Que vais-je ajouter ? Malheureux ! n'as-tu pas une Sophie à qui tu as tout promis, à qui tu es déjà lié par tes démarches ? T'aime-t-elle moins que

Fanchette ? Auras-tu la cruauté, l'injustice, d'appeler le déshonneur sur sa tête ?

Insensé que je suis, faible jouet des passions, me voilà donc réduit à choisir une victime ! Toutes deux me sont également chères : laquelle immolerai-je ?

Tu pleures, misérable, tu te repens !... Larmes tardives ! vain repentir ?...

Je n'ai avec Fanchette aucun engagement. Jamais je ne lui ai dit aucun mot qui pût autoriser des espérances... Elle a tout fait pour l'amour; seul il a suffi à sa félicité, elle l'a dit, écrit, et aujourd'hui encore elle ne demande rien... Hélas ! le malheureux condamné à perdre la vie ne demande pas grâce, il l'espère, il l'attend.

Mais Fanchette me croit marié comme tout le monde. Elle respecte, dit-elle, le nœud qui me lie; elle est donc résignée et sans espoir... Oui, résignée à me regretter, à souffrir, à user ses beaux jours dans les privations et les larmes... Jeunesse, beauté, qualités du cœur, rien n'a pu la sauver de l'infortune; ses charmes mêmes ont été l'instrument de sa perte, et son malheur est sans remède.

Sans remède !... Il en est un; tu le connais, ta conscience te parle, ton cœur te pousse... Et Sophie, Sophie !

Je ne sais ce que je dis, ce que je pense, ce que je veux. Un voile épais s'étend sur mes yeux, sur mon imagination; je tombe sur un tertre, incapable de lier deux idées et de prendre une détermination.

Qui vient à moi ?... C'est une femme... c'est elle, c'est Sophie... Il était temps !

« Vous voilà seul, affligé, et moi, qui suis vraiment malheureuse, je vous cherche pour vous consoler... Mon ami, voyez-moi, parlez-moi; si vous pouvez vivre sans moi, je ne peux vivre sans vous... Ta poitrine est oppressée, ton œil éteint... Reviens à toi, à ton amante, à ton épouse. J'ai été dure dans mes expressions : la douleur a de l'énergie; elle ne calcule pas les mots, et tu n'es pas sans indulgence... Pense, bon ami, que c'est l'offensée qui revient, qui voudrait oublier, qui ne le peut, mais qui est toujours pleine de toi. »

Quel besoin j'avais de l'entendre ! Je ne saisissais

rien de ce qu'elle m'adressait. Mais sa voix me calmait, me ramenait à elle, tout à elle... à elle pour jamais. Je la regardais avec un sentiment délicieux. Elle avait cessé de parler, et j'écoutais encore.

Elle s'assied près de moi; elle prend ma main; elle y porte ses lèvres... C'en est trop. C'est à moi qu'il convient d'être suppliant, respectueux. Je tombe à ses genoux; l'amour, le repentir cherchent des expressions: celles du cœur ne suffisent-elles pas à qui sait les entendre ? Elle me sourit, et cette fois c'est d'amour et de désir. Oubliant nos peines, confondant nos âmes, unissant tout notre être, nous arrivons au comble de la félicité. Nous mourons pour renaître et pour mourir encore... Serait-il vrai qu'un raccommodement soit l'aiguillon de la volupté ?

Sophie est heureuse, parfaitement heureuse... Elle cherche à prolonger son ivresse et la mienne... Craindrait-elle le réveil ?

Oh! oui, oui, je l'ai pénétrée : elle voulait s'oublier au sein des illusions. Celle-ci est à peine dissipée et un soupir nouveau s'échappe. Celui-là n'est point un tribut à l'amour, il est amer comme la douleur. Cette figure enchanteresse, divine, quand elle exprime le plaisir, devient froide et sombre... A-t-elle trouvé dans mes yeux la plainte, ou le reproche ? « Bon ami, me dit-elle, je crois que le temps est le médecin des plaies de l'âme; mais il suffit d'un souvenir pour déchirer la blessure.

» — Eh bien, Sophie, séparons-nous du monde, où les occasions se présentent à chaque pas, et où ces souvenirs, renaissants sans cesse, ne sont cependant que la crainte de l'avenir. Allons dans un lieu agreste et sauvage, où rien ne les rappelle, et où ils s'éteindront peu à peu. J'ai une terre au milieu des Pyrénées; point de château, une simple habitation, en mauvais état peut-être, nous la rétablirons, elle nous suffira. Tu as embelli la cabane de Servent, tu porteras dans ces montagnes le charme qui ne te quitte jamais. Quelques pâtres, quelques paysannes, brûlés du soleil, usés avant le temps par le travail et la misère, voilà ceux que nous rencontrerons quelquefois, et qui nous rappelleront que nous ne sommes pas seuls au monde. Sophie, te sens-tu le courage de renoncer à la foule, au bruit, aux jouissances du luxe, aux plaisirs tumultueux? Es-tu disposée à vivre uniquement par moi et pour moi; parle; en descendant de l'autel, nous partons, et nous allons porter dans notre vallée l'amour, la constance et le bonheur. »

Elle ne me répond pas; mais sa paupière est humide, elle est attendrie, et cependant son œil est incertain et défiant. « Ce que tu me proposes est-il l'effet d'une résolution formelle, ou cèdes-tu à une impulsion qu'excite la pitié, et qui passera avec l'instant qui l'a vu naître ? — Sophie, avec quel transport, quelle vérité je te répète ce que nous nous sommes dit ici, à cette place même : toi, toujours toi, rien que toi ! — Ah ! tu as prévenu mes vœux les plus doux; tu les as comblés, je n'en ai plus à former. Je peux être heureuse encore; je le serai, je l'espère, si la solitude, l'uniformité de la vie que nous allons mener ne te paraissent jamais ennuyantes et pénibles. — Tu doutes encore, ma Sophie ! — Eh bien ! rassure-moi, je ne demande qu'à l'être. — Que faire pour cela? — Etre toujours ce que tu es en ce moment.

« — Sophie, jeudi est le grand jour qui nous unit à jamais. Je vais me hâter de donner mes ordres à Georges : il n'a que le temps nécessaire pour les exécuter. — Un moment, Francheville. — Que veux-tu, ma Sophie ? — N'as-tu plus rien à me dire ? — Non, je n'ai plus qu'à répéter. — Estimable autant que sensible, tu n'as plus rien à me dire ! Tu n'as pourtant pas oublié que tu vas être deux fois père. — J'étais certain que tu t'en souviendrais. — Et tu te rapportes à moi du sort de cet enfant ? — Tu ne lui feras pas expier la faute de son père... — A quelle somme monte ton revenu ? — A soixante mille francs, plus ou moins. — J'ai un peu davantage. La moitié de ta fortune à cet enfant; l'autre, et ce que je possède, au mien : es-tu content, Francheville ? — J'admire, j'adore et je me tais.

» — Mais, mon ami, mon bon ami, tu ne reverras

point Fanchette ? tu n'auras avec elle aucune relation ? tu me le promets ? — Et que je meure, si je viole mon serment !

» — Tu me donneras ta signature, et j'arrangerai moi-même cette affaire à Paris. Tu sauras si je peux haïr. Je verrai Fanchette, je lui parlerai, je la consolerai... Ah ! qui t'aime et te perd a besoin de consolations. Rentrons, mon ami, et soyons tout à nos projets et à l'amour. »

On nous attendait avec une inquiète curiosité. L'air radieux de Sophie annonçait une réconciliation franche, entière.

Je déclarai hautement la résolution que nous venions de prendre, et je parlai de notre retraite en homme enchanté d'éloigner de Sophie jusqu'au plus léger nuage. Madame d'Elmont avoua sans détour son éloignement pour la solitude ; mais elle ajouta que, tout bien examiné, elle aimait mieux s'ennuyer avec nous que dans le monde sans sa fille. Et elle n'a pas trente-six ans ; et elle a des moyens de plaire encore ; et elle nous sacrifie des illusions, toujours plus précieuses, à mesure qu'on approche de leur terme. Ces deux femmes sont dignes l'une de l'autre.

La comtesse et Soulanges croient qu'on peut aimer longtemps, toute la vie même, avec certaines modifications ; ils ne conçoivent pas que l'amour puisse tenir lieu de tout : ils ne le connaissent pas.

Je fais signe à Soulanges, il m'entend, nous sortons. Nous rentrons avec nos écrins, et chacun de nous pare son idole. La physionomie de la comtesse s'anime et devient brillante comme ses bijoux. « Ah ! me dit Sophie, l'amour est nu ; c'est ton cœur qu'il me faut. »

Ah ! j'ai acheté deux jolies bagues : je les aime assez aux mains qui ne me plaisent pas. Je les offre à Justine : elle m'a rendu des services, et je suis bien aise de la rendre intéressante aux yeux de son maître d'hôtel.

Les minutes, les heures, les jours s'écoulent avec rapidité, et chaque instant est marqué par une jouissance. L'amour, l'amitié, la piété filiale nous occupent tour à tour. Je ne m'éloigne pas un instant de Sophie, et cependant elle ne se croit jamais assez près de moi; elle sait qu'un regard, un sourire, un mot, son fichu produisent une sensation, et que l'imagination de l'homme qui sent ne s'éloigne pas de son cœur.

Il sort enfin du néant, ce jour précurseur du beau jour qui fixera nos destinées. L'amour heureux nous présente au réveil la certitude du lendemain.

Le cœur n'est jamais difficile sur les dispositions du départ quand on brûle d'arriver. Nous ne pouvons être assez tôt en voiture, ni courir au gré de nos vœux. Nous payons les guides au décuple, nous allons comme le vent, et Paris semble reculer devant nous. Pourquoi cet empressement? Que nous manque-t-il? L'amour n'a-t-il pas tout fait pour nous? L'hymen pourra-t-il davantage? Ah! je le sens, il faut à l'homme plus que du plaisir, et la considération qui suit une cérémonie auguste et légale en élevant sa maîtresse jusqu'à lui, ajoute à sa félicité.

Nous arrivons, nous descendons tous chez Sophie. Soulanges et moi nous courons, nous nous assurons que les mesures que nous avons prises pour le lendemain auront leur effet. Nous rentrons. Soulanges, pénétré comme moi d'un sentiment religieux, salue la comtesse avec une sorte de solennité. Je cherche Sophie... Elle n'est pas à l'hôtel... Je sais où elle est allée.

Ah! pourquoi n'est-elle pas ici?... Ces mots, ces mots d'une effrayante vérité : *Qui t'aime et te perd a besoin de consolations*, ces mots retentissent au fond de mon cœur. Fanchette souffrante, plus belle peut-être de sa douleur, se présente à mon imagination tourmentée. Je la vois, je l'entends; je ne peux lui répondre. Ces consolations, qui lui sont si nécessaires, lui sont offertes par celle qui la sépare à jamais de moi. Elle ne croira point à sa sincérité; elle pensera que par un raffinement de cruauté, Sophie a voulu jouir de son triomphe; elle m'accusera d'y avoir consenti; je vais lui être odieux. Il faut la désabuser, je le dois, je le veux. J'y cours; je vole lui dire un éternel adieu, contempler pour la dernière fois cette figure enchanteresse, ce sein qui recèle le fruit de la plus vive tendresse... Malheureux, où vas-tu ? Tu as juré de ne pas la revoir.

Homme faible, sois du moins homme d'honneur. L'honneur ! y en a-t-il dans les peines que l'on cause ?...

Reviens, Sophie, reviens, ou je succombe. Je vais oublier mes promesses. Et toi... Je l'entends, je la vois ; c'est elle... Elle est sauvée !... Je le suis aussi.

Georges vient me rendre ses devoirs. Il me dit à l'oreille qu'il a préparé chez moi une petite fête. Elle devait avoir lieu après la cérémonie : notre départ immédiat dérange ses projets, et cependant il voudrait bien que ses apprêts ne fussent pas perdus... Et d'où Georges sait-il ?... Etourdi que je suis. Je l'ai chargé de la distribution des billets de mariage.

« A quoi bon une fête ? dit Sophie. A amuser des gens dont nous nous soucions peu. Chaque jour n'est-il pas pour nous un jour de fête ? — Ma bonne amie, rejeter l'hommage du zèle, n'est-ce pas humilier celui qui l'offre ? — Tu as raison. — Et puis, Georges nous suit dans les Pyrénées ; il renonce pour nous à ses amis, à ses habitudes. Ne lui devons-nous pas quelque dédommagement ? »

Elle s'approche de Georges, elle lui parle avec bonté, elle accepte ce nouveau témoignage de son affection. Le bonhomme est enchanté, il va, il vient de l'un à l'autre. Il nous presse de monter en voiture ; nous partons.

Quelle fête ce bon Georges a-t-il pu préparer ? Je lui connais de l'exactitude, de la probité, de l'attachement ; mais de l'imagination !... C'est, m'a-t-il dit, mon suisse et lui qui ont tout arrangé : cela sera beau !

Nous sommes reçus par du Reynel, et Sophie et la comtesse rougissent jusqu'au blanc des yeux. « Que diable signifie tout ceci? dit le gros garçon. On est marié là-bas, démarié ici ; on se remarie demain : je n'y comprends rien. » J'aurais volontiers battu Georges ; et à quoi cela eût-il servi? Le parti le plus sage était de mettre un terme aux conjectures et au bavardage de du Reynel, en lui confiant tout, et c'est ce que je fis... Voilà une fête qui commence bien.

Nous montons au salon ; personne. La foule au moins

ne nous incommodera pas. Georges a rangé les fauteuils en face de l'antichambre : il nous invite à nous asseoir : il est dans l'ordre de faire ce que prescrit le maître des cérémonies.

Les portes s'ouvrent. Les Servent, les Tachard, Eustache et Claire paraissent. Ils ont chacun un gros bouquet à la main ; ils vont chanter chacun leur couplet. Allons, allons, cette idée est heureuse.

Philippe s'approche avec son violon. Ah ! monsieur Philippe est l'orchestre.

La petite Claire se range au premier plan. C'est elle sans doute qui va commencer. Elle est vraiment jolie, cette petite Claire, et sa taille rondelette lui sied à merveille. Ah ! il n'y a plus de trou au fichu. L'aisance dérobe toujours quelque chose aux grâces.

Mon suisse est derrière elle, un gros livre à la main. Je devine : il a été le répétiteur ; il est souffleur maintenant.

Claire commence la fameuse chanson du menuisier de Nevers : *Aussitôt que la lumière*, et nous partons tous d'un éclat de rire. Une chanson bachique pour épithalame ! Claire rougit, baisse les yeux et se tait. Je vous le disais bien, reprend Eustache, que ce n'était pas de vin qu'il fallait parler à madame et à monsieur. — Taisez-fous ! s'écrie le suisse. Ce chanson il est le plus peau qu'on ait fait en France, et le plus peau est ce qu'il faut offrir à matame et à monsieur. » Eustache soutient son opinion ; le suisse défend la sienne ; la contestation s'engage. Georges s'agite, se dépite, se désole. Il fait de vains efforts pour rétablir l'ordre : la première scène est tombée ; elle ne finit pas.

Nos bons villageois déposent tout simplement leurs bouquets à nos pieds ; ils nous félicitent et demandent la permission de nous embrasser. Claire me présente sa jolie petite mine : cela vaut mieux que le meilleur couplet.

Georges tourne autour de moi, il est timide, embarrassé ; il y a quelque chose encore, et il craint que déjà sa fête nous paraisse trop longue. « Allons, parle, mon vieil ami ; ne te décourage pas. — Au moins, monsieur, je serai court : trois cents vers au plus. — Voyons tes vers. — Oh! je n'en suis pas l'auteur. — Je le crois. — Je les ai trouvés dans un vieux Mercure. — Ces vers-là s'oublient promptement : ceux-ci auront le mérite de la nouveauté. — C'est *la Nichée d'Amours*. — Ce titre promet. — Et je craignais d'adopter l'ouvrage. — Et pourquoi cela? — C'est qu'il s'y trouve une Vénus qui fait des enfants avant que d'être mariée, et ces dames pourraient être choquées... — Que le diable t'emporte! »

Pauvres femmes! dans quel état les a mises l'observation de ce vil imbécile! Elles n'osent lever les yeux. Il est si humiliant de se voir attribuer la vertu qu'on n'a point!

Il n'y a pas à revenir sur ce qui est dit. Le coup est porté; chercher à l'adoucir, serait enfoncer le trait. « Finissons, Georges, débite tes trois cents vers et laisse-nous. — Oh! monsieur, j'ai aussi mes acteurs. »

Il leur donne le signal, et aussitôt un carillon infernal se fait entendre sur les degrés. Le bruit augmente et s'approche. Je crois en vérité qu'on se bat, ou peu s'en faut. Je m'élance, j'ouvre la porte, et un héros, en casque et en cuirasse, vient rouler dans mes jambes. Du Reynel, d'une main, a accroché le bas de sa mante; il tient de l'autre un enfant nu par l'oreille. Un second enfant suit le premier, en pleurant, et en criant qu'ils n'ont pas demandé à faire l'Amour, et que c'est M. Georges qui l'a voulu.

« Je ne le souffrirai pas, s'écrie du Reynel. Foi de gastronome, il n'en sera rien! — De quoi s'agit-il donc, mon ami? — Je fais exécuter ici le menu que j'avais réglé pour la noce d'Eustache. Je surveille tout, je suis tout à tout, et malgré ma vigilance, le cuisinier et ses marmitons s'échappent sans que je m'en aperçoive. Et j'ai là-bas trente casseroles sur les fourneaux, des jus, des purées à passer, et il ne me reste qu'une grosse *gagui*, qui n'est propre qu'à laver des légumes! Je crie, je tempête; je vais, je cours. Je tombe sur les genoux au milieu d'un escalier, et je me fais une bosse à la tête. Je me relève; j'entre partout... personne. Je monte jusqu'au grenier, et j'y trouve monsieur, habillé en Mars, et ces deux petits drôles en Amours. Un cuisinier en Mars! Faites des sauces, monsieur, et faites-les bonnes.

« Je les renvoie à la cuisine ; je les pousse devant moi. Ils marchent en grondant, en répétant qu'ils ne peuvent manquer à M. Georges! Manquez à tout l'univers, monsieur, et point à mon dîner.

« Je les avais conduits, traînés jusqu'à l'entre-sol. Je mettais dans mes propos, dans mes actions une énergie que je ne m'étais jamais connue, et qui était bien légitime : je sentais le brûlé.

« Pan! la laveuse de vaisselle sort comme un trait d'une petite chambre. Nue comme la main, laide comme le diable, elle se présente devant moi, et me fais reculer jusqu'au mur. Elle m'invite à ne rien craindre ; elle me conte qu'il est écrit que Vénus est sortie nue du sein d'Amphitrite. Amphitrite n'a rien produit de bon que les huîtres de Cancale.

« Je m'emporte contre cette Vénus de basse-cour ; je lui applique cinq ou six vigoureuses claques sur les fesses, et pendant qu'elle se les frotte, que je la rejette dans sa chambre, que je lui ordonne de reprendre ses habits et d'aller soigner ses légumes, Mars et les Amours crottés m'échappent, traversent la cour, et enfilent l'escalier qui mène aux appartements. Je les suis, haletant, couvert de sueur, au risque de me rompre le cou. Je les joins à cette porte ; je m'accroche à eux. Je proteste qu'ils descendront à la cuisine, et que je les y tiendrai sous clefs et verrous. Monsieur me répond froidement qu'il faut qu'il joue la comédie. Jouer la comédie, quand le dîner brûle! Dîne-t-on avec des vers, quelque beaux qu'ils soient? Peut-il exister un motif qui autorise un cuisinier à quitter ses importantes fonctions?

« — Mon ami Georges, nous te savons gré de l'intention; mais ta *Nichée d'Amours* ne vaut pas un bon dîner. Renvoie tes acteurs à la cuisine.

« — De deux pièces ne pouvoir vous en faire entendre une, c'est bien dur, monsieur! Au reste, je n'ai pas perdu tout le fruit de mes soins. Je vous ai procuré une sensation agréable : vous avez vu le plus grand nombre des heureux que vous avez faits. Il n'a pas tenu à moi qu'ils ne fussent tous réunis, et je ne sais pourquoi Mlle Fanchette s'est refusée à mes instances. — Vous avez invité Fanchette? — Oui, monsieur. — Quand? — Hier au soir. — Elle sait que je me marie demain? — Oui, monsieur.

Un frissonnement général s'empare de Sophie; ses joues se décolorent, elle laisse tomber sa tête sur sa poitrine... Elle s'est montrée à Fanchette épouse indulgente et sensible, et Fanchette savait que leur position était la même, leurs droits égaux, que Sophie n'avait rien à lui reprocher, rien à lui pardonner. Modeste et bonne, elle a eu l'air de recevoir une grâce, elle en a paru reconnaissante. Sans doute elle a craint de m'affliger dans Sophie. Délicatesse, désintéressement, résignation, qualités, vertus, elle a tout, elle embellit tout.

Fanchette! Fanchette! ah! il m'est impossible d'oublier cette femme, de prononcer son nom sans délire et sans douleur!... Mais Sophie! Sophie est humiliée, souffrante. Elle l'est par moi, pour moi, et je ne la rappelle pas à l'amour, qui console, qui efface, qui est tout!

Je suis auprès d'elle, et elle ne me voit pas. Je prends sa main; elle lève ses yeux sur les miens; elle me regarde avec une expression déchirante. « Je suis accablée, me dit-elle tout bas, pour aimer le bien, pour avoir voulu le faire. Il est donc vrai qu'une bonne action peut laisser des regrets! » Sa voix sentimentale, un air de langueur qui peut-être l'embellit encore, la douce pression de sa main, me pénètrent, m'agitent, m'exaspèrent. Je me lève furieux; je vais à Georges, je lui saisis le bras... Je ne sais ce que je vais faire... Je me sens arrêté... Par qui? C'est Sophie qui a jugé mon mouvement, qui me sauve de moi-même. « Bon ami! il a cru bien faire; il eût fait bien, si des circonstances qu'il ignore... Retirons-nous; je ne suis pas à mon aise ici. »

Je sors avec elle; Mme d'Elmont nous suit. Elle nous

demande la cause de cette étonnante, de cette brusque disparition. Sophie éloigne d'elle toute idée qui me serait défavorable. Elle n'est pas bien, elle souffre, dit-elle simplement. Oh! elle a dit vrai. Mme d'Elmont monte en voiture avec nous.

« Eh bien! eh bien! nous crie du Reynel, que faites-vous, que deviendra mon dîner? Le ferai-je manger aux paysans d'Ermeuil, aux comédiens allemands? » C'est bien le moment de nous occuper de ces niaiseries-là! Nous ne répondons rien; nous partons.

Le reste de la journée s'écoule tristement. Etre humiliée aux yeux de Fanchette! répétait Sophie. Et ce nom toujours répété, toujours m'agitant, me reporte, malgré moi, vers celle à qui je ne dois plus penser. La présence de Sophie me contient, me calme par intervalles; mais mon cœur est partagé. Il possède l'une, il désire l'autre; l'excès même du sentiment lui ôte toute son action.

Ce sont les nuits heureuses qui font les beaux jours, a dit un homme ingénieux et sans expérience. Quelle nuit plus douce que la dernière? Quelle journée que celle-ci? Que sera le lendemain?

Il paraît ce jour si longtemps, si vivement désiré, et je n'éprouve pas cette satisfaction intime, cet empressement, ces transports que la présence seule de Sophie faisait naître, entretenait, augmentait, que je croyais inépuisables. Je vais cependant me donner à une femme charmante, que j'aime avec passion... mais je me sépare à jamais d'une autre...

Sophie est pensive, rêveuse même. Son imagination est péniblement affectée. Peut-être a-t-elle remarqué ma préoccupation; peut-être s'est-elle aperçue de l'effet toujours certain de ce nom... Ah! Sophie! je t'épouse, je l'abandonne; pardonne au moins un regret!

La comtesse, Soulanges, Georges, nos autres témoins paraissent; nous sortons. Nous avons satisfait à la loi, et nous entrons dans le temple, où je vais jurer de n'aimer que Sophie, de ne plus former un vœu dont elle ne soit l'objet. Je promettrai... Puissé-je tenir ma promesse!

Le prêtre est à l'autel; il a ouvert le livre de notre irrévocable destinée : le recueillement de Sophie ressemble au dévouement d'une victime. Ah! ses craintes se sont renouvelées. Une nuit froide a donné à la réflexion le temps de naître, de se développer. Elle se marie parce qu'il le faut, parce qu'elle l'a promis, et elle ne voit dans le mariage qu'un lien nul pour l'inconstant, pesant pour l'infortunée qui le porte.

Ah! je dissiperai ces nuages, que peu d'heures ont formés, accumulés. Je me charge ici du bonheur de sa vie; je ne l'oublierai pas.

Le prêtre nous interroge; il va prononcer l'auguste formule. Soulanges et sa comtesse ont répondu *oui*, comme s'il se fût agi d'une contre-danse ou d'un boston. Le *oui* de Sophie est timide, faiblement articulé; je donne au mien l'énergie et la décence que commandent l'instant et le lieu.

A peine l'ai-je prononcé, qu'un profond soupir se fait entendre dans l'éloignement. Un bruit sourd lui succède. Je me tourne; je vois une femme à demi masquée par une colonne, tombée sur le carreau, et il n'y a dans l'église qu'elle, le célébrant et nous.

« Va, dis-je à Georges, va secourir cette femme! »

Avec les meilleures intentions, cet homme-là fait tout mal. Que de peines il m'a causées!... Il va, il revient, tremblant, hors de lui. Il s'écrie : « C'est Mlle Fanchette, qui s'est blessée, et qui est évanouie.

« — Que faites-vous? me dit Soulanges. Vous perdez sans retour la confiance de Mme de Francheville; vous décidez le malheur de sa vie. » J'avais franchi, avec la rapidité de l'éclair, l'intervalle qui me séparait de Fanchette. Je l'avais prise, relevée; je soutenais sa tête, j'étanchais le sang qui sortait de sa main, je lui parlais comme si elle eût pu m'entendre; je cherchais, à force de caresses, à la rendre au sentiment. J'ignorais où j'étais; j'avais oublié l'autel et mes serments; je ne voyais que Fanchette.

« Sommes-nous mariés? dis-je enfin à Soulanges. — Oui, mon ami, et votre femme vous attend. — Ah! celle-ci est aussi ma femme; je l'ai rendue mère aussi!

— Plus bas, plus bas, par grâce! Sophie vous entend. »
Les yeux de Fanchette se rouvrent; elle me fixe, elle me reconnaît, elle tressaille. « J'ai voulu vous voir pour la dernière fois, me dit-elle, et je n'ai pas été maîtresse de moi. — Pour la dernière fois! » répétai-je avec l'accent du désespoir. Je la presse contre mon sein; son cœur bat contre le mien; ils s'unissent, ils se confondent encore. « Fanchette, dit Soulanges avec un ton sévère, voulez-vous perdre le mérite et le fruit de vos efforts et de vos sacrifices? » Ces mots nous frappent l'un et l'autre; elle se dégage de mes bras; je suis sans force pour la retenir. Soulanges l'emmène; je la suis des yeux.

Je me rappelle que j'ai une épouse. Effrayé de ma conduite et des suites qu'elle peut avoir, je me rapproche de l'autel en tremblant. La figure de Sophie n'exprime aucun ressentiment. Je n'y vois qu'un accablement profond. Celle de sa mère annonce la stupéfaction, le mécontentement : il est fondé, j'ai violé toutes les convenances.

Je leur prends la main à toutes deux; nous nous retirons en silence. Nous montons en voiture. Les yeux de Sophie évitent les miens. Pas un mot de l'église à l'hôtel. Quel mariage, bon Dieu! et tant de moyens pour qu'il fût heureux!

A la suite d'un déjeuner triste et court, nous partons; nous quittons Paris pour jamais. Même tristesse, même silence. Une mauvaise honte me retient, me ferme la bouche. Il est pourtant cruel de ne pas lui parler, de ne pas chercher à réparer des torts graves, à ramener le calme dans son cœur. Si prompt, si ardent à m'égarer, et si lent à revenir sur moi-même! Hélas! je ne trouve pas une idée dont l'expression puisse la satisfaire. Mais qu'importent des phrases? N'est-elle pas à moi? n'est-elle pas tout amour? n'éprouve-t-elle pas la soif du bonheur et le besoin de pardonner?

Ferai-je un long voyage? Passerai-je les jours et les nuits avec elle en évitant une franche et indispensable explication? Est-il un autre moyen de se rapprocher? Chaque minute de délai n'est-elle pas un tort nouveau?

Ne doit-elle pas penser que la réflexion sanctionne en ce moment des transports que je n'ai pu maîtriser, mais que les circonstances seules ont fait naître, et que ma raison désavoue?

Affliger Sophie est un crime; prolonger sa peine est le plus grand de tous.

Je prends la parole. Je ne cherche pas à me disculper. Je rends compte avec candeur des sensations que j'ai éprouvées. Je remonte à leurs causes; mais j'établis en principe que l'humanité bien entendue soulage sans acception de personnes, et je demande si je pouvais laisser Fanchette froide, inanimée sur le carreau. Mon départ de Paris, le lieu que j'ai fixé pour notre demeure, n'annoncent-ils pas le dessein formel, une volonté soutenue de rompre tous les liens qui m'attachaient à l'infortunée, de vivre entièrement pour Sophie, de faire de sa félicité mon unique étude, mon devoir essentiel? « Ma félicité! Il n'en est plus pour moi, répond-elle. Vous partez; mais votre cœur n'est pas ici. Vous voulez fortement, sincèrement, et vous ne pourrez rien pour moi : où il y a eu combat, hésitation même, il n'existe plus d'amour. »

Ses larmes coulent en abondance. Elle a raison; mon cœur n'était pas ici; sa douleur l'y ramène; je reviens au premier sentiment que Sophie m'a inspiré. Il se reproduit dans toute sa force; il agit sur tous mes sens. Impétueux, brûlant, il prend un caractère de vérité qui ne persuade pas Sophie, mais qui la calme. Ses larmes se sèchent à mesure que je les recueille. Son front est nébuleux encore; mais ses joues se colorent. Est-ce l'amour qui répond à l'amour! Jamais un sentiment haineux n'a trouvé place au cœur de Sophie.

Mme d'Elmont joint la force du raisonnement à l'éloquence expansive que je déploie. Elle ne me justifie point; elle observe qu'il n'est pas d'homme sans faiblesses, et que le moins imparfait est celui qui fait tout pour les effacer. Elle fait remarquer que se mettre dans l'impossibilité de faillir, c'est satisfaire à la fois à l'équité, et désarmer le ressentiment le plus légitime.

Elle insiste, elle presse, elle caresse, elle met sa fille dans mes bras.

Sophie est sans défense ; un baiser est le prix d'un baiser, et cependant des soupirs douloureux s'échappent au milieu des plus douces étreintes.

Je ne la quitterai plus d'un instant. Sans cesse je lui parlerai amour ; sans cesse je lui prouverai que je l'aime. Je ne lui laisserai pas le temps de s'arrêter à un souvenir ; j'empêcherai le souvenir de naître.

« Oui, je me suis chargé du bonheur de ta vie ; je t'en dois compte ; j'en compterai avec toi à tous les instants du jour. »

Nous marchons à petites journées. Nous arrêtons de bonne heure ; nous prolongeons les nuits. Sophie passe du délire au sommeil, du sommeil au délire ; mais son sommeil est agité ; une tristesse profonde succède à la jouissance. Sa gaieté passagère porte avec elle une teinte de mélancolie qui m'affecte. Ah ! si ces torrents de feu brûlaient un an, un mois, une semaine, ils détruiraient toutes les impressions pénibles ; ils en effaceraient la mémoire. Je les rallume ; je les reproduis à toutes les heures, et les intervalles sont encore trop longs.

« Tu me tues, dit-elle, et de plaisir et de chagrin ! »

CHAPITRE VII ET CONCLUSION

Très-peu gai ; il tourne au mélodrame comme la plupart des folies. Il n'y a point de douleur éternelle, et l'amour est toujours la meilleure et la plus agréable consolation, surtout quand c'est une adorable Fanchette qui vous présente la coupe de l'oubli.

Nous sommes arrivés à Perpignan. Nous nous enfonçons au centre des Pyrénées, en tournant par Pau, Tarbes et Saint-Gaudens ; nous entrons dans la vallée de Campan. Nous avons traversé des masses de roches, vieilles comme le monde, présentant partout des sites effrayants ou romantiques. Insensibles à ces variétés de la nature, au contraste de ses tableaux, je n'ai vu que Sophie, Sophie n'a vu que moi.

Nous trouvons sur les rives de l'Adour une terre sauvage et presque inculte, une maison en ruines : cette terre, cette maison sont à moi.

« Ah ! crois-tu que tu ne tiennes pas lieu de tout à l'homme qui consent à vivre ici ? — Ah ! crois-tu qu'on puisse penser sans douleur que tu n'aies que ce moyen extrême à opposer à l'inconstance ? »

Je ne me plains pas de l'amertume de ses réflexions : je les ai provoquées, et elle en est avare. J'aime mieux cependant l'entendre que de la voir mélancolique et muette. Parler la soulage ; ses affections concentrées, contenues, deviendraient dangereuses.

C'est pour m'aider à me vaincre qu'elle est ici, et elle ne fait aucune observation sur le désagrément des localités. Ah ! je suis là, toujours là, toujours une caresse pour elle, toujours quelque chose de sentimental à lui adresser. Quand la réflexion pourrait-elle naître ? Les dieux ont rebâti la cabane de Philémon et Baucis. Il fallait rajeunir leurs cœurs, ils n'eussent pas eu besoin de cabane.

Madame d'Elmont n'a pas les mêmes motifs de se résigner ; aussi ne l'est-elle pas. Elle m'engage fortement à envoyer prendre des ouvriers à Saint-Gaudens. Le bon Georges, que je ne peux haïr, pressent avoir besoin d'indulgence. Il redouble de zèle et d'activité. Madame d'Elmont vient d'exprimer un désir, et déjà il est sur sa mule.

Madame Dulac, la pétulante Justine ne dissimule rien. Elle se trouve mal, très-mal dans nos montagnes ; elle le dit très-haut. Mais elle ajoute en riant que l'empire de madame est plus doux que celui d'un mari, quel qu'il soit, et qu'on peut trouver mieux que le sien, même au milieu des Pyrénées. Justine se mariera partout. Partout aussi elle redeviendra veuve, pour se remarier encore.

Son maître d'hôtel l'a laissée partir sans résistance.

Une dot de plus, une femme de moins, voilà qui arrange bien des hommes. C'est assez comme cela qu'on se prend aujourd'hui.

Mon amour, mon assiduité, mes soins, mes prévenances devraient convaincre Sophie de la sincérité de mon retour. Elle y croit, dit-elle, et cependant je la vois triste et languissante.

Craint-elle encore que mon cœur soit à Paris ? Croit-elle devoir me cacher des soupçons injurieux ? La justice qu'elle paraît me rendre n'est-elle que la suite d'un effort sur elle-même ? Examinons.

Je varie mes plaisirs ; je lui en crée partout. J'anime pour elle jusqu'aux rives de l'Adour ; à un exercice salutaire succèdent l'amour et le repos. Elle sourit à mes efforts soutenus, elle m'en sait gré, et, au milieu de nos jeux, elle se tourne vers Paris ; sa figure se glace ; un soupir mal étouffé parvient jusqu'à moi. Je l'ai entendu, il a froissé mon cœur. Elle le voit, elle le sent, elle se précipite dans mes bras, elle me comble de caresses ; elle croit donc me devoir une réparation. Le trait acéré de la douleur est donc toujours dans son sein !

Je lui parle de notre enfant. Des trois, je ne fais qu'un tout indivisible, aimant, heureux. Elle sourit à cette idée ; un sentiment nouveau l'anime, la pénètre. La sérénité est sur son front ; la joie est dans son cœur. Elle est inaccessible à ces tristes sensations, qui, malgré mes soins empressés, se reproduisaient trop souvent.

« *Ton fils...* » lui dis-je quand elle redevient sombre et silencieuse. Elle écoute, elle répond ; la conversation s'engage ; l'enfant en est constamment l'objet. Je suis loin de sa pensée peut-être ; mais son imagination n'est plus à Paris, dans cette église... Elle est là près de moi, toute à ce que je lui dis. Ses yeux se portent sur son sein ; elle le regarde avec attendrissement ; une douce larme s'échappe de sa paupière... Cher enfant, tu n'es pas né, et déjà tu es le bienfaiteur de ta mère !...

Il en est une encore... seule, sans appui, elle redoute le moment tant désiré ici. Son œil contristé s'éloigne de son sein ; s'il s'y porte involontairement, il ne trouve que des larmes. Elle pleure aussi... sa malheureuse fécondité.

Et qu'a-t-elle fait qui la condamne à l'abandon ? Pourquoi cette inexplicable différence ?... Qui la surpasse en beauté, qui l'égale en modestie, en douceur, en résignation ? qui peut aimer plus qu'elle ?... J'ai du moins assuré sa fortune ; elle m'a vu retourner à l'autel ; elle a dû juger que je l'avais quitté, quitté pour elle... Ne lui devais-je que cela ?

Sophie s'arrête, m'examine. Ses yeux se tournent alternativement vers Paris et sur moi... Et moi aussi je lance des regards avides vers cette cité où j'ai laissé tant de choses, tant de souvenirs ! Des souvenirs ! je ne les laisse nulle part ; ils me suivront partout ; ils m'accompagneront dans la tombe.

Sophie laisse échapper un profond soupir !... Insensé, que fais-tu ? Quel nouveau délire t'égare ? Tu te livres à son impulsion, et tu oublies que Sophie lit au fond de ton âme, que son amour inquiet y démêle ta plus secrète pensée ! Reviens à ton épouse, à une épouse charmante, dont l'extrême susceptibilité, fatigante peut-être, prouve le plus exclusif attachement.

Un second soupir, plus pénétrant que le premier, me rend à moi, à elle. Je m'approche ; je prends sa main ; je la passe sous mon bras ; je lui propose de continuer notre promenade ; je lui demande de quel côté elle veut prendre : « Tous me sont indifférents quand je suis seule. — Seule, Sophie ! — Vous venez de franchir les Pyrénées. »

Elle m'a pénétré ; je devais le prévoir... je l'avais prévu. Il faut penser tout haut quand on a une physionomie expressive : on s'arrête au premier mot, et la figure reste muette.

Je la ramène. Toujours plus mécontent de moi, je m'efforce de lui parler : je ne lui adresse que des mots. Elle y répond par un sourire amer et douloureux.

Dans l'état de souffrance où je suis, on a besoin d'épancher son cœur. Je cherche madame d'Elmont. Elle m'écoute avec indulgence ; elle admet ma justification, elle me plaint. « Mais, ajoute-t-elle, l'amitié et l'amour voient le même objet sous des rapports bien différents. L'une aime à pallier, à atténuer des torts supposés ou réels ; oublier ce qui la blesse est pour elle une jouissance. L'autre n'oublie rien ; il compte, il accumule, il exagère tout ; il ne cherche pas de preuves, le soupçon lui en tient lieu. Il juge, il condamne aussi promptement qu'il accuse.

« Vous devez reconnaître ma fille dans la première partie de ce second tableau ; mais, loin de la blâmer, supposez un moment que vous partagiez son cœur, que vous ayez seulement lieu de soupçonner un partage, votre caractère impétueux vous permettrait-il de vous renfermer dans les bornes d'une douleur passive ? Elle souffre, elle ne se plaint pas : que peut-elle de plus pour votre tranquillité ?

« Prenez garde cependant que son cœur est tout amour, qu'il s'affecte dans la proportion de sa sensibilité ; que ses forces ne sont pas inépuisables, et qu'une douleur soutenue est une lime sourde, qui, à la longue, ronge tout. Votre conduite envers ma fille mériterait les plus grands éloges si elle vous coûtait quelque chose ; mais il vous suffit de laisser aller votre cœur pour calmer le sien, naturellement soupçonneux et jaloux. Continuez d'opposer vos soins et une patience inaltérable à des peines cuisantes que vous causez sans doute, et que seul vous pouvez dissiper. »

Je prie madame d'Elmont de m'accompagner chez sa fille. Je sais combien la présence d'un tiers soulage celui qui s'attend à des reproches combien elle en adoucit l'expression. Ah ! puis-je craindre une expression dure de la part de Sophie !

Nous entrons. Elle est sur une chaise longue, dans un état d'abattement qui me touche autant qu'il m'inquiète. Je ne suis plus que l'impulsion d'un cœur qui s'éloigne quelquefois d'elle, mais qui lui appartient, qui ne peut s'en détacher. Il ne lui échappe pas une plainte, mais elle n'entend plus ce langage qui la fit si souvent tressaillir d'amour et de volupté. Elle n'y répond plus ;

elle est sourde aux représentations, aux instances de sa mère.

Elle ne m'adresse que des choses insignifiantes, mais du moins elle m'a parlé. Je parle à mon tour, j'emploie la plus puissante de mes ressources ; je lui parle de son fils. « Vous l'aimerez ? dit-elle, jurez-moi que vous l'aimerez. — Sophie, que m'annonce ce ton solennel et prophétique ! Il me glace d'effroi. » Je la presse dans mes bras, sur mon cœur ; elle reçoit mes caresses, elle y est insensible.

Les jours, les semaines, les mois s'écoulent, et rien n'a changé ici. La douleur s'y est fixée ; j'ai perdu le pouvoir de l'en bannir, et j'ai la force de la supporter.

Cette figure brillante, il y a si peu de temps, de jeunesse, de santé, de fraîcheur, est éteinte et flétrie. Sophie n'est plus que l'ombre d'elle-même. Elle dépérit, je ne peux ni me le dissimuler, ni me pardonner des maux que j'ai fait naître, que mes imprudences ont alimentés, qui tuent cette tendre victime.

Voyage funeste ! Sans la folie qui nous a conduits à ce château d'Ermeuil, je n'eusse distingué, je n'eusse aimé qu'elle. Elle serait heureuse, et mon bonheur égalerait le sien.

Réflexions tardives et inutiles ! Détourneront-elles le coup qui me menace ? Elles le rendront plus cruel... Mais, est-il donc impossible de le prévenir ? La persuasion m'a-t-elle fui sans retour ? Elle aime encore, et je désespère !

Je vais à elle, je tombe à ses pieds, je la conjure de vivre pour son fils et pour moi. Je lui peins le bonheur passé ; je le pare de nouveaux charmes ; je lui prouve qu'il suffit d'un acte de sa volonté pour le rappeler, le fixer à jamais. J'invoque sa raison, sa générosité ; je reviens au besoin que ce malheureux enfant aura bientôt d'une mère. Elle est ébranlée, attendrie, elle me presse la main !... Faveur inappréciable aujourd'hui, et dont j'avais perdu l'habitude !

Elle n'éprouve point le dégoût de la vie, dit-elle ; elle consent à prolonger la sienne ; elle la consacrera tout entière à son fils. « Mais toi, que me veux-tu ? Que puis-je pour toi ? t'offrir l'aspect fatigant d'une femme qui a perdu tous les agréments qui t'avaient séduit. Sans force, presque sans vie, je suis encore tout amour, et je ne peux plus en inspirer.

« — Ainsi, toujours prompte à te créer des chimères, tu méconnais ta puissance et mon cœur ! Est-ce de tes charmes seuls qu'il fut, qu'il est idolâtre ? N'est-il pas entraîné par la réunion précieuse de toutes les qualités ? Ces charmes, que tu crois flétris sans retour, ne renaîtront-ils pas quand tu l'auras fortement voulu ? Sophie, tu n'as que vingt ans, et tu désespères de la nature ! Seconde-la, et cette fleur languissante sur sa tige se relèvera plus fraîche et plus brillante. De la confiance, de la gaieté, ces tendres épanchements qui faisaient le charme de notre vie, voilà les moyens que t'offre l'amour, qu'il met à ta disposition, et qui te rendront à tous ceux qui te chérissent. »

En lui parlant ainsi je la couvre de baisers. Son teint s'anime, le sourire reparaît sur ses lèvres ; une nuance de volupté se montre dans ses yeux ; elle s'accroît graduellement, elle parvient à son comble... « Encore un moment heureux, dit-elle. Je n'en espérais plus... Je ne croyais pas pouvoir supporter ces délices... Ah ! Francheville, encore... encore !... Que cette mort serait douce ! »

Ces mots m'arrêtent ; ils me font frissonner. Je la regarde ; sa physionomie conserve l'expression du plaisir ; mais sa faiblesse est extrême.

Je m'assieds auprès d'elle ; je me reproche mon imprudence, je m'accuse, je me repens. « Je m'attendais à ce retour, dit-elle. Je n'ai rien obtenu que de la complaisance et de la pitié. Non, je ne peux plus inspirer d'amour. »

Est-il possible d'empoisonner ainsi les plus doux moments, de déchirer un cœur avec cette froide cruauté, de tourner, de retourner sans cesse le fer dans la blessure ! Je suis au désespoir ; mais aussi ma patience s'épuise. Je sens l'impossibilité de résister plus longtemps à l'injustice, à la multiplicité de ces inculpations ; je vais éclater... Malheureux, possède-toi, elle est mourante.

Je lui dérobe un juste ressentiment. Je vais l'exhaler auprès de madame d'Elmont.

« Persévérez, me dit-elle, soyez toujours bon, généreux. Peut-être, hélas! votre indulgence ne lui sera pas longtemps nécessaire. »

Cette dernière pensée me ramène auprès de Sophie impassible et résigné. Un faible cri lui échappe ; il est suivi d'un second. La nature semble faire des efforts soutenus. Vais-je être père ?... Oui, tout l'annonce, et le terme n'est pas arrivé.

Nouveau sujet d'alarmes! N'en avais-je pas déjà assez? Cependant Richelieu, né aussi à sept mois, est mort octogénaire. Oui, mon enfant peut vivre ; il vivra pour être le consolateur de son père et son appui près de sa mère infortunée.

On n'avait pu prévoir que les secours deviendraient sitôt nécessaires, et l'homme de l'art à qui elle a donné sa confiance habite la ville de Pau. Dix lieues à faire ! Il est impossible qu'il arrive assez tôt. Je fais partir Georges et ses camarades ; je les envoie aux villes les plus prochaines. Je leur ordonne de consulter la voix publique, de choisir d'après elle, et surtout de faire une extrême diligence.

Madame d'Elmont et Justine lui donnent les premiers soins. Je suis là, toujours là. Elle semble me voir avec satisfaction. Elle m'appelle ; elle me prend la main, elle m'attire près d'elle, elle semble vouloir m'unir à son enfant ; elle me donne le doux nom de père, elle me sourit. Ah! elle a tout oublié pour se livrer au plaisir d'être bientôt mère, et mon enfant la rattachera à la vie.

Les douleurs cessent et se reproduisent, elles se dissipent et se font sentir encore ; mais elles sont faibles et deviennent rares. Le reste de la journée et une partie de la nuit se passent dans ces alternatives. Je suis tranquille, et j'attribue ces douleurs passagères à une suite d'émotions bien opposées. Je me persuade qu'elles disparaîtront tout à fait. Espérance ! hochet de tous les hommes !

A minuit Georges revient ; la figure et le ton de celui qu'il me présente inspirent la confiance. Philippe, un de ses camarades en amènent un second, un troisième. Ils se réunissent autour de Sophie. Ils l'examinent, ils délibèrent. Mes yeux ne cessent d'interroger les leurs : je n'y remarque rien d'inquiétant.

Ils m'invitent à me retirer, à engager madame d'Elmont à me suivre : nous répondons que nous sommes inséparables de Sophie. Ils annoncent un accouchement prochain et peut-être difficile : raison de plus pour ne pas nous éloigner.

Toujours des douleurs, mais faibles et courtes. L'un des trois, pour lequel les autres semblent avoir de la déférence, me tire à l'écart. « La nature est sans force, me dit-il tout bas ; il est à craindre que seule elle n'opère pas la délivrance. » Sophie ne nous a pas perdus de vue. Elle a remarqué un frémissement dont je n'ai pas été maître. « Faut-il mourir, s'écrie-t-elle douloureusement, avant d'avoir vu mon enfant ! — Vous ne mourrez point, madame, mais votre état demande des précautions ; il prescrit des mesures indispensables. » Il profite de ce moment d'alarme pour parler d'instruments. Leur aspect produit toujours une sorte de crise. Il est probable que celle-ci n'augmentera pas, et il ne veut pas la renouveler. Je le tire à l'écart à mon tour. Je l'interroge. « Vous êtes un homme, me dit-il. Vous en déploierez, s'il le faut, le caractère et l'énergie. Je ne dois pas vous cacher que je ne réponds de rien. »

Non, je ne suis plus un homme ; non, je n'ai ni caractère ni énergie, quand je tremble pour elle ; je ne suis plus qu'un faible enfant. Ma douleur éclate, je le sens, et je ne peux m'éloigner.

C'est elle, qui peut-être me sera ravie dans quelques instants, dont j'ai flétri, abrégé les beaux jours, c'est elle qui m'appelle, qui me console. Elle partage ses tendres soins entre sa mère et moi. Il semble que ce soit nous qui soyons menacés. Elle nous remercie du tendre intérêt que nous lui portons ! Elle regrette de m'avoir tourmenté ! elle me demande pardon, à moi l'unique cause de ses chagrins !

Les accoucheurs nous invitent à ménager la malade, à prévenir toute espèce d'émotion. Il nous prient pour la seconde fois de passer dans la chambre voisine. Pourquoi exiger que nous sortions ? Ont-ils désespéré d'elle ? Ils ajoutent que le moment d'opérer est arrivé. Madame d'Elmont persiste à vouloir aider sa fille. Moi je ne sais que souffrir.

Je m'éloigne de quelques pas ; je vois des apprêts effrayants... « Adieu, bon ami, adieu, » me dit Sophie, Je revole à elle, je la tiens embrassée ; on emploie la force pour m'en détacher. Justine appelle Georges et Philippe. Ils m'entraînent à l'extrémité de la maison, ils me gardent à vue, et là j'attends mon sort dans les plus douloureuses angoisses.

Je prête l'oreille, je n'entends pas un cri... Peut-être l'éloignement... peut-être aussi son extrême faiblesse... « Va, Georges, va à la porte de sa chambre ; je te promets de ne pas m'échapper. Va, écoute, et reviens à chaque instant me rendre ce que tu auras entendu... »

Georges ne revient pas. « Va, Philippe, par pitié, tire-moi de l'incertitude affreuse où je suis. — Si monsieur veut me promettre comme à Georges... — Je promets, je tiendrai... Va. »

Humanité cruelle et mal entendue ! Ils veulent ménager mes yeux, ils ne sentent pas qu'ils torturent mon cœur.

Je ne peux résister plus longtemps à ce que je souffre. J'oublie de vaines promesses ; je sors, je m'élance, j'arrive... Je suis arrêté par madame d'Elmont fondant en larmes et ne pouvant articuler un mot.. « C'en est fait ! » m'écrié-je, et je tombe privé de sentiment.

Je me retrouvai sur mon lit. Madame d'Elmont, assise près de moi, s'abandonnait à sa douleur... Je veux la revoir encore ; je veux chercher la vie sur ses lèvres, l'animer de la mienne : mes gens se jettent devant moi. « Laissez-le, dit madame d'Elmont ; qu'il la voie, qu'il lui adresse ses tendres et vains regrets, qu'il pleure et qu'il se soulage.

» — Il est donc vrai... c'en est donc fait!... Et l'enfant, le malheureux enfant?... Vous baissez les yeux, vous n'osez me répondre... J'ai tout perdu. Je les ai tués l'un et autre.

» Cruels! vous m'avez ravi mon dernier adieu, vous m'avez empêché de recueillir son dernier soupir. Elle eût répété son pardon; il eût, ce me semble, modéré ma douleur... Allons, marchons, contemplons notre ouvrage... Qui m'arrête encore? qui me tient la main?... C'est Georges baigné dans les pleurs.

» Eh! que me font vos larmes, à tous? Vous me plaignez, au lieu de me punir. Je vais me faire justice, je vais voir ma victime. »

Quel spectacle, grand Dieu! cette femme, naguère brillante d'attraits, n'offre plus que l'image hideuse de la destruction, du néant. Il ne reste rien d'elle. Je ne la reconnais plus. Cet organe, si doux, si pénétrant, ne résonnera plus à mon oreille. Ce cœur brûlant ne répondra plus au mien. Tout est éteint, tout est mort. La tombe attend sa proie. Orgueil humain, venez vous abaisser ici.

Je m'approche d'elle dans un silence religieux. Je détourne la vue de ce visage défiguré. Je cherche sa main. Cette main, toujours prête à donner le signal du plaisir, est roide et glacée!... Son anneau! oh! il ne me quittera plus. Il devait être le gage de son bonheur, il fut celui de sa mort.

Quel est ce bassin que couvre un voile? que renferme-t-il?... Dieu! grand Dieu! un enfant défiguré, presque en lambeaux... Mes cheveux se hérissent, un mouvement de frayeur me fait tourner la tête, et je retrouve sa malheureuse mère. La mort, partout la mort, toujours la mort!

Images affreuses dont je ne peux me détacher! Sans mouvement au milieu d'elles, je les redoute et les contemple. Je m'en éloigne, j'y reviens. J'ai la force de toucher encore ce voile funèbre : l'effroi le fait retomber.

« Monsieur, il y a deux grandes heures que vous êtes ici. — Georges, j'y apprends à mourir. — Monsieur, n'ajoutez pas à ce que je souffre. Suivez-moi par pitié pour mes cheveux blancs, pour mes longs services. — M'en éloigner, c'est les perdre une seconde fois. Ma place est près d'eux, je ne les quitterai plus. »

Mes transports se reproduisent avec une force nouvelle. Je saisis Georges, je l'entraîne près du lit mortuaire : « Vois-tu cette femme ? elle est morte de l'excès de son amour. » Je le pousse vers le bassin, je relève le voile : « Vois-tu cet enfant ? Je l'ai tué dans le sein de sa mère, et je ne trouve pas de larmes !... Des larmes !... elles sont la consolation de l'infortune : le coupable n'en doit pas répandre... »

Que s'est-il passé ?... où suis-je ?... Je reviens d'un long évanouissement. Je connais madame d'Elmont. Sa douleur me rappelle tout ce que j'ai perdu. Je me lève, je sors ; ils me laissent aller. Oh ! je prévois ce qu'ils ont fait ! J'entre dans cette chambre... Tout est enlevé, tout a disparu. Il n'y reste rien de ce qui fut à son usage.

Il n'est pas de forces humaines qui puissent résister à la violence, à la continuité de ces secousses. Je me sens défaillir une seconde fois... Je cesse au moins de souffrir.

Où m'a-t-on transporté ? Je ne reconnais pas cette chambre, cet ameublement. Combien d'heures, de jours se sont écoulés ? Pourquoi suis-je environné de gens que je ne connais pas ?... Quel vide dans ma tête et dans mes idées ! Il me semble que je suis malade, bien malade ; je me sens incapable d'aucun mouvement. Je veux parler ; je ne trouve point de voix. Je porte un œil affaibli sur tout ce qui m'entoure...

Un vieillard affligé relève sa tête abattue. Il me fixe, il vient à moi. « Grand Dieu ! s'écrie-t-il, nous le rendez-vous pour la seconde fois ? » Le son de sa voix ne m'est pas étranger. Je regarde plus attentivement... C'est Georges, mon bon Georges. Je veux lui tendre la main, je n'ai pas la force de la soulever.

Quel est ce jeune homme qui s'élance vers moi ? Il

me presse dans ses bras; son œil est humide, sa figure pleine d'expression... Me trompé-je?... Non; c'est bien lui, c'est Soulanges! Pourquoi est-il ici? pourquoi garde-t-il le silence? Je sors d'un songe pénible et sans liaison, et on ne dit rien qui me rappelle le passé, qui m'éclaire sur le présent.

Une femme! une femme!... Ah c'est Justine. Justine! où est Sophie? Pourquoi n'est-elle pas près de moi?... Dieu! Dieu! il se reproduit, ce passé, que j'étais trop heureux d'avoir oublié! je m'en retrace toute l'horreur... L'émotion est trop forte, je ne la soutiendrai pas... Ah! des larmes!... J'en retrouve enfin. Je me sens soulagé!

Soulanges me parle enfin et ne raisonne pas. Il ne cherche pas à me consoler; il s'afflige avec moi. Il me fait sentir le danger que j'ai couru, la nécessité de me modérer longtemps encore, et il ne m'entretient cependans que de mes peines. Il sait qu'il ne peut m'en distraire; il a l'adresse de me les montrer dans l'éloignement; il les fait, pour ainsi dire, rétrograder. C'est mettre entre elles et moi le voile salutaire de la distance et du temps.

Je suis à Saint-Gaudens. J'y suis venu sans tenir de route suivie, fuyant les habitations, les enfants, les femmes qui se trouvaient sur mon passage, appelant, invoquant Sophie, mon fils et la mort. Georges et Philippe me suivaient à une certaine distance. Ce sont eux qui m'ont, relevé privé de force et de sentiment, qui m'ont placé dans cette maison, qui y ont conduit madame d'Elmont, et tous ont veillé sur les jours que je ne désire pas prolonger.

Mon esprit a été aliéné; une fièvre brûlante a desséché mon sang; depuis deux mois je suis dans un état désespéré... Eh! que m'importe la vie? Un signe avertit Soulanges que ce n'est pas de moi qu'il faut m'entretenir; qu'il me parle de Sophie.

Au moment où ma maladie s'est développée, madame d'Elmont a envoyé un exprès à Soulanges. Elle ne m'a quittée qu'après l'avoir établi près de moi. Elle est allée déposer dans la sépulture de ses ancêtres les restes embaumés de sa fille et de mon fils. Il n'y a plus rien d'eux dans les Pyrénées. Deux cents lieues nous séparent déjà! Dans l'état où je suis, c'est un monde qu'on a mis entre nous.

Soulanges a le ton d'une profonde sensibilité, et cependant ses expressions douces et mesurées adoucissent ses tableaux. Il calmerait une douleur ordinaire.., mais la mienne!

Justine me présente je ne sais quoi, quelque médicament sans doute. Et elle aussi, elle devait être mère... Elle l'est, je m'en aperçois en prenant le remède. Est-elle plus heureuse que moi? N'a-t-elle point à pleurer sur cette innocente créature?

On interprète mal mes signes. Justine sort, et revient avec un enfant, beau, plein de vie et de santé. Je détourne la tête avec un serrement de cœur affreux. « Otez cet enfant! Ôtez-le!... Que sa mère s'éloigne; c'est une femme; je ne veux plus en voir. » Voilà les premiers mots que je prononce. Ils sont arrachés par la violence de mes sensations.

Cet état d'exaspération ne pouvait durer. Nos douleurs sont proportionnées à nos forces physiques. Il faut des organes vigoureux pour sentir avec énergie. Les miens, affaiblis, affaissés, ne sont susceptibles que de mélancolie; mais celle-ci est profonde. Elle ronge, elle mine, elle tue peu à peu. Que lui reste-t-il à faire, je suis déjà mourant!

Quel est cet homme? Mon médecin. « Je trouve beaucoup de mieux, » dit-il. Soulanges répond par un mouvement de tête. « Ah! j'entends: la mémoire est revenue avec la raison et le jugement. — Et il ne s'en sert que pour nourrir sa douleur. — Il a déjà trop du mal physique. Monsieur, l'homme raisonnable sait donner de justes bornes à tout. L'affliction immodérée annonce l'absence de principes ou de caractère. » Il veut éveiller mon amour-propre, l'opposer à mon cœur: que m'importe ce qu'ils pensent de moi!

Soulanges et lui commencent une conversation, qu'ils rendent sans doute agréable et variée. Ils cherchent à me distraire, à forcer mon attention: je ne peux écouter. Ils me rappellent cependant le roman astronomique de Soulanges. Il m'a occupé une journée entière; mais alors je n'avais point de remords.

Je m'efforçai de me tourner de l'autre côté: je ne voulais ni voir ni entendre, et ils s'aperçurent bientôt que l'esprit et l'érudition deviennent fatigants quand ils sont déplacés. « Il ne peut vivre quatre jours dans cet état, » dit le médecin à voix basse. J'entends ce que j'ai intérêt à savoir. Dans quatre jours donc tout sera fini. Je croyais qu'il est plus difficile de mourir.

« Il faut le ramener à des sensations douces, attachantes. » Présomptueux, quels sont donc vos moyens? « Monsieur de Soulanges, il n'y a point à balancer: employons le grand remède. — Je ne crois pas qu'il soit temps encore. — Peut-être dans deux jours il sera trop tard. — Pourra-t-il supporter une pareille émotion? — Je l'ignore; mais de toutes les affections, celles de la joie sont les moins dangereuses, et nous sommes réduits à la nécessité d'opter. » De quel remède parlent-ils donc?

L'enfant de Justine pleure. Il est dans la chambre voisine! Pourquoi le mettre aussi près de moi! Ce n'est pas cruauté, sans doute; c'est une inexplicable imprévoyance: ils ont cependant vu quel effet a produit sur moi cet enfant... Je l'entends encore! « Éloignez-le, éloignez-le donc! — Pourquoi l'éloigner, mon ami? — Sa vie me fait mal. — Elle peut rappeler la vie. — Elle l'abrége. — Mon ami, renvoyez cet enfant. — Je consens à mourir mais, par grâce, épargnez-moi quelques douleurs. — Vous ne m'entendez pas, et je crains de m'expliquer. — Parlez, je puis tout entendre, hors les pleurs de cet enfant. — Vous en avez perdu un; mais vous en aviez deux. — Fanchette! Fanchette!... »

La force des sels, de l'éther me rouvrent les yeux. « Fanchette! » dis-je encore, et mes muscles, longtemps contractés, se distendent; je sens que je souris. J'éprouve un calme bienfaisant, réparateur. Justine est là. Elle tient l'enfant; elle me le présente. Mes bras s'élèvent vers lui; je trouve de la force pour le prendre; je le place à côté de moi. Ma joue touche à la sienne; de douces larmes s'échappent... Oui, oui, ce remède est bon.

« Et sa mère, sa mère! — Elle est à Paris. — Vous chercher à abuser ma douleur. Pour la dernière fois, ôtez-moi cet enfant. S'il était le mien, Fanchette serait ici. Je l'élèverai, m'a-t-elle dit, il ne passera pas aux mains d'une étrangère. Fanchette ne l'a pas repoussé au moment de sa naissance; elle ne lui a pas refusé son sein; elle n'a pas voulu qu'une autre fût aussi sa mère. »

La porte s'ouvre... c'est elle! Oui, c'est elle, je la vois... je me meurs,.. je renais.

Je rapproche l'enfant; j'attire à moi sa mère; je les tiens embrassés tous les deux. Nos larmes se confondent. « Fanchette, il y a quelques mois, tu as sucé ma blessure; aujourd'hui, tu arraches de mon cœur le trait empoisonné: je te devrai deux fois la vie. »

Depuis huit jours elle est ici, et elle n'a pas osé m'approcher, se faire entendre! Elle s'éloignait pour donner un libre cours à ses sanglots. Elle souffrait comme moi; elle s'éteignait avec moi. « Cher enfant, depuis huit jours tu t'es abreuvé de larmes. Viens prendre le sein de ta mère rassurée et heureuse. »

L'innocent entend sa voix, il lui tend les mains; il lui sourit. Elle s'assied près de moi; elle ouvre son corset. La bouche rosée de l'enfant s'applique à un sein d'albâtre. Elle le regarde avec une expression! Son œil enchanteur se tourne vers moi. Il semble me dire: Vois comme je t'aime en lui!

Quel tableau! quelles sensations il fait naître! Ah! qu'elle soit là, toujours là. Elle seule peut éloigner le souvenir déchirant de la malheureuse Sophie. « Que je te voie toujours; que je me partage entre toi et mon fils. — Monsieur... — Fanchette, ne me nomme pas ainsi. — Mon ami, vous désiriez... — Non, Fanchette, non, plus de *vous*. L'amour dit *toi*. — Et j'aurai tant de plaisir à le dire! Mon ami, tu désirais un fils, mais... — Eh bien! j'embrasse ma fille! Pourquoi ce ton timide? Qu'importe qu'un nom obscur s'éteigne? » Et je les presse encore toutes deux dans mes bras.

Le médecin fait un signe: l'excellente fille obéit. « Fanchette, tu me quittes! — Monsieur, vous sentez trop vivement. Je ne crois pas devoir prolonger votre émotion. — Eh! monsieur, croyez-vous qu'elle me soit moins présente pour n'être pas ici?

» — Vous l'avez voulu, docteur, dit Soulanges. — Ah! mon ami, qu'il a bien fait! — Il ne nous reste maintenant qu'un parti à prendre, c'est de lui céder. — Je ne cède jamais. — Vous ne savez pas à quel homme nous avons affaire. — Il est indispensable qu'il prenne un peu de repos. — Eh! monsieur, jouir, n'est-ce pas reposer! — Tout cela est fort bien; mais je suis inexorable. J'exige que madame se retire. — Fanchette, laisse-moi ma fille, et je serai sûr de te revoir bientôt. »

Il a raison, le repos m'est nécessaire. Une potion calmante me le procure; je m'endors d'un sommeil doux et paisible.

À mon réveil, je retrouve Fanchette, ma fille et mon ami. Le médecin me prend le pouls, et dans un accès de vivacité gasconne, il jette par la fenêtre potions et opiats. Voilà le seul remède que j'ordonne, dit-il, en désignant Fanchette; mais il faut en user avec une extrême discrétion.

Je n'ai eu jusqu'ici que le temps de la voir; je n'ai pas eu celui de l'examiner. « Approche-toi, Fanchette, viens, que j'achève de te reconnaître. Ah! c'est bien toi. Je retrouve tes charmes, ta gaieté, tes grâces, ton aimable abandon, ce tout inconcevable dont tu ne connais pas la puissance, mais auquel il est impossible de résister. Fanchette, donne-moi ta main: je te vois mieux quand je te touche. — Mademoiselle, retirez votre main, et raisonnons. Vous m'avez prouvé à Paris l'inutilité des précautions, et je n'en prendrai pas ici. Observez seulement que l'ivresse des sens est mortelle dans l'état de faiblesse où se trouve Francheville. Rappelez-vous que vous êtes venue de Paris en poste; que vous ne vous êtes pas arrêtée deux heures en route; que vous avez passé ici huit jours dans le désespoir et les larmes; qu'un sang à demi brûlé portera le ravage dans les veines de votre Honorine; qu'il est urgent de rendre au vôtre une fraîcheur salutaire.

» — Il a raison, Fanchette; nous n'avons plus le droit de vivre pour nous : tout pour Honorine! »

Justine est maintenant au service de Fanchette; c'est mon bon Georges qu'on établit près de moi.

Il est causeur quand cela me convient. Il m'apprend bien des détails que j'ignorais, et tous prouvent le dévouement absolu de Soulanges, l'amour inépuisable de Fanchette.

Elle a pleuré Sophie. « Elle a pleuré de Francheville, a-t-elle dit. Je pleure sur elle et sur lui. Georges, parle-moi encore de Fanchette, répète-moi souvent son nom... Ce n'est pas cela, Georges; tu m'endors... — Alors, monsieur, je suis le conteur qu'il vous faut. »

Elle a devancé l'aurore, elle paraît avec elle. Mais l'infatigable Soulanges est là. Les surveillants rendent les caresses plus rares, mais plus douces. Un baiser pris à la dérobée en vaut vingt.

Le médecin est enchanté de mon état; il ne se doute point que nous nous sommes un peu écartés de l'ordonnance. Voilà ces messieurs! ils prescrivent la diète, on mange, et on guérit.

Je roule dans ma tête un projet bien simple, bien naturel, que le monde désapprouvera, et que le lecteur devine aisément. Celle qui, sans naissance, sans fortune, sans état, sans considération, a balancé constamment dans mon cœur, celle qui avait tout ce qui éblouit, attache et fixe les hommes, n'est-elle pas l'objet que j'ai toujours préféré? Celle qui n'a jamais prétendu à rien, que l'amour désintéressé a constamment conduite; à l'issue de mon combat, a exposé sa vie pour me conserver à sa rivale, qui a ménagé sa fierté, et qui a ployé sous elle; qui m'a vu sans murmurer passer dans ses bras, qui a donné des larmes à sa mort prématurée, qui, au premier mot de Soulanges, est revenue à moi, que le destin semble avoir conservée pour la consolation, le bonheur du reste de ma vie; celle-là, dis-je, n'a-t-elle pas des titres, des droits incontestables, sacrés? Que leur opposera l'opinion? Des préjugés. Je leur oppose, moi, l'équité et l'amour.

« Fanchette, ma séduisante, ma digne amie, toi qui m'as consacré tout ton être, et à qui j'appartiens désormais sans retour, te laisserai-je en butte à l'humiliation qui poursuit une fille sensible et faible? En serai-je moins Francheville quand tu seras mon épouse? Je ne serai pas descendu aux yeux scrutateurs du monde; je t'aurai élevée jusqu'à moi, Fanchette, tu veux répondre; je te pénètre. Point de mots, des choses. Parle, j'écoute.

« — Mon ami, ta proposition ne m'étonne point; tu devais me la faire, je l'attendais. Mais il doit me suffire d'en avoir été jugée digne. — Fanchette, que vas-tu dire? — Aussi tendre, aussi délicate que toi, je n'avilirai point l'homme que j'adore. — M'avilir! Ah! Fanchette, quelle opinion as-tu donc de toi? — Mon ami, ces conventions, que tu appelles des préjugés, sont respectables: c'est sur elles que repose l'ordre social. Il indique des places, il marque des distances, Cent mille individus qui voudraient tout rapprocher à la fois, détruiraient tout. Destiné par ta naissance, par tes talents, à remplir les grandes places; appelé à être un des conservateurs de cet ordre que tu veux intervertir aujourd'hui, que répondrais-tu à ceux qui seraient tentés de t'imiter, et qui, forts de ton exemple, te diraient: Celle que vous avez honorée du nom de votre épouse est aussi une fille de néant?... — Ce que je leur répondrais? Elle m'a sauvé deux fois la vie, et elle n'a que des vertus. Tu n'as point d'ancêtres? Vénus n'en avait pas; en fut-elle moins la reine des amours?

» — Mon ami, je ne dépends que de moi; je n'ai point d'entours: le blâme ne peut m'atteindre. Je vivrai avec toi et pour toi. Fière d'avoir refusé le plus précieux des titres, je le serai encore d'être ta maîtresse. — Eh bien, Fanchette, as-tu fini? n'as-tu plus rien à m'opposer?... Je laisse tes objections et je lève tous les obstacles. Je réalise ma fortune; je t'épouse; je passe avec toi dans l'Amérique septentrionale. On ne demande point là quels étaient les aïeux d'une femme charmante qui fait les délices de la société, parce qu'elle n'en a pas besoin. — Non, mon ami, je ne t'enlèverai point à ta patrie; elle réclame tes services; tu les lui offriras. Tes loisirs appartiendront à Fanchette; son amour attentif les embellira.

» — Soulanges, vous êtes désintéressé, équitable, prononcez entre nous.

» — Vous avez fait tous deux votre devoir. Je n'établirai pas à quel point vos motifs sont admissibles ou faibles. Une discussion est inutile avec des personnes qui tiennent aux principes et qui ont du jugement. Mademoiselle, les années passent rapidement; ce charme qui se répand jusque sur votre faiblesse s'évanouira enfin. Que ferez-vous de votre vieillesse, quand la société, que vous aurez cessé d'éblouir, vous délaissera? Vous avez un enfant: que lui répondrez vous, s'il vous reproche un jour de l'avoir volontairement privé de son état et du nom de son père? Honorine est un lien qui vous unit déjà; elle sera votre excuse aux yeux du monde quand vous en aurez contracté un plus fort. »

Il prend l'enfant; il me le remet. « Mademoiselle, le père et la fille sont également à vous; vous ne les séparerez pas.

» — Crois-tu, me dit-elle, qu'il ne m'ait pas coûté de te combattre? — N'as-tu pas jugé que j'ai été soutenue par l'orgueil flatteur de tout te sacrifier? Ne sens-tu pas avec quel sentiment délicieux je prendrais ton nom et ton rang, j'avouerais publiquement mon amour? avec quel empressement, quelle active constance je m'efforcerais de justifier une élévation qui blesse les convenances? Souviens-t'en, mon ami: t'adorer, te trouver un moment, te posséder avec la certitude de te perdre un moment après, étaient pour moi le bien suprême!.. Quel nom donner à la destinée qui m'attend? Mais, Francheville, cette inexprimable félicité durera-t-elle? Si le temps amenait la froideur, le dégoût; si tu réfléchissais à des espérances fondées et perdues sans retour; si un mot, un seul mot annonçait des regrets. Ah! Francheville, que deviendrais-je? Ta chaîne est légère aujourd'hui: quel fardeau pour moi que celle que tu t'efforcerais de rompre, et que tu me reprocherais de t'avoir donnée! — Arrête, Fanchette, arrête! Ne prévois pas un avenir qui n'existera jamais. As-tu remarqué dans ma conduite, dans mes procédés, dans mes discours, dans les choses même les plus indifférentes, rien qui annonçât l'ingratitude ou la dureté? L'amour peut s'éteindre sans doute dans le cœur d'un galant homme; mais combien de dédommagements n'a-t-il pas alors à offrir? L'estime, l'amitié, la confiance ne suffisent-elles pas aux glaces de la vieillesse? Mais pourquoi, rayonnante encore de jeunesse et d'attraits, franchis-tu une suite d'années qui appartiennent aux amours et aux plaisirs? Employons-en le cours, tâchons de le prolonger, et lorsque enfin la volupté aura fui loin de nous, nous en parlerons, pour en reparler encore; nous en retrouverons les traces dans le bonheur de nos enfants.»

Un baiser, mille baisers sont sa réponse. Il est convenu que nous serons unis quand les bienséances le permettront, et qu'en attendant...

« Combien de jours faudra-t-il encore attendre? — Autant que l'ordonnera le médecin. — Ah! Fanchette, il a interdit les baisers, et tu vois quel bien ils me font! — Plus bas, mon ami, M. de Soulanges nous écoute, et tu n'as pas oublié les portes fermées à double tour, les clefs sous le traversin... — En vérité, mademoiselle, vous n'êtes pas plus raisonnable que lui. — Eh! monsieur, ma pauvre tête, mon cœur sont dans l'ivresse: sais-je ce que je fais, ce que je dis?

Je me porte bien, fort bien. Je me lève, je marche... les jambes un peu faibles cependant. Ah! cela m'autorise à prendre le bras de Fanchette; nous faisons quelques tours de chambre, et quand le régulateur Soulanges a le dos tourné...

Justine l'appelle; il la suit; elle ferme la porte; j'ouvre mes bras: Fanchette s'y précipite. Délices toujours nouvelles, vous allez donc renaître! « Mon ami sois prudent. Songe que le cher enfant n'a pas quatre mois encore... »

Ai-je été prudent, je l'ignore; mais je sais que j'ai été heureux, parfaitement heureux, et je consentais à mourir! Je n'étais pas dégoûté de la vie; mais je ne croyais plus au bonheur. Je l'ai retrouvé tel qu'il se présenta à moi à l'auberge de Chantilly, au château d'Ermeuil, dans la grotte d'Eustache, dans le petit lit de la rue Saint-Antoine, et jamais, je le sens, je l'avoue, je n'en ai goûté d'aussi pur, d'aussi vif. Ah! Fanchette, c'est toi que j'ai aimée, que j'aime, que j'aimerai par-dessus tout.

« Parbleu, Justine, c'était bien la peine de me déranger pour une semblable vétille! Il est arrivé un malheur, disiez-vous, d'un air affecté, et il s'agit d'un lapin qui s'est cassé la patte! »

Elle est toujours fine, toujours obligeante, cette Justine! Je la remercie par un coup d'œil imperceptible. Soulanges me logerait à un bout de la ville, Fanchette à l'autre, il ferait griller les portes et les fenêtres, Justine trouverait les moyens de nous réunir.

Il est convenu que dans huit jours nous rendrons Soulanges à Paris et aux plaisirs. Nous voyagerons pendant le reste de l'année, et nous rentrerons dans la capitale sur les ailes de l'hymen et de l'amour.

Le médecin a cessé de me voir, Soulanges de me surveiller. Nous sommes libres, parfaitement libres. Les jours, les nuits se succèdent, se ressemblent et paraissent toujours nouveaux.

Tout est prêt; nous partons demain; nous quittons les Pyrénées. Ce départ réveille de tristes et attachantes idées. Elles m'agitent; elles me tourmentent. « Mon ami, pourquoi me dissimuler quelque chose? Je n'ai pas mis d'obstacle à tes transports, t'interdirai-je un souvenir! Viens, viens avec moi donner une dernière larme à la jeunesse et au malheur. »

Nous sortons; nous observons en route un silence religieux; nous entrons dans le dernier asile. Sous les arbres antiques s'élève un monument à la fois noble et simple. Elle dirige mes pas de ce côté. Je m'approche, je lis... Je croyais aller à ma ferme, y visiter cette chambre où s'est passée la dernière scène. Je la croyais transportée à Paris... On a bien fait de me le dire.

C'est donc ici qu'elle repose. Cette terre, que je presse

de mes genoux, doit couvrir tour à tour les objets de notre vénération et de notre culte. Qu'en reste-t-il quand vingt générations sont enfouies après eux!... quelques livres... qu'on ne lit plus.

Cette réflexion amène un profond soupir. Je regarde Fanchette ; ses yeux sont fixés sur moi. Chacun de nous semble dire de l'autre : Ce sera là aussi sa destinée... Eloignons ces sombres idées ; échappons au néant; rentrons dans le séjour de la vie.

« Dis-moi, Fanchette, qui s'est occupé de couvrir décemment les restes de Sophie?... Tu rougis! c'est répondre. » Je l'embrassai avec l'expression de la plus vive reconnaissance.

« Mon ami, il te reste à consommer un acte de justice. La mère est morte avant sa délivrance. L'enfant, mutilé, a donné cependant quelques légers signes de vie. La loi t'autorise, dit-on, à dépouiller madame d'Elmont... » — Fanchette, j'ignorais que j'eusse un devoir à remplir: je te remercie de me l'avoir indiqué. »

A notre retour à Saint-Gaudens, je signe et j'expédie une renonciation formelle à tous mes droits sur les biens de feu madame de Francheville. Quelle femme que celle qui m'estime assez pour ne jamais douter de moi, et qui n'oublie rien de ce qui peut flatter ma sensibilité, et ajouter à ma réputation !

Nous ne pensons plus qu'à nous éloigner de ces lieux si tristes et si chers à la fois, où j'ai tout perdu, tout retrouvé. Nous avons une voiture spacieuse, où nous prendrons Justine avec nous. Elle se chargera quelquefois d'Honorine : Fanchette ne se doit pas tout entière à l'amour maternel.

Je donne à mon bon Georges une carriole commode. Philippe, armé d'une carabine toute neuve, nous servira d'escorte.

Nous sommes en route, et je m'aperçois bientôt que Justine est de trop. Elle a un œil perçant, qui intercepte la pensée, et qui, quelquefois, fait rougir Fanchette. Allons, au premier gîte, je changerai ces arrangements-là. Je mettrai Justine avec Georges. Mais Honorine? Eh bien! je la tiendrai à mon tour: je suis son père pour quelque chose, et je ne dois pas avoir les bénéfices sans les charges.

« Mon ami, dînera-t-on bientôt? » me dit Fanchette. Il n'y a pas deux heures que nous avons déjeuné. Je n'ai pas plus d'appétit qu'elle ; mais, comme elle, j'ai besoin de parler amour, l'orateur éloquent aime à joindre l'expression du geste au charme de la parole.

Nous arrêtons, nous descendons, nous remontons, nous descendons encore. Il est sept heures du soir, et nous avons fait cinq lieues! N'importe, nous voilà dans une auberge, assez médiocre à la vérité ; mais que nous faut-il, un lit. Cela se trouve partout ; et le meilleur n'est pas le plus doux, disent les connaisseurs.

» — Mais, mon ami, nous allons, nous allons... Où allons-nous? — Je n'en sais rien. — Si tu voulais aller quelque part?... — Quelque part? nous y arriverons sans doute. — Et sans nous en apercevoir. — Nous sommes ensemble. — L'univers est dans cette voiture. — Laissons-la rouler.

» Mais Honorine? — Elle dort. — Elle prendra l'habitude d'être bercée. — L'habitude est déjà prise. — Elle ne te laissera plus dormir. — Nous y gagnerons tous les deux. — Nous ne pouvons pas cependant l'élever dans une berline. — Ce n'est pas mon intention. — Il faudra s'arrêter enfin. — Aussitôt que tu le voudras. — Monsieur, je le veux tout de suite. — Philippe, faites arrêter au premier village.

« Nous pouvions voir Pau, Bordeaux. Nantes. — Mon ami, je ne veux voir que toi. — Tu manqueras de bien des choses dans un village. — Un air pur pour Honorine. Fancheville pour moi... — Et Fanchette pour Francheville, voilà tout ce qu'il nous faut. »

Ce village convient en effet à des amants qui veulent vivre pour eux. Là-bas, j'avais une maison : ici, il n'y a que des chaumières. Justine nous demande si nous voulons nous faire ermites. Je lui demande si la retraite lui fait peur. « Oh! monsieur, on trouve un homme partout. — Et pour n'avoir pas à le chercher, on le mène avec soi. J'ai remarqué que M. Philippe... » Fanchette me marche sur le pied.

Il est reconnu que tout manque ici. « Que voulons-nous, dit en riant ma charmante Fanchette : passer quelques mois. Qu'importe que ce soit ici ou ailleurs? Point de distractions extérieures, point de superfluités au dedans. Tant mieux, mon ami; ces prétendus avantages ne tournent jamais au profit de l'amour.

» — Madame, dit Justine, qui écoutait, en enveloppant le cher enfant, voulez-vous me permettre de vous conter une historiette? — Contez, Justine. — J'avais quinze ans; j'étais jolie, un officier de dragons me le dit : je le crus. Il me dit que jolie fille de quinze ans doit aimer; je le crus encore. Il me dit que quand on s'aime, il faut toujours être ensemble; cela me parut naturel. Il me proposa son bras; je le pris. Qnand nous fûmes au pont Royal, il me proposa une voiture; j'y montai. Il me conduisit dans un village qui ressemble assez à celui-ci. Il loua une maison, où, comme celle-ci, il n'y avait point de superfluités; et quand on n'a qu'un lit, il faut bien coucher deux.

» Nous nous aimâmes passionnément; c'est l'usage. Au bout d'un mois, je me rappelai que la société a son petit mérite. A la fin du second, nous baillions en nous regardant. Mon officier disparut à la fin du troisième, et... — Francheville, partons pour Bordeaux. »

Le déménagement est fait en cinq minutes; nous partons. « Il me semble, dit Fanchette, que l'amour est éternel. — Oui, celui que tu inspires. — Il se pourrait cependant qu'il eût besoin de repos. — Quelques intervalles adroitement ménagés... — Font qu'on se retrouve avec un plaisir nouveau. »

Nous essayâmes de la recette bien avant d'en avoir besoin; et ici le remède doit précéder la maladie : l'amour s'envole dès que l'ennui paraît. Nous nous envolons à Bordeaux.

Le temps fixé s'écoula au sein de la folie et de la volupté. Le jour où tant de qualités et de charmes devaient être couronnés parut pour le bonheur de tous. Je ne laissais derrière moi personne à qui il dût coûter des larmes : triomphant et radieux, je conduisis ma Fanchette à l'autel.

J'avais pris cent précautions pour dérober la cérémonie à la connaissance des curieux, et cependant notre mariage devint en deux heures la nouvelle du jour. Les opinions se partagèrent. Une prude se permit de dire qu'on ne pouvait plus voir cette femme-là. Une jolie femme lui répondit qu'elle aurait eu raison la veille, mais qu'elle avait tord le lendemain.

Il y a un moyen de faire reculer les demi-braves c'est de les mettre au grand feu. J'annonçai moi-même mon mariage; je l'annonçai avec la publicité et les formes d'usage, et les chuchoteurs vinrent nous féliciter. Fanchette les reçut avec cette douce modestie qui ne désarme pas la malignité, mais qui la réduit au silence.

Une fête brillante donnée à propos est encore un moyen certain de conciliation. De quoi se compose la grande société? De gens désœuvrés. Mettez-les à table, au jeu; faites-les danser, faites-leur oublier le temps, dont ils ne savent que faire, et ils seront de votre avis, parce qu'ils sentent qu'il faut payer d'une manière quelconque ce qu'on appelle du plaisir.

Je donnai une fête. Je la donnai telle qu'on en parlait encore trois jours après, et que nous emportâmes les regrets des Bordelais. Ils étaient sincères... comme toutes ces protestations d'usage auxquelles personne ne croit, et qu'on a pourtant la faiblesse d'écouter.

Nous touchons à l'instant critique, nous allons arriver à Paris: comment y sera-t-elle vue? On n'est pas plus fin à Paris qu'à Bordeaux, on n'y est pas plus méchant, mais on y connaît certaines particularités ignorées en Gascogne. Cette petite Fanchette ne s'est pas tenue derrière un rideau à Chantilly, au château d'Ermeuil, dans la rue Saint-Antoine, On pardonne difficilement une élévation rapide, et la mériter est souvent le premier des torts.

Notre ami Soulanges n'oublie rien de ce qui m'est utile ou agréable. Il a bravement jeté le gant; il a payé d'audace. Il a dit ce qui pouvait intéresser, ce qui pouvait déplaire. Le fleuve altier qui roule ses flots en grondant est bien faible à sa source; mais quand la source est pure, pourquoi la dédaigner?

C'est ce soir qu'elle fait son entrée dans le monde. J'avoue que cette idée me cause une forte émotion. Il y a grand cercle chez madame de Soulanges. Amis et autres y sont invités. Cette soirée fixera le degré de considération, marquera la place à laquelle elle peut prétendre. Pauvre petite !

Elle se met très-simplement ; elle a raison : elle n'a pas besoin de parure, et elle ne veut pas étaler un luxe qui donnerait lieu à de malignes réflexions.

On nous annonce... Le cœur me bat... Oh ! il me bat ! Elle est timide, mais calme : le danger qui nous menace nous effraye moins que celui auquel est exposé l'objet de nos plus chères affections.

Je lui donne la main, nous entrons. Madame de Soulanges vient au-devant de nous, l'embrasse, la fait asseoir auprès d'elle. Je l'aurais volontiers remerciée tout haut.

Tous les yeux se portent sur elle, et je n'y vois encore que l'impression que produisent ses charmes et la prévention favorable que donne son maintien décent et facile.

Madame d'Elmont ! Je n'ai pas osé me présenter chez elle, et je ne croyais pas la trouver ici. Sa présence me cause un embarras qui ne lui échappe point. Elle fait les premiers pas, elle s'approche, elle m'embrasse, et me dit de manière à être entendue : « Présentez-moi à madame de Francheville, je lui ai de grandes obligations, et je veux l'assurer de ma reconnaissance. » Je ne sais ce que cela veut dire. « J'ai su de M. de Soulanges, continue-t-elle, que je lui dois soixante mille livres de rente, que vous pouviez garder et que vous m'avez rendues. » Ces paroles me font un bien ! Fanchette rougit, baisse les yeux ; mais je remarque dans toute sa personne l'agitation du plaisir. Sa satisfaction perce malgré elle. Les premiers mots dont elle est l'objet sont un éloge, il est prononcé par une bouche dont la véracité ne peut être suspecte ; il lui est permis de céder à un petit mouvement d'orgueil.

Il est convenu qu'elle est charmante et qu'elle a un cœur excellent. Mais a-t-elle de l'esprit ? Oh ! non, on ne peut tout avoir. Mettons le côté faible à découvert: voilà à peu près ce que signifie l'empressement de certains individus qui s'approchent pour entendre une conversation suivie entre mesdames de Soulanges, d'Elmont et elle. « Comment donc! dit à demi-voix une petite laide, elle parle aussi bien que moi! — Et elle pense mieux, répond Soulanges, car elle n'humilie personne. »

On rit assez généralement de la réplique; la petite laideron s'éloigne, va bouder dans un coin, et sort un instant après. Une fille laide est à plaindre; elle est délaissée; elle a de l'humeur, elle l'exhale; elle a des ridicules, et pas un cœur de plus. Si elle est riche cependant... on épouse sa dot.

Un homme du plus haut rang va se placer auprès d'elle; il l'examine; il lui parle, il attend sa réponse, et toutes lui font un extrême plaisir. Il prolonge l'entretien. Je suis là, je ne dis pas un mot, j'écoute, je retiens mon haleine, je souris au trait heureux.

La voilà donc entre une femme très-aimable, une autre généralement estimée et un grand de l'Etat; qui semblent s'accorder pour la faire valoir! Oh! maintenant, il n'y a plus d'incertitude: sa place est marquée dans le monde, et elle est honorable.

Je suis d'une gaieté folle. Je la porte dans tous les coins du salon. Je la répands autour de moi; elle amène la cordialité, la franchise.

Le prince lui-même se dépouille de l'extérieur imposant de la grandeur. Il me prend la main, me la presse, et me dit très-haut: « Monsieur de Francheville, vous avez fait un excellent mariage!

Oh! alors, il n'y eut plus de bornes aux égards, aux prévenances dont elle devint l'objet. Elle tournait souvent ses yeux sur moi; ils semblaient me dire: Le monde t'approuve, je n'ai plus de vœux à former!

Qui reconnaîtrait dans cette jeune dame, recherchée, caressée, flattée, cette petite Fanchette du grenier... Dès lors il ne lui manquait qu'un théâtre. Elle l'a trouvé.

Que de gens de mérite ignorés parce qu'ils n'ont pu percer jusqu'à leur place!

Mais aussi que de gens tombés pour être montés trop haut!

Quel fut mon étonnement, deux jours après, lorsque je reçus la nouvelle de ma nomination à la place de préfet d'un de nos plus riches départements! Je me rappelai le grand personnage que j'avais vu chez Soulanges. « Ah! dis-je à Fanchette, je te devrai donc tout, bonheur et considération! — Tu ne me dois rien mon ami, ton bonheur est le mien; la considération rejaillira sur moi. — Mais, comment, en aussi peu de temps, as-tu...
— Mon ami, il faut, je crois, profiter de la première impression : plus elle est forte, et moins elle est durable. J'ai demandé avant-hier ; je n'ai rien désigné, mais sur ma parole on t'a cru fait pour les premiers emplois : peut-être, dans un an, aurai-je de la peine à faire de toi un maire de village.

» Nous partirons quand tu le voudras. Arrivés à ta résidence, nous continuerons à pratiquer la recette de Justine; mais tu utiliseras les repos de l'amour. Tu serviras ton pays, tu feras du bien aux hommes, qui peut-être ne t'aimeront pas davantage, mais tu auras pour toi ta conscience et Fanchette. Elle sera là, toujours là. De ton cabinet, tu passeras chez elle, et elle te fera oublier la fatigue du travail. »

. . . .
. . . .

Monsieur le lecteur ou madame la lectrice, si vous n'êtes pas plus las de lire que moi de conter, nous verrons ensemble ce qu'il est advenu de l'aimable Fanchette et de son amour pour Francheville dans les *Mémoires de Fanchette*.

FIN

www.ingramcontent.com/pod-product-compliance
Lightning Source LLC
Chambersburg PA
CBHW070823170426
43200CB00007B/881